大学生创新创业基础（第2版）

【活页式教材】

主　编　詹跃明　余晓毅　夏成宇

副主编　王爱红　王文蝶　曹　俊

新形态教材　　配二维码视频资源　　配套课件

重庆大学出版社

内容提要

本书是"十四五"职业教育国家规划教材。

本书遵循教育部颁布的《"创业基础"教学大纲(试行)》的基本内容和教学要求,以及《国务院办公厅关于深化高等学校创新创业教育改革的实施意见》的主旨精神,系统地阐述了开展创新创业活动所需要的基本知识(包括创新创业概述、创业前的心理准备、创业机会与创业环境分析、创业者素质与创业团队、创业计划书、创新创业融资、创业风险、新企业的开办、新创企业经营管理、企业的创新与成长等相关理论和方法)以及大量的相关案例,目的在于使大学生掌握创新创业的基础知识和基本理论,熟悉创业的基本流程,了解创业的法律法规和相关政策,激发大学生的创业意识,提高大学生的社会责任感、创业精神和创业能力。

本书既可作为技工院校、高等职业院校创新创业教育课程的教材,也可作为正在创业或者准备创业的人士以及相关研究人员的参考用书,还可作为大学生创新创业大赛和各种创业培训项目的培训教材。

图书在版编目(CIP)数据

大学生创新创业基础 / 詹跃明,余晓毅,夏成宇主编. --2
版.-- 重庆:重庆大学出版社,2021.10(2025.1 重印)
ISBN 978-7-5689-1400-0

Ⅰ.①大… Ⅱ.①詹… ②余… ③夏… Ⅲ.①大学生—创业
—教材 Ⅳ.①G647.38

中国版本图书馆 CIP 数据核字(2021)第 258106 号

大学生创新创业基础
DAXUESHENG CHUANGXIN CHUANGYE JICHU
(第2版)

主　编　詹跃明　余晓毅　夏成宇
副主编　王爱红　王文蝶　曹　俊
策划编辑:鲁　黎

责任编辑:夏　宇　　版式设计:鲁　黎
责任校对:王　倩　　责任印制:张　策

*

重庆大学出版社出版发行
出版人:陈晓阳
社址:重庆市沙坪坝区大学城西路 21 号
邮编:401331
电话:(023)88617190　88617185(中小学)
传真:(023)88617186　88617166
网址:http://www.cqup.com.cn
邮箱:fxk@ cqup.com.cn (营销中心)
全国新华书店经销
重庆市国丰印务有限责任公司印刷

*

开本:787mm×1092mm　1/16　印张:16.5　字数:413 千
2018 年 12 月第 1 版　2021 年 10 月第 2 版　2025 年 1 月第 15 次印刷
ISBN 978-7-5689-1400-0　定价:45.00 元

编写人员名单

主　编　詹跃明　重庆能源职业学院

余晓毅　重庆能源职业学院

夏成宇　长江大学

副主编　王爱红　重庆能源职业学院

王文蝶　重庆能源职业学院

曹　俊　重庆翰海睿智大数据科技股份有限公司

第 2 版前言

2016 年 12 月,习近平总书记在全国高校思想政治工作会议上指出,高等教育要以立德树人为中心,用好课堂教学这个主渠道,将思想政治理论课贯穿到各类课程教学中,同向同行,实现全程育人、全方位育人。习近平总书记还强调,提升思想政治教育的亲和力和针对性,其他各类课程要与思想政治理论课同向同行,形成协同效应。

2020 年 6 月,教育部颁布的《高等学校课程思政建设指导纲要》指出,创新创业教育课程要注重让学生"敢闯会创",在亲身参与中增强创新精神、创造意识和创业能力。

2021 年 9 月,国务院办公厅印发《关于进一步支持大学生创新创业的指导意见》指出,"纵深推进大众创业万众创新是深入实施创新驱动发展战略的重要支撑,大学生是大众创业万众创新的生力军,支持大学生创新创业具有重要意义"。

2022 年 10 月,党的二十大报告强调,"我们要坚持教育优先发展、科技自立自强、人才引领驱动,加快建设教育强国、科技强国、人才强国,坚持为党育人、为国育才,全面提高人才自主培养质量,着力造就拔尖创新人才,聚天下英才而用之",要求高校培养兼具家国情怀和创新精神的拔尖人才,为民族复兴伟业筑牢人才之基、汇聚磅礴力量。

本书正是在这个背景下,结合当前高等院校中的"三教"改革中的教材改革,率先进行将课程思政育人与创新创业教育融合起来的尝试。构建以高职思政教育为导向的创新创业教育新模式,打造线上线下相结合的学习模式,拓展延伸课堂教学内容,鼓励开展创新创业教育实践,为深化创新创业教育改革和思创协同育人模式改革开辟新路径。

本书在编写过程中,充分考虑案例教学和模拟演练的需要,每章开篇有"案例导入",正文中穿插"案例精选""案例分析"等内容,以加深学生对重点问题和难点问题的理解与掌握;同时穿插部分"知识点滴",介绍当今的创新创业发展趋势和热点,开阔学生视野;每章后设有"拓展阅读",以拓宽学生的知识面,加深对正文内容的理解和认识。改版后本书新增"课程育人"模块,将本章授课过程中体现的思政点总结升华,让学生有更深层次认知,达到课程育人的目的。本书以"好读、实用、操作性强"为编写宗旨,突出案例教学和互动交流、研讨。

本书由詹跃明、余晓毅、夏成宇任主编并统稿,王爱红、王文蝶、曹俊任副主编。全书共分为十章,各章编写人员及分工如下:詹跃明编写第一章至第五章;余晓毅、夏成宇编写第六章至第八章;王爱红、王文蝶、曹俊编写第九章和第十章。本书在编写过程中得到重庆能源职业学院领导及多位专家的指导,也得到校企合作单位重庆翰海睿智大数据科技股份有限公司、重庆市江津区多赢创嘉文化传播有限公司的支持和帮助,还参考了相关文献,在此一并表示感谢!

本书配套视频已在智慧职教平台教学资源库上线,网址是 http://www.icve.com.cn。

由于编者的视野和能力有限,书中不足和疏漏之处在所难免,恳请读者批评指正。

编 者

2022 年 11 月

目　录

第一章　创新创业概述

【知识导航】

    1985 年,被誉为"现代管理学之父"的彼得·德鲁克发展了创新理论。他提出,任何使现有资源的财富创造潜力发生改变的行为,都可以称为创新。德鲁克主张,创新不仅仅是创造,而且并非一定是技术上的;一项创新的考验并不在于它的新奇性、它的科学内涵,或它的小聪明,而在于推出市场后的成功程度,也就是能否为大众创造出新的价值。在学术界,尚没有就"创业"的定义达成一致意见,但近年来以下两个要点基本得到了公认:其一,创业是一个过程,而不是一个事件;其二,机会追求是创业的核心要素。在我国创新创业的新形势下,可以说创新是创新创业的特质,创业是创新创业的目标。

【学习目标】

    1.了解创新的含义与意义。

    2.理解创新意识、创新精神、创新能力、创新思维、创业及创新型人才的相关知识与内容。

    3.掌握互联网创新思维体系。

    4.了解大学生创业的动机。

    5.了解创业对于创业者的意义。

    6.了解新形势下创新创业的相关知识。

【案例导入】

2021 年重庆市大学生就业创业优秀人物——
陈丹:敢闯会创打破技术垄断,转化落地助力产业升级

    陈丹,女,1997 年 11 月生,重庆大学 2020 级硕士研究生。

    她深学笃用习近平新时代中国特色社会主义思想,学习贯彻习近平总书记关于科技创新的重要论述,始终胸怀科创报国、坚持自立自强,针对异种金属焊接这一工业领域的"卡脖子"问题,依托国家重点实验室、国家级众创空间等平台,研制出具有完全自主知识产权的电磁脉冲焊接设备,助力碳达峰碳中和。在校期间,陈丹成立了重庆大学"变形轻刚"创新创业团队,以研制出的具有完全自主知识产权的电磁脉冲焊接设备为基础,主动寻求渠道与行业

专家、投资者等的深度交流，积极参加创新创业比赛，不断完善市场定位、商业模式等，并稳步推进技术的转化落地。

在教育部国家级大学生创业实践项目、重庆市"优创优帮"大学生创业扶持计划项目等的支持下，已经与国家电网公司等进行了实际技术合作，并正在推动与瀚川智能（首批科创板上市公司）等企业的合作，已经直接或间接带动就业人数超过1 000余人，进一步洽谈项目金额超过千万，将直接或间接带动就业人数超过万余人，获评第十三届全国大学生创新创业年会"最佳创意项目"等。

同时陈丹不忘承担社会责任，她依托项目团队的强大技术优势，在学校的号召与动员下，与同学共同发起了"春藤助梦"电商助农项目，为农民进行公益电商培训，帮助农民搭建电商平台，助力农民销售农产品，累计帮助百余名农户实现增收，销售额累计达600余万元，获评IEEE智慧乡村建设突出贡献奖等。

"一代人有一代人的长征，一代人有一代人的担当"。陈丹始终不忘科创报国初心，牢记技术转化使命，将自己的汗水挥洒在科技攻关的最前沿和创新创业的最前线，用奋斗书写无愧于时代的青春篇章。

（资料来源：重庆市高校毕业生就业创业微信公众号）

思考：结合案例，谈谈你对大学生创新创业活动的认识。

第一节　如何认识创新

一、创新的内涵

（一）创新的概念

我国很早就有创新的思想和论述，《礼记·大学》中有"苟日新，日日新，又日新"，《诗经·大雅》中有"周虽旧邦，其命维新"，都是强调做人要有不断革新和积极进取的精神取向。起初，创新一词仅指社会制度方面的革新与改造，随着社会的发展和西方自然科学的引进，创新的内涵和外延不断扩展，最终涵盖到从自然科学到社会科学的一切领域。

微课　创新
创业概述

1912年，经济学家约瑟夫·熊彼特在他的著作《经济发展理论》中，首次提出了创新的概念。熊彼特认为，创新是指把一种新的生产要素和生产条件的"新结合"引入生产体系，它包括五种情况：引入一种新产品；引入一种新的生产方法；开辟一个新的市场；获得原材料或半成品的一种新的供应来源；新的组织形式。熊彼特的创新概念包含的范围很广，如涉及技术性变化的创新及非技术性变化的组织创新。1985年，德鲁克发展了创新理论。他提出，任何使现有资源的财富创造潜力发生改变的行为，都可以称为创新。

20世纪90年代，我国把"创新"一词引入科技界，形成了"知识创新""科技创新"等各种提法，进而发展到社会生活的各个领域，使创新的说法几乎无处不在。

清华大学李正风教授认为，"创新"一词在我国存在着两种理解：一是从经济学角度来理解创新；二是根据日常含义来理解创新。目前，人们经常谈及的创新，简单说来就是"创造和

发现新东西",这里使用的实际上是"创新"的日常概念。从这个广义的概念上看,人类社会的每一次进步都离不开创新。

那么,我们通常所说的"科技创新""自主创新"究竟属于哪个范畴呢?从事创新概念研究的学者普遍认为对此很难进行严格的界定。在汉语中,经济学范畴的"创新"(innovation)一词,没有严格对应的词汇,现在使用的"创新"很容易和另一个词"discovery"混淆,特别是在基础科学领域。这种概念的泛化或者说多元化,有它有利的一面也有不利的一面。从有利的方面说,学者刘立认为,这种多元化有利于社会各阶层、各群体以及在社会生活中处于不同角色的人参与创新行为,也有利于对他们的行为进行非经济学的评估。而不利的一面在于丧失了统一的标准,使很多行为都能被称为创新,而创新本身也容易成为一个简单的口号。

创新的系统性以及创新系统的复杂性,使人们越来越注意从社会、政治和科技、文化的角度来理解企业、企业之外的其他机构在创新系统中的行为和作用,这是非常必要的。但如果把企业之外的不同机构或者不同社会角色在创新系统中的作用孤立起来,特别是撇开与企业创新活动的联系,往往容易把"创新"这个概念单纯理解为"创造新东西"。

在历史上,创新行为长期是一种企业家的个人行为。从20世纪中叶,特别是六七十年代后,人们越来越认识到创新是一个多主体、多机构参与的系统行为。因此,20世纪80年代,人们提出了国家创新系统的概念和理论。冷战结束后,国家之间的竞争转向以经济竞争为主,知识经济的兴起使经济的发展越来越依赖知识和技术的进步。在这种形势下,国家创新系统建设成为各国普遍关注的重要问题。

德鲁克在20世纪50年代第一次把创新引进管理领域,有了管理创新,他认为创新就是赋予资源以新的创造财富能力的行为。目前,"创新"扩展到社会的方方面面,如通常讲的理论创新、制度创新、经营创新、技术创新、教育创新、分配创新等。

综上所述,创新是指以现有的思维模式提出有别于常规或常人思路的见解为导向,利用现有的知识和物质,在特定的环境中,本着理想化需要或为满足社会需求,而改进或创造新的事物(包括产品、方法、元素、路径、环境),并能获得一定有益效果的行为。创新包含三层含义:第一,解决现实问题;第二,更新或改变;第三,首创。

当然,你也许能猜到,这个可怜人后来把石头捞出来扔回路上,美美地喝了一锅肉汤。如果这个穷人对仆人说:"行行好吧!请给我一锅肉汤。"会得到什么结果呢?结果是十分明显的,这就是创新思维的力量。

(二)创新的基本要素

创新要具备一定的条件和要求,创新与人们的思维、联想和情绪密切相关。创新意味着对以前的否定,对未知的好奇,对落后的淘汰;创新必须发挥人的聪明智慧;创新必须在一定的情绪中完成,要有浓厚的兴趣,甚至达到痴迷的程度,并且勇于探索,才有希望获得。

创新应具备的基本要素有以下几点:

1.好奇与兴趣

黑格尔说:"要是没有热情,世界上任何伟大的事业都不会成功。"所有个人行为的动力,都要通过他的头脑转变为他的愿望,才能使之付诸行动。引导和培养好奇心理,是唤起创新意识的起点和基础。

孔子说:"知之者不如好之者,好之者不如乐之者。"兴趣是最好的老师,兴趣是感情的体现,是创新的内在因素。事实上,只有感兴趣才能自觉地、主动地、竭尽全力地去观察它、思考它、探究它,才能最大限度地发挥主观能动性,产生新的联想,或进行知识的移植,做出新的比较,综合出新的成果。也就是说,强烈的兴趣是敢于冒险、敢于闯天下、敢于参与竞争的支撑,是创新思维的营养。

2.质疑与否定

我国明代教育家陈献章早就提出,"前辈谓学贵知疑,小疑则小进,大疑则大进","学从疑生,疑解则学成"。20世纪中期,布鲁纳认为质疑有利于激活智慧潜能,有利于培养内在动机和知识兴趣。

批判和否定是创新的条件。不破不立,但破字当头并不等于立在其中。因此,要针对在怀疑、批判和否定的过程中发现的问题进行解题,进行分析、探索、寻求和论证。这个解决问题的过程就是提出新思想、创立新理论的过程。

3.激情与探索

激情作为一种激烈、奋进的情绪,是人们从事发明创造不可缺少的精神动力。特别是科学发现和理论创新,更不能没有进入无我无物境界的激情。没有对真理的执着探索、对知识顽强追求的热忱,人们就不可能揭示大自然的美和奥秘。

(三)创新的类型

创新分类的参考指标很多,不同分类指标可得出不同的分类。

1.根据创新的表现形式进行分类

(1)知识创新:指通过科学研究,包括基础研究和应用研究,获得新的基础科学和技术科学知识的过程。知识创新的目的是追求新发现、探索新规律、创立新学说、创造新方法、积累新知识。知识创新是技术创新的基础,是新技术和新发明的源泉,是促进科技进步和经济增长的革命性力量。知识创新为人类认识世界、改造世界提供了新理论和新方法,为人类文明进步和社会发展提供了不竭动力。

(2)技术创新:指生产技术的创新,包括开发新技术,或者将已有的技术进行应用创新。科学是技术之源,技术是产业之源,技术创新建立在科学道理的发现基础之上,而产业创新主要建立在技术创新基础之上。

(3)产品创新:指改善或创造产品,进一步满足顾客需求或开辟新的市场。产品创新可分为全新产品创新和改进产品创新。全新产品创新是指产品用途及其原理有显著的变化。改进产品创新是指在技术原理没有重大变化的情况下,基于市场需要对现有产品所作的功能上的扩展和技术上的改进。

(4)服务创新:指使潜在用户感受到不同于从前的崭新内容,是新的设想、新的技术手段转变成新的或者改进的服务方式。

(5)制度创新:指在人们现有的生产和生活环境条件下,通过创设新的、更能有效激励人们行为的制度、规范体系来实现社会的持续发展和变革的创新。所有创新活动都有赖于制度创新的积淀和持续激励,通过制度创新得以固化,并以制度化的方式持续发挥自己的作用,这是制度创新的积极意义所在。

(6)管理创新:指企业把新的管理要素(如新的管理方法、新的管理手段、新的管理模式等)或要素组合引入企业管理系统以更有效地实现组织目标的活动。

2.根据创新的组织方式进行分类

(1)独立创新:指在无其他企业技术引导的条件下,企业在获取技术和市场创新机会后,依靠自身力量独立研究开发,攻克技术难关,获得新的技术成果,并完成技术成果的商业化过程。

(2)合作创新:指企业、研究机构、大学之间的联合创新行为,包括新构思形成、新产品开发以及商业化等任何一个阶段的合作都可以视为企业合作创新。

(3)引进创新:指从事创新的组织从其他组织引进先进的技术、生产设备、管理方法等,在此基础上创新,通过逆向工程等手段,对引进的技术和产品的消化、吸收、再创新的过程。

3.根据创新的强度进行分类

(1)渐进性创新:指渐进的、连续的小创新。这些创新常出自直接从事生产的工程师、工人之手。

(2)突破性创新:指使产品、工艺或服务要么具有前所未有的性能特征,要么具有相似的特征但是性能和成本都有巨大的提高,要么创造出一种新的产品。

(3)革命性创新:指会产生具有深远意义的变革,影响经济的各个方面,伴随着新兴产业出现的创新。

此外,还可以根据创新的领域进行分类,如教育创新、金融创新、工业创新、农业创新、国防创新、社会创新、文化创新等;根据创新的行为主体进行分类,如政府创新、企业创新、团体创新、大学创新、科研机构创新、个人创新等;根据创新的层次进行分类,如首创型创新、改进型创新、应用型创新;根据创新的效果进行分类,如有价值的创新(电脑发明等)、无价值的创新(没有市场需求的新产品等)、负效应创新(污染环境的新产品等)。

(四)创新的价值及意义

1.创新的价值

如何理解创新?如何从经济角度理解创新?社会科学的一个重要作用是让我们更加深刻地理解社会发展演进的方式,理解新事物对社会发展作用影响的机制。

我们在这里强调的是机制。现代经济增长理论,从索洛到罗默、卢卡斯等的经典研究表明,"技术进步是经济增长之源"。但是,从后面的分析看出,这里用"创新"代替"技术进步"更为恰当。为什么是创新,而不是技术进步?为什么创新不等于技术进步?这些都可以归结为一个问题:创新的范围是什么?这是最令人感兴趣的。

技术先进就一定能促进增长吗?从人类发展历程看的确是这样。根据诱致性创新理论,由于资源的稀缺性和人口增长的压力,人类由游牧社会转向农业社会,最近几个世纪又转入工业社会,这都伴随着技术进步。但是,传统的技术进步的概念仅仅包括了农业的"绿色革命""工业革命"等相关的发展,这些的确是看得见、摸得着的。如果根据传统观念,技术先进的国家一定是最强大的,那么历史就给了我们另一个教训,西罗马帝国被北方野蛮部落毁灭、大宋王朝被北方游牧民族毁灭等都是对此观点最好的反驳。此外,苏联在冷战中的解体,也是离我们并不遥远的最好例证。因此,技术先进并不能保证国家的强大和经济的持续增长。

创新的目的是什么？获得垄断租金(或称超额利润)。我们习惯于分析完全竞争,假设市场完全竞争、无数的生产商、产品的同质性等,为什么不是垄断竞争？因为我们通常认为垄断租金无法长期维持,那么就得到长期利润为零,市场是完全竞争的。但是我们也注意到,有什么理由说明在利润为零的情况下,市场上仍然有无数生产同质产品的生产商。如果我们维持市场上总是存在超额利润,就一定会吸引生产商。当某个行业吸引越来越多的生产商时,竞争越来越激烈,那么该行业的超额利润变为零,这也意味着某个行业不可能存在无数的生产商。这就结束了吗？没有,首先要解决的问题是,如何维持超额利润？当然是垄断,避免竞争。如何避免竞争？比如你是一家小电脑企业,你会想着怎么和联想这样的大企业竞争吗？当然不会。你会生产一些联想不生产的产品,你甚至会生产一些联想需要而又不值得大量投资生产的产品部件,这样你在避免与联想竞争的同时也获得对该部件的垄断,获得了垄断利润。从这个例子可以看出,如果你能够获得垄断租金,事实上就意味着你的行动本身就是创新,虽然你并没有进行生产技术上的改进。

熊彼特认为创新不仅包括技术发明,也包括引进新的生产方式、新的管理方式,开拓新的市场等。创新也是有周期的,一个创新导致超额利润,其他企业就会模仿,加剧竞争,最终利润变为零。企业要生存就需要不断地创新,创造出垄断利润,继续前面的循环过程。只要不断存在创新,经济就能不断发展。事实上,比技术进步概念更为广泛的创新概念已经保证了经济的持续发展,当然,前提是我们的社会体制环境有利于创新。

更进一步讲,创新强调异质性,也就是差异企业之间的竞争会获得正利润。事实上,企业的创新表现了差异性,避免了产品同质性的竞争,形成对市场的一定程度垄断,这是很符合现实的。

更有意思的是,我们还可以将创新扩展到教育领域。为什么在经济繁荣、企业对劳动力需求旺盛时也存在非自愿失业？企业的岗位需求很大程度上是异质性的,而社会上存在的都是同质性的工人,难以适应这些工作岗位。这对我们的教育也有所启示,如果仅仅是标准化地培养而不是因材施教、突显个性发展,教育的结果就是培养了一批无论行为方式还是思想观念都整齐划一的劳动者,徒增失业率而已,没有"创新"的未来,更没有社会发展的未来。

总之,我们需要更为广泛地理解创新,而不是局限在看得见、摸得着的技术。只要有心,人人可以做到创新。每个人遇到事物时,考虑的角度不同,思维的方式也不同,导致了结果的不同。不要扼杀自己的想法,每一个奇妙的想法都是自己的发明创造。

💡【课堂练习】

一长方体容器(没有刻度)如图 1-1 所示,它的容积是 1 升。现在要求你只使用这个容器,准确地量出 0.5 升的水。如何才能做到呢？

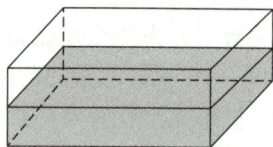
图 1-1　长方体容器

方法:将容器倾斜至对角水平位置,剩余水量正好是容器水量的一半。

综上可以看出,创新有以下特征:①创造性:自然界的演化不是创新;②有价值:造假不是创新;③低门槛:每个人都可以参与创新。

据报道,美国教育出来的学生,在国际比赛中成绩一般,但目前包括美国在内的西方国家的创新能力和创新成果却优于中国。虽然我国学生知识丰富,善于考试,但却不善于想象和创新。因此,高智商不等于高创新力。

2.创新的意义

创新是一个民族进步的灵魂,是一个国家兴旺发达的不竭动力。21世纪的中国发展史将留下知识创新工程的浓重印记,知识创新工程的实践改变着中国科技发展的格局。在当今这样一个知识经济时代,国民经济发展的源泉和生命在于创新。创新是发现新思维、新理论、新方法、新技术或新产品,创新是持续发展的基石。缺乏创新能力将失去知识经济带来的机遇。知识创新和技术创新能力是国家之间、企业之间、人才之间竞争的重要因素。创新能力的高低是衡量人才素质高低的重要指标,关系到民族、企业和个人的前途和命运。

我国经济的持续发展需要自主创新,国家推行创新驱动发展战略,突破经济发展瓶颈,跨越中等收入陷阱,实现经济增长从依赖自然资源向依靠人力资源转变。

(1)创新在人类发展历史中起着不可估量的作用。人类发展历程,实际就是科技创新不断进行的过程。当代科学技术突飞猛进,新的发明、新的技术、新的材料、新的工艺层出不穷,社会在科技的带动下飞速发展,而创新又使这个速度不断加快。毫无疑问,科技创新已经成为当代的主旋律,创新已经成为国家的需要、社会的需求和时代的主题。

(2)创新为人们发明新产品提供了有效的理论和方法。创新能充分发挥设计者的创造力,利用人类已有的相关科学技术成果进行创新构思,设计出具有新颖性、创造性及实用性的机械产品。创新能改进生产或生活中现有机械或产品的技术性、可靠性、经济性、适用性等,创新能使科技者创造设计出新机械、新产品以满足新的生产或生活的需要,如智能快递分拣运送、智能煤矿采掘、自动建筑、自动化快餐生产、无人商店、无人快递等。开展创新研究不仅有重要的理论学术价值,而且具有较大的经济效益和社会效益。

(3)创新能提升个人发展的竞争力(职场、创业)。

二、创新精神

(一)创新精神的内涵

创新精神属于科学精神和科学思想范畴,是进行创新活动必须具备的一些心理特征,包括创新意识、创新兴趣、创新胆量、创新决心,以及相关的思维活动。

创新精神是一种勇于抛弃旧思想旧事物、创立新思想新事物的精神。例如,不满足已有认识(掌握的事实、建立的理论、总结的方法),不断追求新知;不满足现有的生产生活方式、方法、工具、材料、物品,根据实际需要或新的情况,不断进行改革和革新;不墨守成规(规则、方法、理论、说法、习惯),敢于打破原有框架,探索新的规律、新的方法;不迷信书本、权威,敢于根据事实进行思考;不盲目效仿别人的想法、说法、做法,不人云亦云、唯书唯上,坚持独立思考,说自己的话,走自己的路;不喜欢一般化,追求新颖、独特、异想天开、与众不同;不僵化、呆板,灵活地应用已有知识和能力解决问题……都是创新精神的具体表现。

创新精神是科学精神的一个方面,与其他方面的科学精神不是矛盾的,而是统一的。例如,创新精神以敢于摒弃旧思想旧事物、创立新思想新事物为特征,同时创新精神又要以遵循客观规律为前提,只有当创新精神符合客观需要和客观规律时,才能顺利地转化为创新成果,成为促进自然和社会发展的动力;创新精神提倡新颖、独特,同时又要受到一定的道德观、价值观、审美观的制约;创新精神提倡独立思考、不人云亦云,并不是不倾听别人的意见、孤芳自赏、固执己见、狂妄自大,而是要团结合作、相互交流,这是当代创新活动必不可少的方式;创新精神提倡胆大、不怕犯错误,并不是鼓励犯错误,只是出现错误认知是科学探究过程中不可避免的;创新精神提倡不迷信书本、权威,并不反对学习前人经验,任何创新都是在前人成就的基础上进行的;创新精神提倡大胆质疑,而质疑要有事实和思考的根据,并不是毫无根据地怀疑一切。总之,要用全面、辩证的观点看待创新精神。

(二)创新精神的意义

创新是适应信息化和经济全球化的客观要求。在信息化的时代,互联网广泛应用,你所知道的信息,别人也都能知道,所有的信息都是对称的,只有速度制胜才能占领市场,谁能最快满足用户需求,谁就赢得了市场。

让我们牢牢记住德鲁克的一句名言:组织的目的只有一个,就是使平凡的人能够做出不平凡的事。让每个人直接面对市场,就是每一个人都像老板一样,都像经营者,自己来经营自己,发挥他最大的创造力。

创新精神是一个国家和民族发展的不竭动力,也是一个现代人应该具备的素质,只有具备创新精神,我们才能在未来的发展中不断开辟新的天地。

(三)如何培养创新精神

第一,对所学习或研究的事物要有好奇心。能提出问题,说明在思考问题。在学习过程中,自己如果提不出问题,那才是最大的问题。好奇心包含着强烈的求知欲和追根究底的探索精神,要想在茫茫学海获取成功,必须有强烈的好奇心。正如爱因斯坦所说:"我没有特别的天赋,只有强烈的好奇心。"

第二,对所学习或研究的事物要有怀疑态度。许多科学家对旧知识的扬弃,对谬误的否定,无不自怀疑开始。怀疑是发自内在的创造潜能,它激发人们去钻研,去探索。对待我们所学习或研究的事物,我们应做到不要迷信任何权威,要大胆地怀疑,这是我们创新的出发点。

第三,对所学习或研究的事物要有追求创新的欲望。如果没有强烈的追求创新的欲望,那么无论怎样谦虚和好学,最终都是模仿或抄袭,只能在前人划定的圈子里周旋。要创新,就要坚持不懈地努力,勇敢面对困难,要有克服困难的决心,不要怕失败,要相信失败乃成功之母。

第四,对所学习或研究的事物要有求异的观念,不要"人云亦云"。创新不是简单的模仿。要有创新精神和创新成果,必须要有求异的观念。求异实质上就是换个角度思考,从多个角度思考,并将结果进行比较。求异者往往要比常人看问题更深刻、更全面。

第五,对所学习或研究的事物要有冒险精神。创造实质上是一种冒险,因为否定人们习惯了的旧思想可能会招致公众的反对。这种冒险不是那些危及生命和肢体安全的冒险,而是一种合理性冒险。大多数人都不会成为伟人,但我们至少要最大限度地挖掘自己的创造潜能。

第六,对所学习或研究的事物要做到永不自满。一个有很多创造性思想的人如果就此停止,害怕去想另一种可能比这种思想更好的思想,或已习惯了一种成功的思想而不能产生新思想,那么这个人就会变得自满,停止创造。

【案例精选】

"选择了就要坚持"：
百度公司董事长兼首席执行官李彦宏谈创业

百度能取得今天的成就，得益于李彦宏独到的眼光和坚定的信念，用他的话说就是："认准了就去做!"十年前，他放弃了美国"硅谷"的优厚待遇选择回国创业，一心想要创建一个中文的搜索引擎。依据当时中国所处的国际国内环境，他觉得中文搜索引擎一定会有大发展，但他身边的很多人却并不看好这个项目，有些人甚至表示反对。而他并没有因为别人不理解就轻易放弃，他表示之所以选定这个项目是基于对市场的深入调查和分析，正是因为别人还没注意到这块有潜力的市场，他才要去做。"既然认准了，就不能轻易掉头，更别说放弃。"他笑言。

三、创新能力

(一)创新能力的内涵

创新能力是指运用知识和理论，在科学、艺术、技术和各种实践活动领域中不断提供具有经济价值、社会价值、生态价值的新思想、新理论、新方法和新发明的能力。

(二)创新能力的原理

遗传是形成人的创新能力的生理基础和必要的物质前提；环境是人的创新能力形成和提高的重要条件；实践是人的创新能力形成的唯一途径；创新思维是人的创新能力形成的核心与关键。

(三)创新能力的主要类型

1.学习能力

学习能力是获取掌握知识、方法和经验的能力，包括阅读、写作、理解、表达、记忆、搜集资料、使用工具、对话和讨论等能力。学习能力还包括态度和习惯，比如活到老、学到老的终身学习的态度和信念。个人具有学习能力，组织也具有学习能力。在如今竞争的时代，一个人或一个组织的竞争力往往取决于个人或组织的学习能力，因此，无论对个人还是对组织而言，其竞争优势就是有能力比你的竞争对手学习得更多、更快。

2.分析能力

分析能力是把事物的整体分解为若干部分进行研究的技能和本领。认识事物的有效方式之一就是把它的每个要素、层次、规定性在思维中暂时分割开来进行考察和研究，弄清楚每个局部的性质、局部之间的相互关系以及局部与整体的联系。做到由表及里、由浅入深、由易到难地认识事物和问题。分析能力的高低强弱与三个因素有关：一是个人的知识、经验和禀赋；二是分析工具和方法的水平；三是共同讨论与合作研究的品质。

当然，分析能力也有局限性和片面性，容易使人只见树木，不见森林，忽视从整体上把握事物。因此，通常把分析能力与综合能力结合起来运用，这样会取长补短，相辅相成。

3.综合能力

综合能力是强调把研究对象的各个部分结合成一个有机整体进行考察和认识的技能和本领。综合是把事物的各个要素、层次和规定性用一定线索联系起来,从中发现它们之间的本质关系和发展规律。具体来讲,综合能力包括三项内容:一是思维统摄与整合。把大量分散的概念、知识点以及观察和掌握的事实材料综合在一起,进行思考加工整理,由感性到理性、由现象到本质、由偶然到必然、由特殊到一般,对事物进行整体把握。二是积极吸收新知识。综合能力需要多方面的知识和方法,不断吸收新知识、不断更新知识都是必要的,特别是要学会跨学科交叉,把不同学科的知识、不同领域的研究经验融会贯通,才能更好地综合。三是与分析能力紧密配合。仅有综合能力,会有局限性和片面性,即缺少深入的、细致的分析。细节决定成败,在认识事物时也是如此,只有与分析能力相配合,才能正确认识事物,实现有价值的创新。

4.想象能力

想象能力是以一定知识和经验为基础,通过直觉、形象思维或组合思维,不受已有结论、观点、框架和理论的限制,提出新设想、新创见的能力。想象力往往是发现问题和解决问题的突破口,在创新活动中扮演突击队和急先锋的角色,缺乏想象力很难从事创新工作。

5.批判能力

批判能力表现在两个方面:在学习、吸收已有知识和经验时,批判能力保证人们不盲从,而是批判性地、选择性地吸收和接受,去粗取精、去伪存真;在研究和创新方面,质疑和批判是创新的起点,没有质疑和批判就只能跟在权威和定论后面亦步亦趋,不可能做出突破性贡献。科学技术史表明,重大创新成果通常是在对权威理论进行质疑和批判的前提下做出的。

6.创造能力

创造能力是创新能力的核心,指首次提出新的概念、方法、理论、解决方案、实施方案等的能力,是创新人才的禀赋、知识、经验、动力和毅力的综合体现。

7.解决问题的能力

解决问题的能力包括提出问题和凝练问题,针对问题选择和调动已有的经验、知识和方法,设计和实施解决问题的方案,对于难题,能够创造性地组合已有的方法乃至提出新方法予以解决。

8.实践能力

实践能力特指社会实践能力。提出创造发明成果,只是创新活动的第一阶段,要使成果得到承认、传播、应用,实现其学术价值、经济价值和社会价值,必须与社会打交道,而实践能力就是为实现这一目标进行的各种社会实践活动的能力。

9.组织协调能力

组织协调能力的实质是通过合理调配系统内的各种要素,发挥系统的整体功能,以实现目标。对于创新人才来说,要完成创新活动,就要协调各方。当拥有一定资源时,可通过沟通、说服、资源分配和荣誉分配等手段组织协调各方以最终实现创新目标。

10.整合多种能力的能力

创新人才的宝贵之处不仅在于拥有多种才能,更重要的是能够把多种才能有效地整合在一起发挥作用。整合多种能力的能力是能力增长和人格发展的结果,这需要通过学习、实践和人生历练获得。能否完成重大创新,拥有整合多种能力的能力是关键。

(四)培养创新能力的原则

培养大学生创新能力既是实现中华民族伟大复兴的战略抉择,又是大学生自身成长成才的内在需要,涉及价值取向、教育改革、物质保障、社会机制以及人文环境等方方面面,只有对症下药、多管齐下、综合治理,才能取得实质性的进展。在具体的培养过程中,应遵循四条基本原则:

1.个性化原则

每个人都是一个特殊的不同于他人的现实存在。从某种意义上说,个性化是创造性的代名词,没有个性,就没有创造。因此,培养大学生创新能力必须遵循个性化原则,因材施教,重在激发大学生的主动性和独创性,培养其自主的意识、独立的人格和批判的精神。

2.系统性原则

所谓系统是由相互联系、相互作用的若干要素,以一定结构组成的,具有一定整体功能的有机整体。根据一般系统论原理,一方面,培养大学生创新能力是一个包括培养创新意识、创新精神、创新思维、创新方法等诸要素的有机整体,绝不能割裂开来;另一方面,培养大学生创新能力,是一项庞大的社会系统工程,需要政府、学校、家庭、社会各方面的共同参与,封闭式的教育是没有出路的。系统科学理论为我们培养大学生创新能力提供了方法论的启示和指导。

3.实践性原则

实践是人所特有的对象性活动,是人类的存在方式。马克思主义认为,实践改造自然,不仅仅是改变自然物的形态,更重要的是在自然物中关注人的需要、目的和本质力量,使其从"自在之物"转化为"为我之物",从而创造出按照自在世界本身的运动不可能产生的事物。培养大学生创新能力,无论是培养的目的、途径,还是最终结果,都离不开实践。遵循实践性原则,就是坚持马克思主义的教育观和人才观,坚持创新是一种创造性的实践,坚持以实践作为检验和评价青少年创新能力的唯一标准。

4.协作性原则

所谓协作是指由若干人或若干单位共同配合完成某一任务。创新能力不仅与智力因素有关,非智力因素也在很大程度上影响着创造潜能的发挥。个性品质中的协作特征就是这样一种因素。现代科学的发展已经让任何一个人都无法在一生当中涉足科学技术的各个方面,要想在现有的科学技术的基础上有所创造,必须学会与别人进行"信息共享"。由此看来,人的创造性既是一种个人化的品质,也是一种社会化的特征。培养大学生的协作精神,首先要培养他们乐观、豁达、开朗的性格,学会与人相处、关心他人;其次要多让他们参加各种各样的集体活动,学会在一个有竞争的集体中工作,学会在与人合作中创造。

【案例精选】

海尔公司的团队精神

一天下午2点，一位德国经销商打来电话，要求海尔必须在两天内到货，否则订单自动失效。两天内到货意味着所有货物必须于当天下午全部装船，而此刻已是下午2点，如果按海关等有关部门下午5点下班来计算的话，只剩下3小时。按照惯例，做到这一切几乎不可能！

如何将不可能变为可能？海尔所有团队成员在张瑞敏的调度下，采取了齐头并进的方式，调货的调货，联系船期的联系船期。所有的人都全身心地投入工作中，抓紧每一分每一秒，使每个环节都力图没有失误，顺利通过。当天下午5点30分，那位德国经销商接到了海尔货物发出的消息，感到非常吃惊。随后，这份吃惊转变为感激，那位经销商打破了多年来的惯例，竟然向海尔写了一封感谢信并积极赞誉海尔人"团队至上"的精神。

海尔公司神奇般地崛起和壮大，不仅取决于它的统军人物张瑞敏，同时也得益于张瑞敏麾下整个团队每位员工的共同努力。

正因为团队充分运用了每个成员的智慧，将每一个人的"一己之力"联合起来，才使得片片雪花滚出一个大雪球。也正因为领导人对团队精神极度重视并将其纳入整个企业文化之中，时刻将团队精神灌输于企业中的每一位成员，让他们感到个人与团队是同进同退的共同体，才有了海尔人在关键时刻主动将个人置于后、将企业置于前，自发地积极应对企业所面临的各种难题。事实证明，这同海尔的价值观即人的价值高于物的价值，共同价值高于个体价值，共同协作的价值高于独立单干的价值，社会价值高于利润价值是一致的，而这种优秀团队所发挥的能量无疑是巨大的。

单干的时代已经渐渐过去了，仅靠个人力量显然难以生存，没有一个独立的个人能够以其所拥有的全部资源去完成所有的事情。所谓"单人不成阵，独木难成林"，拥有团队意识、善于团队合作的人无疑具有更多的生存空间和更为广阔的发展前景。正如IBM大中华区总裁所言："现代企业不可能单打独斗，现在已是一个打群架的时代！"

(资料来源：李慧波.团队精神[M].北京：新华出版社，2004.)

四、创新思维

(一)创新思维的内涵

1.什么是思维

如果将"思维"两字分开来看，从字面上"思"字可解释为"想"或"思考"；"维"字可解释为"序"或"方向"。"思维"即有一定顺序的想，或沿着一定方向的思考。

2.什么是创新思维

创新思维是指以新颖独创的方法解决问题的思维过程，通过这种思维能突破常规思维的界限，以超常规甚至反常规的方法、视角去思考问题，提出与众不同的解决方案，从而产生新颖的、独到的、有社会意义的思维成果。

自动摘收番茄问题的解决

20世纪初农业机械化在发达国家已经实现,但能自动摘收番茄的机器始终可望而不可即。因为番茄的皮太薄,任何机械都可能因抓得过紧而将番茄夹碎。那么,怎样才能实现自动摘收番茄呢?

解决这个问题有两种不同的思维方式:第一种是致力于研究控制机器的抓力,使其既能抓住番茄又不会将番茄夹碎,但始终未能成功;第二种是采用从问题的源头解决的办法,即研究如何才能培育出韧性十足、能够承受机器夹摘力的番茄,人们沿此思路成功培植出一种"硬皮番茄"。

为了便于摘收和运输,新番茄品种——曼妮番茄诞生了。

分析:面对同一个问题,人们采取不同的思维方式寻求解决问题的方法。案例中的第一种思维方式是大多数人习惯使用的思维方式,即利用现有信息进行分析、综合、判断、推理,将所需解决的问题与头脑中已储存的曾经出现过的问题做比较,以寻找解决问题的办法,本质是通过学习、记忆和记忆迁移的方式来思考问题,这种思维被称为习惯性思维。案例中的第二种思维方式是在已有经验的基础上寻找另外的途径,从某些事实中探求新思路、发现新关系、创造新方法以解决问题,这就是创新思维。

创新思维是相对于传统思维而言的,没有受到现有思路的约束,是寻求对问题全新的、独特的解决方法的思维过程。创新思维的过程是开发大脑的一种发散思维的过程。

(二)创新思维的特征

1.对传统的突破性

创造性思维的结果体现为创新。追求创新,是创造性思维的本质,而要创造出新成果,往往需创造者在思维的某些方面有所突破。可以说,突破性是创造性思维最明显的一个特征。

俗话说"习惯成自然",特别是思维上的习惯一旦形成,就会让你不知不觉地按着已形成的思维定式去思考问题。创新思维,就是突破原有思维框架或已有的思维定式去思考问题。

茅台酒参加商品展览会

参加商品展览会的老板都非常爱惜自己的展品,却有人反其道而行之。1915年,在巴拿马万国博览会上,我国贵州的茅台酒也参加了展出,评委们都被装得琳琅满目的洋酒吸引过去,外观粗糙的茅台酒无人问津。怎么办呢?

参展的老板把装有茅台酒的酒瓶掉在地上,"砰"的一声,瓶碎酒流。响声倒没有惊动多少评委,扑鼻的酒香却把众多评委们招引过来,一尝,好酒!博得好评,获得博览会金奖。

(资料来源:韩艳华,李涛飞.大学生创业教程[M].上海:上海交通大学出版社,2016.)

2.思路上的新颖性

创新型思维以求异、新颖、独特为目标。

🔆 【案例精选】

不会受潮的方糖

许多制糖公司在海运过程中经常受潮,给公司带来巨大损失。为此,制糖公司花了不少钱请专家研究,但始终未解决方糖受潮问题。后来,一位制糖工人想出了一个简单的解决方法:只要在包装纸上开一个小孔,使空气能够对流,方糖就不会受潮了。其原理就像是在大厅里开个排气孔或人们穿上网状透气的衣服一样,方法虽然简单,却不容易被人想到。这个工人还为自己的"打孔"发明申请了专利,一家制糖公司得知后,出高价买下了这项专利的使用权。

(资料来源:李慧波.团队精神[M].北京:新华出版社,2004.)

3.程序上的非逻辑性

创新型思维往往是在超出逻辑思维,出人意料地违反常规的情形下出现的,它不严密或暂时说不出什么道理。因此,创造性思维的产生常具有跳跃性,省略了逻辑推理的中间环节。

创新的思维过程,既包含了逻辑思维,也包含了非逻辑思维,是两者相结合的过程。在创新思维活动中,新观念的提出、问题的突破,往往表现为从"逻辑的中断"到"思想的飞跃"。这通常都伴随着直觉、顿悟和灵感,从而使创新思维具有超常的预感力和洞察力。

例如,爱因斯坦突破了牛顿经典力学的静态宇宙观去思考,创立了"狭义相对论"。爱因斯坦相对论的建立体现了非逻辑性特征。由于省略了中间环节,其创新成果曾一时令人无法理解和接受,有人甚至公开讥笑他是"疯子",讲"疯话"。

唐代大诗人李白被称作"诗仙",他借酒助兴诗如泉涌;词作家乔羽在书房写作,抬头忽见一只蝴蝶飞来,瞬间又飞去,这触发了他的灵感,创作了《思念》的歌词。

🔆 【案例精选】

爱迪生确定鱼雷形状

鱼雷最初是怀特·黑德于1866年发明的。1914—1918年,处于发展中期的德国传统鱼雷,共击沉总吨位达1 200万吨的协约国商船,险些为德国赢得海战的胜利。当时美国的鱼雷速度不高,德国人发现只需改变军舰航向就能避开,因此美国鱼雷的命中率极低,军方想不出改进的方法,于是他们找到爱迪生。爱迪生既未做任何调查也未经任何计算,当即提出一种别人意想不到的办法:他让研究人员做一块鱼雷形状的肥皂,由军舰在海中拖行几天。水的阻力作用使肥皂变成了流线型。美国军方再按肥皂的形状建造鱼雷,果然收到奇效。

4.视角上的灵活性

视角上的灵活性表现为视角能随着条件的变化而转变;能摆脱思维定式的消极影响;善于变换视角看待同一问题,善于变通与转化,重新解释信息。视角上的灵活性还体现出思维的流畅性。

我们应根据不同的对象和条件,具体情况具体对待,灵活应用各种思维方式。

【案例精选】

爱迪生的发明

爱迪生在研制电话时发现圆筒中常常传出一阵嗡嗡的杂音,经过仔细观察,发现杂音的产生是由于金属丝与旋转的圆筒接触所致。爱迪生从中得到启发,发明了留声机。

过去,人们在赛马时,常为胜负的裁决以及马的奔跑姿势发生争吵。为此,人们把照相机排成一列,顺序拍摄。当把照片叠在一起快速拨动时,马就像奔跑起来一样。爱迪生从这个偶然的发现中得到启发,又发明了电影(视频)。他就是这样认真对待每次的刺激和启发,一生中取得了1 300多项发明专利。

5.内容上的综合性

创新活动是在前人基础上进行的,必须综合利用他人的思维成果。科学技术发展史一再表明,谁能高度综合利用前人的思维成果,谁就能取胜,就能取得更多的突破,做出更多的贡献。在技术领域综合结出的硕果更是随处可见,据说松下电视机就是在综合了各国400多项技术的基础上发展起来的。可以说,综合就是创造。

【案例精选】

记者发明坦克

第一次世界大战时,英国记者斯文顿随军去前线采访。他亲眼看见英法联军向德军的阵地发动攻击时,牢牢守着阵地的德国士兵用密集的排枪将进攻的英法士兵成片地扫倒。斯文顿非常痛心,他清醒地认识到,肉体是挡不住子弹的。冥思苦想之后,他向指挥官建议用铁皮将福斯特公司生产的履带式拖拉机"包装"起来,留出适当的枪眼让士兵射击,然后让士兵乘坐它冲向敌军。

他的建议很快被海军司令丘吉尔采纳。履带式拖拉机穿上"盔甲"之后径直冲向敌人,英法士兵的伤亡大大减少。德国人望车兴叹,兵败如山倒。履带式拖拉机(即后来的坦克)为英法联军战胜德军立下汗马功劳,成为第一次世界大战中最有影响的发明。显然,坦克就是履带式拖拉机与枪炮的组合,如图1-2所示。

履带式拖拉机 ＋ 枪炮 ＝ 坦克

图 1-2　坦克的发明

（三）创新思维原理

1.组合原理

（1）同类组合（两个或两个以上相同或相似事物的组合），如鸳鸯枕套、情侣手表、双体船、双人自行车、捆绑式火箭等。

（2）异类组合（两个或两个以上不同类事物的组合），如手机（摄像、通信、游戏、读物）、汽车（发动机、离合器、传动装置）。

（3）附加组合（在原有事物中补充加入新的内容的组合），如汽车附加雨刮器、转向灯、后视镜、收音机、电视机、空调等。

2.还原原理

任何发明创造都有其创造的起点和创造的原点。追究已有事物的创造起点，并追根溯源深入它的创造原点，或从原点上解决问题，或从创造原点出发另辟新路，用新思想、新技术重新创造该事物，这就是还原原理。如家用洗衣机，创造起点是模仿人的洗衣方法揉搓，创造原点是洗、洁、安全，洗的功用是把脏物与衣物分离。

3.逆反原理

创新的逆反原理与创新思维中的逆向思维密切相关。创新的逆反原理是从事物构成要素中对立的另一面去分析，将通常思考问题的思路翻转过来，有意识地按相反的视角去观察事物，用完全颠倒的顺序和方法处理问题的一种创造原理。如人在楼梯上行走与人不动楼梯走（自动扶梯）、电风扇与排风扇、有土栽培与无土栽培、放大镜与显微镜等。

（四）创新思维类型

创新思维的类型多种多样，这里介绍常用的几种：

1.发散思维

发散思维又称辐射思维、放射思维、多向思维或扩散思维，是指从某一信息、某一事物中想象出各种可能、各种用途；以一个问题为中心，思维路线向四面八方扩散呈辐射状，从不同方面思考同一问题。

【课堂练习】

喝矿泉水

1 元钱 1 瓶矿泉水，喝完后 2 个空瓶可换 1 瓶矿泉水。问：有 20 元钱，最多可以喝到几瓶矿泉水？

思路 1:20 元可以购买 20 瓶矿泉水,20 个空瓶可换 10 瓶矿泉水,10 个空瓶再换 5 瓶矿泉水;接着,把 5 个空瓶分成 4 瓶和 1 瓶,前 4 个空瓶换 2 瓶,喝完后 2 瓶再换 1 瓶;最后,手里剩余的空瓶数为 2 个,把这 2 个空瓶换 1 瓶继续喝;喝完后,把这 1 个空瓶和向商家借来的 1 个空瓶换 1 瓶矿泉水,喝完换来的那瓶,再把空瓶还给商家即可。所以,最多可以喝的矿泉水瓶数 = 20+10+5+2+1+1+1 = 40。

思路 2:先看 1 元钱最多能喝几瓶矿泉水。喝 1 瓶余 1 个空瓶,借商家 1 个空瓶,2 个空瓶换 1 瓶继续喝,喝完后把这 1 个空瓶还给商家,即 1 元钱最多能喝 2 瓶矿泉水。20 元钱当然最多能喝 40 瓶矿泉水。

思路 3:2 个空瓶换 1 瓶矿泉水,可知纯矿泉水只值 5 角钱。20 元钱当然最多能喝 40 瓶矿泉水。

女盗梅姑

女盗梅姑应邀出席阿拉伯国王的招待会。国王在 15 米见方的豪华地毯正中放了一顶王冠,说:“女士们、先生们,只能用手,不准用任何工具,谁能不踏地毯拿到王冠,王冠就作为礼物送给谁。”话音刚落,人们全都聚在地毯周围争先恐后地伸出手,但谁都够不着。梅姑微笑着说:“我来试试!”说完,她轻而易举地拿到王冠。那么,她用了什么办法?

发散引导方法:将地毯从一端卷起来,接近王冠,伸手取下。

2.逆向思维

逆向思维是指对司空见惯的似乎已成定论的事物或观点反过来思考的一种思维方式,即“反其道而思之”,从问题的相反面进行深入的探索,创立新思想、新形象。

【案例精选】

逆向思维巧送情报

在抗日战争时期,有一次敌人把一个村庄包围了,不让村里的任何人出去,派了一个伪军在村子通向外界的唯一通道的一座小桥上把守,正巧村里有一个重要的情报要报告给在村外的八路军领导人。在敌人看守如此严密的情况下,怎样才能把情报顺利、安全地送出去呢? 村里的一个小八路,勇敢地担当起这个任务。这个小八路在黄昏时趁着夜色的掩护,悄悄地来到了小桥旁边的芦苇地躲藏了起来。他认真地观察小桥上发生的一切。他注意到守关下的敌人打起了瞌睡,凡是有村外的人来,他总是头也不抬就说“回去,回去,村里不让进”。如此几次,小八路心里便有了主意。小八路钻出了芦苇地,悄悄接近并上了小桥,就在敌人抬头发话之前他突然转身向村里的方向走来,并且故意把脚步声弄得挺大,敌人听到后,还是头也不抬地说,“回去,回去,村里不让进”。结果小八路顺利过关把情报安全地送了出去,为部队打胜仗立下了汗马功劳。由此可见,逆向思维随处可用,学会并灵活运用逆向思维显得尤其重要。

💡【课堂练习】

漏油的圆珠笔

许多国家的圆珠笔制造商投入大量经费进行研究,甚至使用耐磨性能极好的不锈钢和宝石来做笔珠。耐磨性能问题得到了解决,但又出现了新的问题:由于笔芯头部内侧与笔珠接触部分被磨损,出现了漏油现象。

正当人们对圆珠笔漏油问题一筹莫展时,日本的发明家中田藤山郎非常巧妙地解决了这一问题。他想,既然增加笔珠的耐磨性会出现漏油现象,那么干脆放弃追求耐磨性。你知道他简单有效的办法是什么吗?

逆向转换方法:

- 圆珠笔漏油的直接原因是笔珠磨损。笔珠磨损的原因是写了2万多字后,长期摩擦造成损耗。
- 依存条件:写2万多字→笔珠磨损→漏油。
- 条件逆向:不漏油→笔珠不磨损→不写2万多字。
- 控制油管中笔油的装入量,只够写1.5万~1.8万字。

3.联想思维

联想思维是指人们在头脑中将一种事物的形象与另一种事物的形象联系起来,探索它们之间共同的或类似的规律,从而解决问题的思维方法。

牛顿从苹果落地,联想到引力,又将引力与质量、速度、空间距离等因素相联系,进而推导出力学三大定律。

💡【课堂练习】

工作失误

营业员王小姐由于工作失误,将2万元的笔记本电脑以1.2万元错卖给李先生。经理试图将钱要回来,如果是你,怎么与李先生沟通呢?

联想转移方法:

将错就错——用1.2万元电脑换回2万元电脑。你可以这样说:"李先生,实在抱歉。由于营业员的失误,将一台翻新后的二手电脑以1.2万元的高价错卖给您。"

(五)基于互联网的创新思维

1.互联网思维的定义

互联网思维是在互联网、大数据、云计算等科技不断发展的背景下,对市场、用户、产品、企业价值链乃至整个商业生态进行重新审视的思考方式。这里的互联网,不单指桌面互联网或者移动互联网,是泛互联网,因为未来的网络形态一定是跨越各种终端设备的,包括台式机、笔记本、平板、手机、

微课 互联网思维体系(一)

手表、眼镜等。

互联网思维将重塑及颠覆各类传统行业。传统企业互联网化大致经过以下四个阶段:第一阶段(互联网之前),传播层面的互联网化,即狭义的网络营销,通过互联网工具实现品牌展示、产品宣传等功能;第二阶段(初级阶段),渠道层面的互联网化,即狭义的电子商务,通过互联网实现产品销售;第三阶段(中级阶段),供应链层面的互联网化,通过 C2B 模式,消费者参与产品设计和产品研发;第四阶段(高级阶段),用互联网思维重新架构企业。

绝大多数传统企业目前仍在第一和第二阶段徘徊,仍然纠结于开通微信还是微博,入驻天猫还是京东,没有形成一整套的互联网转型思路,导致其互联网化浅尝辄止。最高级阶段最彻底的互联网转型,是通过互联网思维重塑企业的整个价值链。传统企业互联网化的四个阶段如图 1-3 所示。

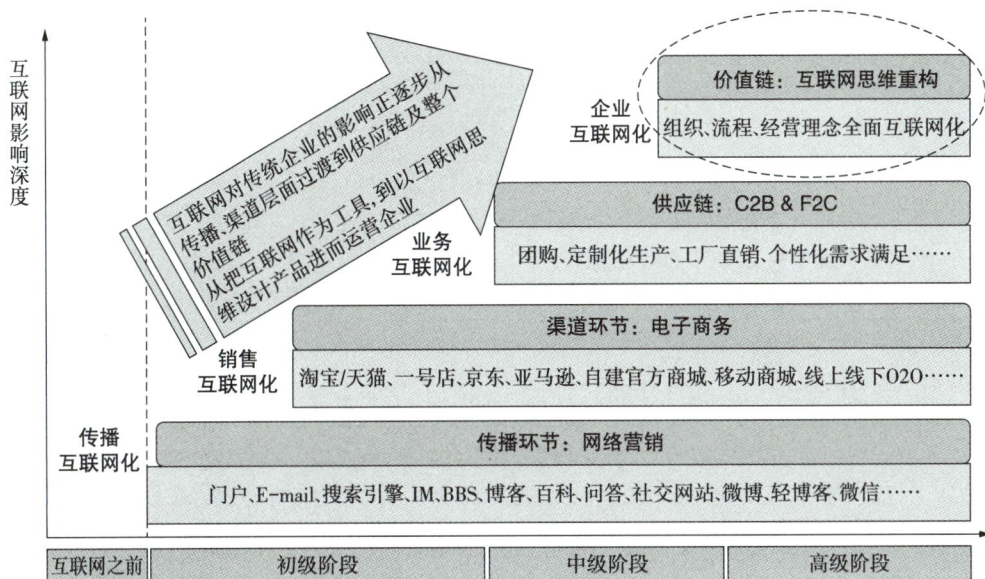

图 1-3 传统企业互联网化的四个阶段

2.互联网思维体系

互联网思维体系由九大思维 20 条法则构成,如表 1-1 所示。

表 1-1 互联网的九大思维 20 条法则

序号	九大思维	20 条法则
1	用户思维 (对市场和消费者的理解)	(1)得"草根"者得天下
		(2)用户参与感
		(3)用户体验至上
2	简约思维 (对产品规划、产品设计的理解)	(4)专注,少即是多
		(5)简约即是美

续表

序号	九大思维	20条法则
3	极致思维 （对产品/服务、用户体验的理解）	(6)打造让用户尖叫的产品
		(7)服务即营销
4	迭代思维 （对创新流程的理解）	(8)小处着眼，微创新
		(9)精益创业，快速迭代
5	流量思维 （对经营模式的理解）	(10)免费是为了更好地收费
		(11)坚持到质变的"临界点"
6	社会化思维 （对关系链、传播链的理解）	(12)利用社会化媒体，口碑营销
		(13)利用社会化网络，众包协作
7	大数据思维 （对企业资产、竞争力的理解）	(14)小企业也要有大数据
		(15)你的用户不是一类人，而是每个人
8	平台思维 （对商业模式、组织形态的理解）	(16)打通多方共赢的生态圈
		(17)善用现有平台
		(18)让企业成为员工的平台
9	跨界思维 （对产业边界、产业链的理解）	(19)携"用户"以令诸侯
		(20)用互联网思维，大胆颠覆式创新

互联网九大思维重塑企业的整个价值链如图1-4所示，包括商业模式设计、产品设计、产品开发、品牌定位、业务拓展、售后服务等企业经营的所有环节。

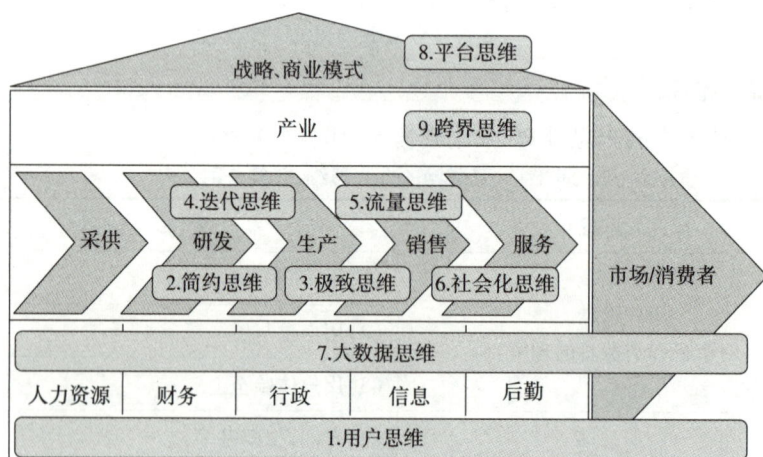

微课 互联网
思维体系（二）

图 1-4 互联网九大思维重塑企业的价值链

用户思维、大数据思维贯穿整个价值链条的始终;简约思维、极致思维、迭代思维主要体现在产品研发、生产和销售环节;流量思维、社会化思维主要体现在销售和服务环节;平台思维体现在战略、商业模式层面;跨界思维主要基于产业层面。

(1)用户思维(对市场和消费者的理解)

用户思维,是指在价值链各个环节中都要"以用户为中心"去考虑问题。它是互联网思维的核心,其他思维都是围绕用户思维在不同层面的展开,没有用户思维,就谈不上互联网的其他思维。

以用户为中心,不是现在才出现的概念,很多传统品牌厂商都在恪守着"以用户为中心""以客户为中心""以消费者为中心"的原则。为什么在互联网蓬勃发展的今天,用户思维格外重要呢?

因为互联网消除了信息不对称,使得消费者掌握了更多的产品、价格、品牌方面的信息,互联网的存在使得市场竞争更为充分,市场由厂商主导转变为消费者主导,消费者"用脚投票"的作用更为明显,消费者主权时代已经到来。

作为厂商,必须从市场定位、产品研发、生产销售乃至售后服务整个价值链的各个环节,建立起"以用户为中心"的企业文化,不能只是理解用户,而是要深度理解用户,只有深度理解用户才能生存。商业价值必须建立在用户价值之上,正如"地在人失,人地皆失;地失人在,人地皆得"。

法则1:得"草根"者得天下

从市场定位及目标人群选择来看,成功的互联网产品都抓住了"草根"群体的需求,这是一个完完全全的长尾市场。

"草根"不仅体现在生活状态上,更是一种心态,他们身份卑微又追求认可,他们寻求"存在感""归属感"和"成就感",这样的人群,在目前的国内网民中占据很大比重。

这是一个人人自称"草根"而骨子里认为自己是"高富帅"和"白富美"的时代。当你的产品不能让用户成为产品的一部分,不能和他们连接在一起时,你的产品必然是失败的。"草根"群体喜欢什么、需要什么,只要你在中国做互联网,就必须重点关注。在我国,只有深耕最广大的"草根"群体,才可能做出伟大的企业。QQ、百度、微信、YY、小米,无一不是携"草根"以成霸业。

法则2:用户参与感

在品牌和产品规划层面,"草根"群体需要什么,我们就应该提供什么,"草根"需要的是参与感,我们就应该把这种参与感传递到位。

让用户参与产品开发,便是C2B模式,它一般包括两种情况:一是按需定制,厂商提供满足用户个性化需求的产品即可,如海尔的定制化冰箱;二是在用户的参与中优化产品,如服装领域的淘品牌"七格格",每次的新品上市都会把设计的款式放到粉丝群组里,让粉丝投票,其群组有近百个QQ群,辐射数万人,这些粉丝决定了最终的潮流趋势,自然也会为这些产品买单。

让用户参与品牌传播,就是粉丝经济。粉丝经济的要义,是制造粉丝,让粉丝自组织推动一切。我们的品牌需要的是粉丝,而不只是用户,因为用户远没有粉丝忠诚。

品牌需要的是粉丝,而不仅仅是会员。粉丝是品牌的一部分,牢不可分。互联网时代,创建品牌和经营粉丝的过程高度融为一体了。

粉丝不是一般的爱好者,而是有些狂热的痴迷者,是最优质的目标消费者。因为喜欢,所以喜欢,喜欢不需要理由,一旦注入感情因素,有缺陷的产品也会被接受。可以预见,在未来没有粉丝的品牌终将消亡。

电影《小时代》,豆瓣评分低于 5 分,观影人群的平均年龄在 22 岁,是郭敬明粉丝"四迷"的富矿。为什么《小时代 1》《小时代 2》创造出累计超过 7 亿的票房神话? 这是因为有大量"90 后"粉丝"护法",才会有如此高的票房。

法则 3:用户体验至上

在品牌与消费者沟通的过程中,要遵循"用户体验至上"的原则。用户体验是一种纯主观、在用户接触产品过程中建立起来的感受。好的用户体验,应该从细节开始,并贯穿每一个细节,这种细节能够让用户有所感知,并且这种感知要超出用户预期,给用户带来惊喜。

互联网公司的产品经理大都有日夜不停地泡在网上研究用户的习惯。历史上从来没有哪一个大众消费品行业像互联网行业如此重视过用户的感受。

"用户体验至上"应该贯穿品牌与消费者沟通的整个链条,说白了就是让消费者感到舒适愉悦。比如,微信新版本对公众账号的折叠处理,就是很典型的"用户体验至上"的选择。品牌建设的过程,就是打造用户体验的过程。所有环节的产品或服务,都是为了实现用户体验的目标。

综上可以看出,用户思维涵盖了最经典的品牌营销的 Who-What-How 模型:①Who,我们的目标消费者选择——得"草根"者得天下;②What,针对目标消费者需求,我们注重用户参与感;③How,怎样实现——全程用户体验至上。

(2)简约思维(对产品规划、产品设计的理解)

简约思维,是指在产品规划和品牌定位上,力求专注、简单;在产品设计上,力求简洁、简约。互联网时代,信息爆炸,消费者的选择太多,选择时间太短,用户的耐心越来越不足,而转移成本太低。消费者线下从一家门店出来再进入下一家,线上只需要点击一下鼠标,转移成本几乎为零。所以,必须在短时间内抓住消费者。

法则 4:专注,少即是多

产品线的规划要专注。这里所讲的专注是指为了做成一件事,必须在一定时期集中力量实现突破。苹果公司就是典型的例子。1997 年苹果公司濒临破产,乔布斯回归后,砍掉了70% 的产品线,重点开发 4 款产品,使得苹果公司扭亏为盈,起死回生。2007 年,苹果公司推出第一款 iPhone,即使到了 iPhone 5S,也只有 5 款产品。

品牌定位要专注。给消费者一个选择你的理由,一个就足够。有一个网络鲜花品牌,叫roseonly,它的品牌定位是高端人群的"爱情唯一"。在这个网站的买花者需要和收花者的身份证号绑定,且每人只能绑定一次,意味着"一生只爱一人",这种定位也就意味着放弃了团购、B2B、亲朋好友送礼的其他机会。该鲜花品牌 2013 年 2 月上线,8 月做到了月销售额近1 000万元。

大道至简:越简单的东西越容易传播,也越难做。大家能不能少做点儿事? 能不能只做一件事情? 少就是多,专注才有力量,专注才能把东西做到极致。尤其在创业时期,做不到专注,就没有可能生存下去。

法则 5:简约即是美

在产品设计方面,要做减法。外观要简洁,内在的操作流程要简化。比如,Google 首页永远都是清爽的界面,苹果的外观、特斯拉汽车的外观,都是这样的设计。

(3)极致思维(对产品/服务、用户体验的理解)

极致思维,就是把产品和服务做到极致,把用户体验做到极致,超越用户预期。互联网时代的竞争,没有第一,没有第二,只有做到极致,才能够真正赢得消费者,赢得人心。

什么叫极致? 和君合伙人季辉说:"极致就是把命都搭上,你们看看苹果,就是乔老爷子把命都搭上了的结果。"

法则6:打造让用户尖叫的产品

用极限思维打造极致的产品方法论有三条:第一,需求要抓得准(痛点、痒点和兴奋点);第二,自己要逼得很(做到自己能力的极限);第三,管理要抓得紧(得产品者得天下)。

好产品是会说话的,是能够传播起来的。"一切产业皆媒体""人人都是媒体人",在这个社会化媒体时代,好产品自然会形成好口碑。尖叫,意味着必须把产品做到极致;极致,就是超越用户想象。

法则7:服务即营销

除了产品本身,服务及其他产品周边的体验也同样重要。在服务环节,也要做到极致。

阿芙精油是知名的天猫品牌,有两个小细节可以看出其对服务体验的极致追求:①客服24小时无休轮流上班,使用Thinkpad小红帽笔记本工作。因为使用这种电脑切换窗口更加方便、快捷,可以让消费者少等几秒钟。②设有首席惊喜官,每天会在顾客留言里寻找,猜测哪个顾客可能是潜在的推销员、专家或者联系人,找到他们之后会询问地址并寄出包裹,为这个可能的"意见领袖"制造惊喜。

(4)迭代思维(对创新流程的理解)

"敏捷开发"是互联网产品开发的典型方法论,是一种以人为核心,迭代、循序渐进的开发方法,允许有所不足,不断试错,在持续迭代中完善产品。

互联网产品能够做到迭代,主要有两个原因:①产品供应到消费的环节非常短;②消费者意见反馈成本非常低。

法则8:小处着眼,微创新

"微",是指从细微的用户需求入手,贴近用户心理,在用户参与和反馈中逐步改进。"可能你觉得是一个不起眼的点,但是用户可能觉得很重要。"360安全卫士当年也只是一个安全防护产品,后来却成为新兴的互联网巨头。

法则9:精益创业,快速迭代

好产品是运营出来的。一个微创新是改变不了世界的,需要通过持续不断的微创新。怎样构建自身产品或服务与消费者沟通的迭代机制?这里的迭代思维,对传统企业而言,更侧重于迭代意识,意味着我们必须及时乃至实时地关注消费者需求,把握消费者需求的变化。

(5)流量思维(对经营模式的理解)

流量意味着体量,体量意味着分量。"目光聚集之处,金钱必将追随",流量即金钱,流量即入口,流量的价值不必多言。

法则10:免费是为了更好地收费

互联网产品,免费往往成了获取流量的首要策略。互联网产品大多不向用户直接收费,而是用免费策略极力争取用户、锁定用户。百度、QQ、360都是依托免费起家的。当年的

360安全卫士,用"免费杀毒"入侵杀毒市场,一时间搅得天翻地覆,回头再看看,卡巴斯基、瑞星、金山等杀毒软件,估计没有几台电脑还装着了。

免费模式主要有两种:第一,基础免费,增值收费;第二,短期免费,长期收费。"免费是最昂贵的",不是所有的企业都能选择免费策略,因产品、资源、时机而定。

法则11:坚持到质变的"临界点"

流量怎样产生价值?量变产生质变,必须要坚持到质变的"临界点"。任何一个互联网产品,只要用户活跃数量达到一定程度,就会开始产生质变,这种质变往往会给该公司或者产品带来新的商机或者价值,这是互联网独有的奇迹和魅力。QQ若没有当年的坚持,也不可能有今天的企业帝国。注意力经济时代,先把流量做上去,才有机会思考后面的问题,否则连生存的机会都没有。

(6)社会化思维(对关系链、传播链的理解)

天猫启动"旗舰店升级计划",增加了品牌与消费者沟通的模块,同时,发布了类似微信的产品"来往",这也证明社会化商业时代已经到来,互联网企业纷纷加快布局。社会化商业的核心是网,公司面对的客户以网的形式存在,这将改变企业生产、销售、营销等各个形态。

法则12:利用社会化媒体,口碑营销

有一个做智能手表的品牌,通过10条微信,近100个微信群讨论,3 000多人转发,11小时预订售出18 698只土曼T-Watch智能手表,订单金额达900多万元,这就是微信朋友圈社会化营销的魅力。可见,社会化媒体是品牌营销的主战场,口碑营销的链式传播速度非常快。

以微博为例:小米公司有30多名微博客服人员,每天处理私信2 000多条,提及、评论等四五万条,通过在微博上互动和服务让小米手机深入人心。值得注意的一点是,不是使用了社会化媒体就是口碑营销,口碑营销不是自说自话,而一定是站在用户的角度、以用户的方式和用户沟通。

法则13:利用社会化网络,众包协作

众包,是指以"蜂群思维"和层级架构为核心的互联网协作模式,意味着群体创造,不同于外包、威客,更强调协作。

维基百科就是典型的众包产品。传统企业要思考如何利用外脑,不用招募,便可"天下贤才入吾彀中"。InnoCentive网站创立于2001年,已成为化学和生物领域的重要研发供求网络平台,"创新中心"聚集了9万多名科研人才。

宝洁公司是"创新中心"最早的企业用户之一。该公司引入"创新中心"的模式,把公司外部的创新比例从原来的15%提高到50%,研发能力提高了60%。宝洁目前有9 000多名研发人员,而外围网络的研发人员达到150万人。

小米手机的产品研发,让用户深度参与,实际上也是一种众包模式。

(7)大数据思维(对企业资产、竞争力的理解)

大数据思维,是指对大数据的认识,对企业资产、关键竞争要素的理解。缺少数据资源,无以谈产业;缺少数据思维,无以言未来。

法则14:小企业也要有大数据

用户在网络上一般会产生信息、行为、关系三个层面的数据。比如,用户登录电商平台,会注册邮箱、手机、地址等,这是信息层面的数据;用户在网站上浏览、购买了什么商品,这属于行为层面的数据;用户把商品分享给了谁、找谁代付,这是关系层面的数据。

法则15:你的用户不是一类人,而是每个人

在互联网和大数据时代,客户所产生的庞大数据量使营销人员能够深入了解"每一个人",而不是"目标人群"。这个时候的营销策略和计划,就应该更精准,要针对个性化用户做精准营销。

💡【案例精选】

```
┌────────────────┐      ┌────────────────┐      ┌────────────────┐
│银泰网上线后,打通了线│      │在百货和购物中心铺设│      │这意味着,当一位已注册账号的│
│下实体店和线上的会员│ ==> │免费Wi-Fi        │ ==> │客人进入实体店,他的手机连接│
│账号            │      │                │      │上Wi-Fi,后台就能识别出来,他│
│                │      │                │      │过往与银泰的所有互动记录、喜│
│                │      │                │      │好便会一一在后台呈现│
└────────────────┘      └────────────────┘      └────────────────┘
                                                         ||
                                                         \/
┌────────────────┐      ┌────────────────────────────────────┐
│这样做的最终目的是│      │当把线上、线下的数据放到集团内公共数│
│实现商品和库存的可│ <== │据库中去匹配,银泰就能通过对实体店顾│
│视化,并实现与用户的│      │客的电子小票、行走路线、停留区域的分│
│沟通            │      │析,来判别消费者购物喜好,分析购物行│
│                │      │为、购物频率和品类搭配的一些习惯│
└────────────────┘      └────────────────────────────────────┘
```

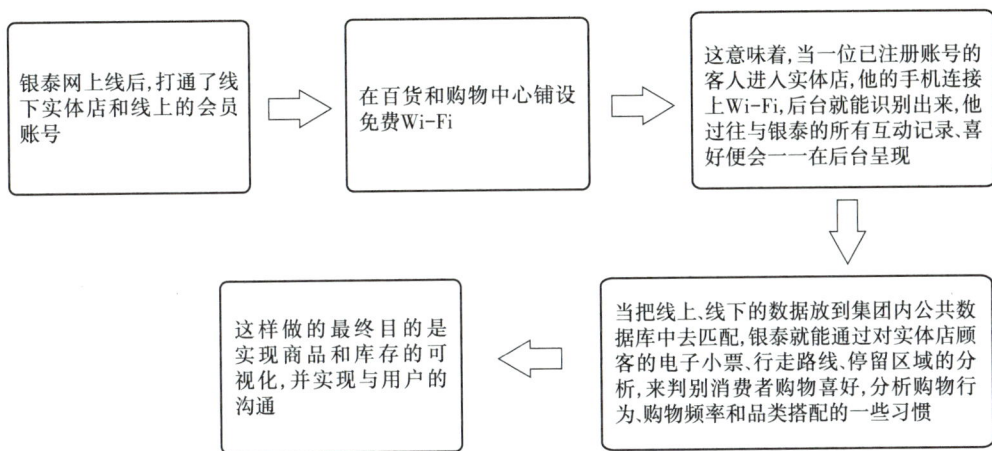

(8)平台思维(对商业模式、组织形态的理解)

互联网的平台思维就是开放、共享、共赢的思维。

《失控》这本书在互联网圈内很流行,讲述的外部失控,就是要把公司打造成开放平台;内部失控,就是要通过群体进化推动公司进化,在公司内部打造事业群机制。平台模式最有可能成就产业巨头,全球最大的100家企业里,有60家企业的主要收入来自平台商业模式,包括苹果、谷歌等。平台盈利模式多为"羊毛出在狗身上",不需要"一手交钱,一手交货"。

法则16:打通多方共赢的生态圈

平台模式的精髓,在于打造一个多主体共赢互利的生态圈。将来的平台之争,一定是生态圈之间的竞争,单一的平台是不具备系统性竞争力的。BAT(百度、阿里、腾讯)三大互联网巨头围绕搜索、电商、社交各自构筑了强大的产业生态,后来者如360等是很难撼动的。

法则17:善用现有平台

传统企业转型互联网,或者新的互联网公司创业,当你不具备构建生态型平台实力的时候,就要思考怎样利用现有平台。

法则18:让企业成为员工的平台

互联网巨头的组织变革,都是围绕如何打造内部"平台型组织"而进行的。内部平台化,对组织要求就是要变成自组织而不是他组织。他组织永远听命于别人,自组织是自己来创新。

海尔公司近年来一直在开展"人单合一",将8万多人分为2 000个自主经营体,让员工

成为真正的"创业者",在海尔的大平台上自己寻找创业机会,同时配合内部的风投机制,或员工自己到社会上组织力量,成立小微公司,发挥每个人的创造力,让每个人成为自己的CEO。包括阿里巴巴25个事业部的分拆、腾讯六大事业群的调整,都旨在发挥内部组织的平台化作用。

(9)跨界思维(对产业边界、产业链的理解)

互联网企业的跨界颠覆,本质是高效率整合低效率,包括结构效率和运营效率。

互联网和新科技的发展,纯物理经济与纯虚拟经济开始融合,很多产业的边界变得模糊,互联网企业的触角已经无孔不入,包括零售、制造、图书、金融、电信、娱乐、交通、媒体等。

法则19:携"用户"以令诸侯

互联网企业,为什么能够参与乃至赢得跨界竞争? 答案就是用户。它们一方面掌握用户数据,另一方面又具备用户思维,自然能携"用户"以令诸侯。阿里巴巴、腾讯相继申办银行,小米做手机、做电视,都是这个道理。

一场跨界"分金"的盛宴正在开始。移动说,搞了这么多年,今年才发现,原来腾讯才是我们的竞争对手。你认为收费的主营业务,一个跨界的进来免费,因为人家根本不靠这个赚钱,你美滋滋地活了好多年,结果到最后不知道怎么死的。典型的案例如瑞星杀毒收费,360杀毒进来全部免费,让整个杀毒市场翻天覆地。

未来十年,是中国商业领域大规模"打劫"的时代,所有大企业的"粮仓"都可能遭遇"打劫"。一旦人民的生活方式发生根本性的变化,来不及变革的企业,必定遭遇前所未有的"劫数"。未来十年,是一个"海盗嘉年华",各种横空而出的"千年妖怪"会像马化腾一样遍布各个领域,他只是开了个头而已。

法则20:用互联网思维,大胆颠覆式创新

不论是传统企业,还是互联网企业,都要主动拥抱变化,大胆地进行颠覆式创新,这是时代背景的必然要求。一个真正强大的企业,一定是手握用户和数据资源,能够纵横捭阖,敢于跨界创新的组织。你不敢跨界,就有人跨过来"打劫";你不跨界,就有人让你"出轨"。李彦宏说:"互联网和传统企业正在加速融合,互联网产业最大的机会在于发挥自身的网络优势、技术优势、管理优势等,提升、改造线下的传统产业,改变原有的产业发展节奏,建立起新的游戏规则。"

🔧【课堂讨论】

如何用互联网思维重塑传统美发行业?

美容美发全产业链,国内有7 000亿的市场规模,单就美发而言,至少有3 000亿的规模,看看各个小区门口的理发门店就知道了。那么,互联网思维下,究竟应该怎样进行产业定位、市场定位? 跨界之后的理发店是什么样的形态? 理发店有可能成为什么样的平台? 针对哪一类消费人群? 提供哪几种产品组合? 怎样打造极致的用户体验? 理发店的产品组合怎样优化? 组织形态可以怎样设计? 怎样利用社会化媒体开展理发店的营销推广? 怎么构建理发店会员的大数据体系? 怎样维系理发店的会员? 如何把一个理发店做起来? 如何把连锁店发展起来? 如何做到上市?

3.传统行业企业如何转型互联网

传统行业企业转型互联网,应从以下三个要素去思考:

①体系:互联网九大思维,每个部分该如何运用到企业转型的实际中?

②节奏:怎样的时间安排?怎样的战略步骤?配合什么样的资源?

③火候:如何解决线上、线下的冲突?如何权衡长期利益与短期利益?如何解决人才瓶颈?

互联网已成为生活中的"水和电",已成为我们的基础设施。互联网思维已成为最根本的商业思维,是一切商业行为的起点。未来不会再有互联网公司,因为所有企业都将成为互联网公司。传统企业转型互联网,核心关键不是电商,不是微博、微信营销,不是大数据,不是云计算,不是粉丝,而是互联网的思维体系。

今天看一个产业有没有潜力,就要看它离互联网有多远。任何一个要在当今社会立足的人,都必须建立一个互联网化的思维。能够真正用互联网思维重构的企业,才可能真正赢得未来。

未来一定是属于既能深刻理解传统商业的本质,也具有互联网思维的人。不管你是来自传统行业还是互联网领域,未来一定属于这种O2O两栖人才。传统企业要想赢得未来,一定要把互联网思维融入整个企业经营的逻辑之中。

(六)培养大学生创新思维的作用

21世纪,国家间竞争的实质是以科技发展为主导的综合国力的竞争,社会竞争更重要的是思维能力和创新能力的竞争。培养大学生的创新思维,具有重大的现实意义和长远意义。

①有利于个人才智的发挥和实现自己的人生价值。创新思维的开发可以激发人的潜能,而大学生创新思维的开发,则意味着未来中国将拥有更多高素质的建设者。当代大学生也将拥有一个发挥自己才华的平台,同时我们的建设者可以自如地应对未来社会的竞争,在激烈的人才竞争中进一步使自己的人生价值、社会价值得到更好的实现。

②有利于中华文明的传承和进一步发展。中华文明是人类文明史上唯一源远流长且从未中断的文明。当代大学生作为我们文明的重要继承者,具有创新思维意识和创新心理素质,必将使我们的文明得到更高质量的发展,从而使我们的中华文明能够有能力、有条件在不远的将来引领人类文明的发展,实现中华文明的伟大复兴!

③有利于我国政治、经济健康稳定快速发展。改革开放以来我国经济不断发展,政治、经济改革也在不停地进行着。大学生作为未来的建设者、社会主义事业的接班人,开发和培养其创新思维是非常有意义的。大学生创新思维的培养可以使我们更好地把握政治、经济发展变化的规律,从而使我们的社会主义市场经济建设的方向更加明确,政治体制改革更加有效,政府的决策更具有科学性。纵观世界政治、经济的发展,可以看到每一分钟都充满着竞争与挑战。所以,大学生创新思维的开发与培养是我国政治和经济健康、稳定、快速发展的重要保障。

五、培养创新型人才

(一)什么是创新型人才

所谓创新型人才,就是具有创新精神和创新能力的人才,通常表现出灵活、开放、好奇的个性,具有精力充沛、坚持不懈、注意力集中、想象力丰富以及富于冒险精神等特征。

创新型人才具有以下几个特征:①有很强的好奇心和求知欲望;②有很强的自我学习与探索的能力;③在某一领域或某一方面拥有广博而扎实的知识,有较高的专业水平;④具有良好的道德修养,能够与他人合作或共处;⑤有健康的体魄和良好的心理素质,能承担艰苦的工作。

(二)如何培养创新型人才

我国当代著名的科学家钱学森曾在病榻上向温家宝同志进言:"现在中国没有完全发展起来,一个重要原因是没有一所大学能够按照培养科学技术发明创新人才的模式去办学,没有自己独特的创新的东西,老是冒不出杰出人才。这是个很大的问题。"培养大量的一线创新人才,是当代中国高等教育最重要的历史使命。

作为一名教师,传授知识是基本的任务。然而,还有四个方面比传授知识更重要:一是指导学生学习的方法比传授知识更重要,今天的教是为了明天不需要教;二是激发学生学习的兴趣比强制学生学习更重要,重在提高学生学习的内动力;三是培养学生的科学精神比传播科学更重要,要努力培养学生严谨、求实、探索、创新的学术品格;四是引导学生学会应用知识比单纯传授知识更重要,学习的目的是更好地应用知识。

为了培养创新型人才,在学校教学方法上应注重以下几个方面:

①要实行以问题为主线的教学。注重在教学中引导学生思考问题、提出问题、研究问题和解决问题。在一个班、一个学习小组或一个宿舍集体内,形成研究问题、讨论问题的风气,这是引发思考、启迪智慧、激发灵感的重要渠道,是创新型学习重要的形式,是最重要的学风。

②注重培养兴趣。学习中有了兴趣,可以有效地提高学习的内动力,做到忙而不累,乐而忘忧,能产生灵感,提高效率。目前我国高等教育中比较普遍的问题是学生学习的内动力不足,学习的兴趣和求知的欲望不足,因此,如何培养学生学习兴趣,提高学生学习的内动力成为高等教育要研究和解决的一项重要课题。

③引导学生善于综合。善于把学到的多门课程以至多个门类的知识综合在一起,解决实际问题。科学是内在的统一体,它被分解为单独的部门不是取决于事物的本质,而是取决于人类认识能力的局限性。当代科学技术不断分化与综合,而以综合化、整体化为主。

④指导学生注重转化,就是由输入与吸纳知识转化为能力与素质。知识不等于能力与素质。知识必须转化成能力与素质才能体现出其价值。知识存在着过时和忘记的问题,而能力与素质则更稳定、更长久。美国物理学家劳厄说:"教育无非是一切已学过的东西都忘掉的时候所剩下的东西。"剩下什么呢?主要是由学到的知识转化过来的能力与素质。

⑤鼓励学生勇于突破,有意识地突破前人、突破书本、突破自己的老师。如果一个老师把学生教得超过了自己,那是这个老师很了不起的成就。科学的发展、社会的进步,既是以继承前人为基础,又是以怀疑、否定前人为突破。

在知识经济时代,企业仅仅依靠内部的资源进行高成本的创新活动,已经难以适应快速发展的市场需求以及日益激烈的企业竞争。在这种背景下,"开放式创新"逐渐成为企业创新的主导模式,而开放式创新的概念又是从对高技术行业的案例研究中提炼出来的,英特尔公司的做法正是最好的例证。

第二节　为什么要创业

【案例精选】

总裁和员工的思维差距

总裁去自己的工厂视察,简单地和厂里的工程师做了交流,有好事者大声追问总裁:"为什么累死的是我,富有的却是你!"

老板说:"我们之间有三个差别。第一,我创建公司的时候,是赌上全部家当,不成功便成仁。而你只是寄出几十份履历表后就来我们公司上班,而且随时可以走人。我跟你的差别在:创业与就业。第二,我选择从连接器切入市场,到最后能跟苹果公司合作,是因为我眼光判断正确。而你在哪个部门上班,是由学历和考试决定的。我们之间的差别在:选择与被选择。第三,我24小时都在思考如何创造利润,每一个决策都可能影响数万个家庭的生计与数十万股民的权益。而你只要想什么时候下班,如何照顾好你的家庭。我们之间的差别在:责任的轻重。"

创业还是就业?选择还是被选择?压力大还是责任轻?搞明白创业者和就业者这三个区别,就不会纠结自己现状为何不尽如人意,而是学会找寻自己的方向。

【课堂讨论】

你认为"创业"是什么?你考虑过将来创业吗?大学生创业最大的困难在哪里?

一、创业的内涵

(一)创业的含义

"创业"一词由"创"和"业"组成。所谓"创"一般是指创建、创新、创意;"业"是指学业、专业、就业、事业、家业、企业等。"创业"一词首现于《孟子·梁惠王章名下》:"君子创业垂统,为可继也。"意思是创立基业,传之子孙。诸葛亮《出师表》中也提到过创业:"先帝创业未半,而中道崩殂。"《辞海》对创业的定义为"创立基业",指开拓、创立个人、集体、国家和社会的各项事业以及所取得的成就。对创业的定义和理解,存在不同的角度和范畴,有广义和狭义之分。

广义的创业定义为"创造新的事业的过程",即"创建一番事业"。古语有"创业难,守业更难"的说法。这里讲的创业不只是财富的创造。创业既包括营利性组织,也包括非营利性组织;既包括官方设置的部门和机构,也不排斥非政府组织;既包括组织,也包括个人;既包括大型的事业,也包括小规模的个人或家庭事业。

从广义的角度看个人创业,可以理解为一个人根据自己的性格、兴趣、所学专业、能力等选择适合自己的职业,并为这个职业的成功准备各种条件,直至实现自己人生目标的过程和结果。也可以说是一个人为了实现自己的人生目标,从事社会发展所需要的工作,为社会发展做出贡献的经常性活动。

狭义的创业定义为"创建一个新企业的过程",是指创业者个人或者创业团队白手起家转变择业观念,以资源所有者的身份,利用知识、能力和社会资本,通过自筹资金、技术入股、寻求合作等方式创立新的社会经济单元,即不做现有就业岗位的填充者,而是为自己、为社会更多人创造就业机会。

综上所述,创业是指产生创业思维的创业者及团队,发现和捕捉机会、巧妙整合资源并由此创新、创造出新颖的产品或服务,实现其潜在市场价值的商业运作过程,即人们创业意识产生之前到企业成长的全过程。

不是每个同学将来都会创业,但是每个同学将来都有可能创业。截至 2015 年,淘宝平台普通网店约 1 000 万家,天猫店约 100 万家,直接解决就业约 1 800 万人,间接解决就业约 3 000 万人(快递公司)。《2016 中国大学生创业报告》指出,制约大学生创业实践的两大阻力因素是大学生创业者资金和经验不足。

(二)创业的特征

第一,创新性。创新是创业活动的最核心要素和最本质特征。创业是时代的产物,是在新的社会条件和经济环境下产生的,创业最显著的特点就是它自身具备的创新性。创新既是创业活动的重要组成部分,又是创业活动的前提和基础。缺乏了创新这个基础的支撑点,创业就成了空中楼阁。因此,创业者在进行创业的时候,应该首先认真检查自己是否具备了创新精神和创造能力。

第二,实践性。实践性是创业活动的显著特征之一。创业不是单纯的理论概念,不能仅仅停留在研讨和描述的层面上。创业具有很强的操作性,只有将理论与实践相结合,在科学的理论指导下进行实践操作,才能称得上是真正的创业。创业的最终目标是实现创业者自我价值和社会价值的统一,而这一目标要通过实际的操作和实践来实现,因此,大学生在创业前应该着重强调动手能力和实践能力的培养,不能纸上谈兵。

第三,时效性。创业与其他社会活动和实践活动相比而言,具有比较显著的时效性。创业是在社会发展到一定阶段,出现特定的商业机遇时产生的一种现象。创业是在具备了一定的时间、地点和条件的情况下出现的,一切以时间、地点和条件为转移,并非所谓"有条件要上,没有条件创造条件也要上"的语言感召。创业随机而生,同样,创业也会随着生存土壤的流失而消失。因此,创业需要把握机遇,适时创业。

第四,规范性。创业是客观存在的社会活动和实践活动,创业同样需要按照事物的客观发展规律来运行,采取规范的方式方法和科学有效的创业途径,把握科学的时机和有利的氛围。因此,要学会用辩证的观点来看待创业,规范操作,掌握科学正确的创业理论和操作方法,理智创业,切忌主观和盲目。

第五,社会性。创业是具备创新精神和创业能力的人从事的一项特定的实践活动,有着自身的客观发展规律。尽管如此,创业并没有固定的空间限制,创业需要走出校园,走向社会。因此,创业本身就具备鲜明的社会性,它受到诸多社会环境因素的影响,尤其是社会发展程度、经济发展水平以及国家法律法规和相关产业政策等社会因素对创业活动产生相当大的影响。同时,创业活动具有重要的社会意义,它可以为社会提供新产品和新服务,提供就业岗位,推动社会进步和经济发展。

(三)创业的要素

"创业教育之父"杰弗里·蒂蒙斯在其所提出的创业理论经典框架中,将创业团队、资源和创业机会视为三大核心要素,其中任一要素的弱化都会破坏三者之间的平衡,蒂蒙斯的创业要素模型如图1-5所示。

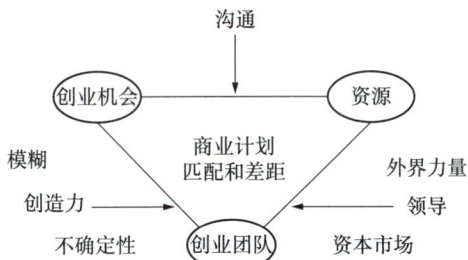

图 1-5 蒂蒙斯的创业要素模型

创业机会是创业过程的核心驱动力,创始人或创业团队是创业过程的主导者,资源是创业成功的必然保障。创业过程始于创业机会,开始创业时,创业机会比团队的能力和资源更重要。创业过程是商业机会、创业团队和资源三个要素匹配和平衡的结果。创始人或创业团队必须在推进业务的过程中,在模糊和不确定的动态的创业环境中具有创造性地捕捉商机、整合资源和构建战略、解决问题的能力,要勤于工作、勇于牺牲。

(四)创业的类型

依照创业对市场和个人的影响程度,把创业分为四种基本类型,即复制型创业、模仿型创业、安家型创业和冒险型创业。

1.复制型创业

这种创业模式是在现有经营模式基础上的简单复制。例如,某人原先担任某家电公司部门主管,后来他自行离职,创建了一家与原家电公司相似的新家电公司,且新组建公司的经营风格也与离职前的那家公司基本相同。现实中这种复制型企业的例子特别多,且由于前期生产经营经验的积累而使得新组建公司成功的可能性更高。在这种类型的创业模式中,创新贡献较低,也缺乏创业精神的内涵,并不是创业管理研究的主流。

2.模仿型创业

模仿型创业虽然也很少给顾客带来新创造的价值,创新的成分并不算太高,但对创业者本身命运的改变还是较大的。例如,某煤矿公司的经理辞职后,模仿别人新组建一家网络公司。相对来说,这种创业具有较大的不确定性,学习过程较长,经营失败的可能性也比较大。不过,如果是那些具备创新精神的创业者,只要能够得到专门化的系统培训,注意把握市场进入契机,创业成功的可能性也比较大。

3.安家型创业

这种形式的创业,创业者个人命运的改变并不大,所从事的仍旧是原先熟悉的工作,但他的确不断地为市场创造新的价值,为消费者带来实惠。例如,企业内部的研发小组在开发完成一项新产品后,继续在该公司开发另一种新产品项目。安家型企业所强调的是个人创业精神的最大程度实现,而并不对原有组织结构进行重新设计和调整。

4.冒险型创业

冒险型创业模式,有可能会改变个人的命运,从事一项全新的产品经营,个人前途的不确定性也很大,并且由于是创造新价值的活动,失败的可能性也很大。尽管如此,因为这种创业预期的报酬较高,对那些充满创新精神的人来说仍旧极富诱惑力。但是,它需要创业者具备较强的个人能力、适当的创业时机、合理的创业方案、科学的创业管理能力,只有这样才有可能获得成功。

(五)创业的阶段划分

1.创业储备期

产生创业意识,开始筹备创业。标志行为:资金储备、资金筹集、加速学习、整合资源、人脉储备等。

2.创业种子期

组建创业团队,正式开展项目。一般在企业注册前后。标志行为:正式组建团队、项目核心能力产生、目标明确、启动资金筹集、注册公司等。

3.创业发展期

企业正式运作,内部建设企业各项规章制度,外部大量整合资源,初期面对外部风险问题薄弱,面临市场盈利压力。

4.创业成长期

企业运作逐步成熟,应对外部风险能力增强,盈利逐步平稳增加,面临企业的扩张式发展。

创业的四个阶段划分如图 1-6 所示。

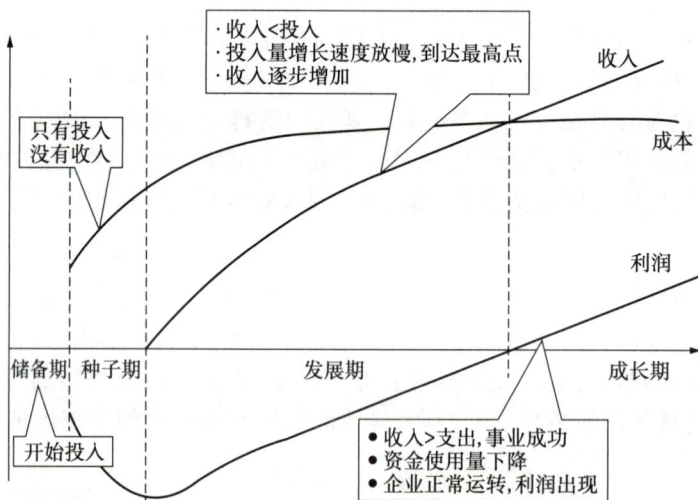

图 1-6　创业的四个阶段划分

(六)创业过程

1.产生创业动机/决定成为创业者

个人创业动机,或者说一个人能否成为创业者,直接受三方面因素影响,包括个人特质、创业机会和创业的机会成本。

【案例分析】

主人和他的三个仆人

一位主人将去国外远行,临走时将三个仆人叫到一起,分别交给他们每人十两银子,吩咐他们把财产利用好,等他回来时再来见他。

第一个仆人拿到十两银子后用于经商(开服装店),并且赚到了十两银子。同样,第二个仆人拿到十两银子后用于开修鞋店,赚到了五两银子。第三个仆人拿到十两银子后,却把主人的钱埋到了地里。过了一年时间,主人回来与他们算账。

第一个仆人带着十两银子来到主人面前,说:"主人,你交给我的十两银子,请看,我已赚了十两银子。"主人说:"做得好! 你是一个对很多事情充满自信的人,我会让你掌管更多的事情,现在就奖励你 10 座城邑。"

第二个仆人带着五两银子来到主人面前,说:"主人,你交给我的十两银子,请看,我也赚了五两银子。"主人说:"做得好! 你是一个对一些事情充满自信的人,我会让你掌管很多的事情,现在就奖励你 5 座城邑。"

最后,第三个仆人来到主人面前,说:"主人,我知道你是一个强人,想收获没有播种的土地,我很害怕,于是我把十两银子埋在了地下。看,那儿埋着你的银子。"主人斥责他说:"你是一个又懒又笨的人,你既然知道我想收获没人播种的土地,那么就更应该把钱存在银行家那里,当我回来的时候连本带利地还给我。"

于是主人命令将第三个仆人的十两银子也赏给第一个仆人,说:"凡是多的,还要给他,叫他多多益善;但凡少的,就连他所有的,也要夺去。"

思考: 从个人创业动机的角度分析,三者区别在哪里?

20 世纪 60 年代,知名社会学家莫顿首次将"贫者越贫、富者越富"的现象归纳为"马太效应"。所以,在资源分配上,马太效应告诉我们要锦上添花,不要雪中送炭。当可利用资源有限时,必须将你的时间、精力、才能、金钱等投入最有希望获胜的战场,确立自己在这一领域的优势地位。

看看我们周围,就可以发现许多马太效应的例子。朋友多的人会借助频繁的交往得到更多的朋友,缺少朋友的人会一直孤独下去。金钱方面更是如此,即使投资回报率相同,一个比别人投资多 10 倍的人,收益也多 10 倍。

2.识别创业机会

识别创业机会是创业过程的核心。可以通过回答以下几个问题来识别创业机会。

①机会来自哪里,创业者应该从何处识别创业机会?

②为什么某些人能够发现创业机会而其他人却不能,或者说哪些因素影响甚至决定了创业者识别机会?

③机会是通过什么形式和途径被识别的? 是经过系统收集和周密的调查研究还是偶然被发现的?

④是不是所有的机会都有助于创业者开展创业活动并创造价值?

3.整合资源

整合资源是创业者开发机会的重要手段,包括整合人力资源,组建优秀团队;整合资金资源,多渠道创业融资;整合经营管理资源;整合产品销售、市场资源。

4.创建新企业或新事业

新企业的创建或新事业的诞生是衡量创业者创业行为的直接标志,包括公司制度设计、企业注册、经营地址的选择、确定进入市场的不同途径等。对于公司内部创业活动来说,可能没有公司制度设计问题,但同样要设计奖惩机制,甚至需要制订利益分配原则;可能没有企业注册问题,但同样要有资金投入及预算控制机制等问题。

5.实现机会价值

创业者整合资源、创建新企业的目的是实现机会价值,并通过实现机会价值来实现自己的创业目标,这显然是创业过程中的重要环节。重视顾客价值的满足和提升,是新企业得以生存的根本,是机会价值得以实现的前提。重视科学的企业管控是企业成长的保证,也是机会价值得以充分实现的保证。

6.收获回报

对回报的追求有助于强化创业者对事业的执着,适当的回报是企业健康发展的基础,回报的形式可能是多种多样的,对回报的满意程度在很大程度上取决于创业者的创业动机。

二、创业动机

创业动机是指引起和维持个体从事创业活动,并使活动朝向某些目标的内部动力。它是鼓励和引导个体为实现创业成功而行动的内在力量。

大学生创业是适宜的创业环境与做好创业准备的大学生相结合的产物,但为什么会有大学生在本应认真学习的时候走上创业之路呢？他们的动机有一定的特殊性,归纳起来主要有以下四种类型:

(一)生存的需要

首先,由于经济原因,许多家庭越来越难以承担昂贵的学费,国家的助学贷款、奖学金制度也不能完全解决问题。在沉重的经济负担压力之下,为了顺利完成学业,一部分学生只好利用课余时间打工来维持正常的学习和生活。在打工过程中,具有创业素质的一部分人会发现商机并把握住它,开始走上了创业的道路。

其次,当前我国高校学生中城镇生源的学生有95%是独生子女,培养他们的独立性已经成为当务之急。目前,已经有一部分学生开始独立承担自己的学习、生活费用,在他们之中也产生了一定数量的创业先行者。这部分创业者通常都以学习为主要目的,从事一些需要投入时间、精力较少的行业,对经济回报要求较低。

(二)积累的需要

按照美国著名管理学家克雷顿·奥尔德弗的 ERG 理论,人的需求分为生存(existence)、相互关系(relatedness)和成长发展(growth)。这三种需求并不一定按照严格的由低向高的顺序发展,而是可以越级的。当代大学生随着年龄的增长,对相互关系和成长的需要会逐渐强烈。一部分大学生为了增加自己的实践经验,丰富自己的社会阅历,为了自己以后的发展或实现自己的某个目标做好经济上的准备,在条件成熟的情况下也会利用课余时间走上创业的道路。这个类型的创业者往往以锻炼为目的,承受失败的能力较强。同时,由于压力较小,失败和半途而废的比例也比较高。

(三)自我实现的需要

心理学研究表明:大学时期是很多人创造力最活跃的时期,这个年龄段的青年正处于创造能力的觉醒期,对创新充满渴望和憧憬。他们思维活跃、创新意识强烈,同时所受的约束和束缚较少,按照 ERG 理论对成长的需要也更为强烈。另外,由于大学生所处的环境,他们往往更容易接触一些新的发明和学术上的新成果,他们中的一部分人本身也拥有具有自主知识产权的科研成果,为了早日实现自己成功的目标,他们改变了自己的成功观念,也开始了自己的创业生涯。

(四)就业的需要

当前,我国的就业形势严峻,一方面表现为需求不足,另外一方面表现为大学毕业生的工资待遇降低。在这种情况下,为了找到一份自己满意的工作,一部分大学生开始创业。

【案例精选】

创业本身就是一种就业

大唐圣境信息科技有限公司的创始人,是 4 位年轻的小伙子,其中 3 位毕业于桂林工学院艺术系。

公司技术总监王文涛介绍,大唐圣境作为虚拟现实和三维可视化技术整体解决方案供应商,致力于基于 PC 平台的三维艺术效果表现的创作研究。

2007 年 3 月,大唐圣境公司注册成立,一个月后,成功接到第一单生意。这个目前拥有 15 名员工的团队很年轻,平均年龄 24 岁。

一个好汉三个帮,大唐圣境也不例外。总经理董刚、常务副总经理张立东、技术督导朱利军都是桂林工学院的校友。在校期间,三人常利用自己所学专业特长,承接社会上的一些设计业务,得到不少锻炼。

毕业后,三人各自在外打工一年。"我当时在杭州一家设计公司做平面设计,公司的制度十分苛刻。"朱利军和王文涛在同一家公司上班,他们对公司不看重人才、要求员工彻夜加班却不肯定其成果的做法十分不满。给别人打工不如给自己打工,2006 年,在合同期满一年后,朱利军和王文涛辞职,并和在外奔波一年、积累了一定社会经验的董刚、张立东一起,创办了大唐圣境。

"我们已经掌握到同行业内较高的技术水平,靠自身的能力完全可以创业:创业本身就为我们带来了职业。"董刚说。

(资料来源:《大学生创业成功案例及分析》)

三、把握时代脉搏

(一)大学生创业是国家兴旺发达的动力源泉

当今时代,创新决定着一个国家和民族的综合实力和竞争力。创新是一个民族进步的灵魂,是国家兴旺发达的不竭动力。青年一代,尤其是大学生,是中国最具活力的群体,如果失去了创造的冲动和欲望,而仅仅安于现状和守成,那么中华民族最终将难以自立于世界之林。接受了系统科学素养和人文精神熏陶的大学生,无疑是国家最宝贵的人力资源和科技资源。思维活跃、灵感丰富、敢于标新立异、具有创新精神的大学生,不仅是新思想、新观念、新技术、新工艺的发源地,更应是许多高新技术产业和新兴行业的带头人。

大学生创业必将更加有效地推动科技创新,推动新发明、新产品的出现,有力促进市场体系的完善和市场竞争主体结构的合理化,对企业创新能力和企业核心竞争力的提高乃至我国国际竞争力的提升都有非常重要的作用。

(二)大学生创业是新形势下解决就业难题的有效途径

国际劳工组织认为,在未来30亿劳动力中,将有25%~30%的劳动力不能完全就业,需要通过创业和自我谋职来达到就业的目的。人生的道路有千万条,面对高校毕业生严峻的就业形势,大学生正面临着人生道路的重要选择——是怨天尤人还是奋发图强,是消极等待还是积极进取,不同的选择会使每个人的人生具有不同的意义,创造出不同的价值。只有那些对生活充满热爱、对前途充满信心的人,才能成为"第一个吃螃蟹的勇士",在当今激烈的市场竞争中,凭着自己的知识和智慧,开辟出一条属于自己的人生道路。

(三)大学生创业是市场经济条件下实现个人价值的积极选择

市场经济崇尚个人价值的实现,提倡和鼓励竞争。我国社会主义市场经济的发展和完善为大学生创业提供了相对宽松的环境。思想活跃、敢想敢干、精力充沛、没有旧框架束缚的大学生,通过自主创业将会尽快实现自我的人生价值。

创业者在社会中普遍得到鼓励和人们的尊重,各种媒体大量报道创业新闻,在全社会营造了支持和鼓励创业的氛围,许多白手起家的成功故事激励着其他人群学习和仿效。事实证明,创业能够提升人生意义、提高生活质量,创业成功带来的满足感、幸福感是普通职业难于企及的。

【知识点滴】

国务院:鼓励大学生创新创业

2015年5月4日,国务院办公厅发布《关于深化高等学校创新创业教育改革的实施意见》(以下简称《意见》),要求进行教学及考试改革,扩大小班化教学,培养学生的批判性和创造性思维。探索非标准答案考试,破除"高分低能"积弊。此外,我国还将探索发表论文、获得专利和自主创业等情况折算为学分。

按照总体目标,我国2015年起全面深化高校创新创业教育改革。2017年取得重要进展,普及创新创业教育。到2020年,建立健全高校创新创业教育体系,使投身创业实践的学生数量显著增加。

《意见》要求改革教学方法和考核方式。开展启发式、讨论式、参与式教学,扩大小班化教学覆盖面,推动教师把国际前沿学术发展、最新研究成果和实践经验融入课堂教学,注重培养学生的批判性和创造性思维,激发创新创业灵感。改革考试考核内容和方式,注重考查学生运用知识分析、解决问题的能力,探索非标准答案考试,破除"高分低能"积弊。

此外,要求各地区、各高校科技创新资源原则上向全体在校学生开放,开放情况纳入各类研究基地、重点实验室、科技园评估标准。

《意见》要求,各高校要设置合理的创新创业学分,建立创新创业学分积累与转换制度,探索将学生开展创新实验、发表论文、获得专利和自主创业等情况折算为学分,将学生参与课题研究、项目实验等活动认定为课堂学习。为有意愿、有潜质的学生制订创新创业能力培养计划,建立创新创业档案和成绩单,客观记录并量化评价学生开展创新创业活动情况。优先支持参与创新创业的学生转入相关专业学习。

此外,《意见》也再次提到实施弹性学制,放宽学生修业年限,允许调整学业进程、保留学籍休学创新创业,并设立创新创业奖学金。

（资料来源：《京华时报》）

四、创业对创业者的意义

创业是一个伟大的历程,是一个精彩的大舞台。创业起步可高可低,创业的发展空间无限。通过创业,能有效实现人生价值,把握人生航向。

(一)创业可以主宰自己,充分发挥自己的才干

许多上班族之所以感到厌倦,积极性不高,重要原因之一是给别人"打工",个人的创意、想法往往得不到肯定,个人的才能无法充分发挥,愿望得不到实现,工作缺乏成就感,行事有诸多约束。而创业则完全可以摆脱原有的种种羁绊,摆脱在行为上受制于人的局面,充分施展自己的才华,发挥最大潜能,使自己的人生价值得到更好的体现。

(二)创业可以帮助个人积累财富,一定程度上满足个人对物质的追求欲望

工薪阶层的收入有高有低,但都是有限的,没有太多提升的空间。摆脱这些烦恼的一个有效途径就是开创一份完全属于自己的事业,它提供的利润是没有极限的,可任你想象。根据统计资料,在美国福布斯富豪榜前400名富豪中,有75%是第一代的创业者,而在中国富豪榜中,以创业起家的也不在少数。

(三)创业能够使个人有机会和实力回馈社会,具有极高的成就感

创业者创造的企业一方面为社会提供了产品或服务,一方面为个人、社会创造了财富。企业融入社会再生产的大循环之中,从多个环节为国家和社会做出了贡献,这种贡献使得创业者个人能够从中收获巨大的成就感。

(四)创业使个人能够从事喜欢的事业并从中获得乐趣

创业者选择创业项目,通常都会从个人感兴趣的领域着手,将其与自己的知识技能、专业特长等结合起来,而做自己喜欢做的事本身就是一种享受。

(五)创业使个人从挑战和风险中得到别样的享受

创业充满挑战和风险,同时也充满克服种种挑战的无穷乐趣。在创业过程中,可以感受到无穷的变化、挑战和机遇,这是一个令人兴奋的过程。创业者可以通过征服创业过程中的重重困难来丰富自己的人生体验。

总之,创业是实现人生理想和价值、获得自身全面发展的有效途径。

五、创新与创业的关系

熊彼特对创新的学理性解释:创新是构建一种新的生产函数,投入的资本、劳动、技术是自变量,而产出是因变量。创业也是构建一种新的生产函数,除资本、劳动、技术三个变量之外,又多了一个建立新企业或企业内部新的独立部门的组织变量。由此看来,创业是创新的特殊形态。换言之,不少创新是需要通过创业的方式实现的。特别是技术创业的本质是对新技术的商业化应用,核心是技术创新。

1.创新是创业的手段和本质

在现代经济中,创业企业必须进行有效的自主创新,只有不断地进行生产技术革新和再创造,才能使所创立的企业生存、与时俱进、发展并保持持久的活力,达到技术创新成果的商品化和产业化,获得自主品牌,实现技术创新的利润和价值。创业是创新的载体和实现方式之一。

2.创业是创新的载体

创新是对人的发展的总体把握,创业是对人的价值的具体体现。仅仅具备创新精神是远远不够的,它只是为创业成功提供了可能性和必要的准备,如果脱离了创业实践,缺乏一定的创业能力,创新精神也就成了无源之水、无本之木。创新精神所具有的意义,只有作用于创业实践活动才能有所体现,才有可能最终产生创业的成功。

创新与创业有着密切的联系,二者是相辅相成的。现实中,要十分清晰地将某项活动界定为创新而不是创业是不太容易的,反之亦然。相应地,创业教育中必然包含创新教育,创新教育中也必然包含创业教育。

第三节 职业生涯规划与创业

一、职业生涯规划

(一)职业生涯规划的含义

职业生涯规划是指个人对自己的兴趣、爱好、能力、特长、经历及不足等各方面进行综合分析,结合社会发展的实际需求,确定自我的最佳职业生涯发展目标,并为实现这一目标做出行之有效的安排。职业生涯规划有利于个人正确认识自己和社会环境,充分挖掘自身潜力,并积极主动寻找外部资源,围绕目标开展有效的行动,从而克服重重困难,实现规划目标的作用。

职业规划主要有两个目的:一是找到适合自己的工作。找工作最重要的就是要人岗匹配,适合自己。每个工作都有长处和短处,每个人都有优势和劣势。分析、定位是职业生涯规划的首要环节,它决定着个人职业生涯的方向,也决定着职业生涯规划的成败。求职之前先要进行职业生涯规划,进行职业生涯规划之前先要进行准确的自我定位。先要弄清自己想要干什么、能干什么,自己的兴趣、才能、学识适合干什么。可以通过可靠的量表工具的测量、评估职业倾向、能力倾向和职业价值观,这是职业生涯规划的基础。二是通过规划求得职业发展。制订今后各个阶段的发展平台,明确平台市场状况、行业前景、职位要求、入行条件、培训考证、工作业务、薪酬提升等详细信息并制订计划、措施,如要上每个平台,需要多长时间、补充哪些知识、增加哪些人脉等,而自己则沿着主干道去充电,几年后成为业内精英,从而使自己的薪水和职位得到提升。

(二)职业生涯设计

职业生涯可以通过思考 5 个"W"问题来进行设计。

第一个问题:"我是谁?"应该对自己进行一次深刻的反思,有一个比较清醒的认识,优点和缺点都应该一一列出来。

第二个问题:"我想干什么?"是对自己职业发展的一个心理趋向的检查。每个人在不同阶段的兴趣和目标并不完全一致,随着年龄和经历的增长会逐渐固定,并最终锁定自己的终身理想。

第三个问题:"我能干什么?"是对自己能力与潜力的全面总结。一个人职业的定位最根本的还要归结于他的能力,而他职业发展空间的大小则取决于自己的潜力。对于一个人潜力的了解应该从几个方面着手去认识,如对事的兴趣、做事的韧力、临事的判断力以及知识结构是否全面、是否及时更新等。

第四个问题:"环境支持或允许我干什么?"环境支持主要分为客观方面和主观方面。客观方面包括经济发展、人事政策、企业制度、职业空间等;主观方面包括同事关系、领导态度、亲戚关系等人为因素,两方面的因素应该综合起来看。

明晰了前面四个问题,就会从各个问题中找到对实现有关职业目标有利和不利的条件,列出不利条件最少的、自己想做而且又能够做的职业目标,那么第五个问题"自己最终的职业目标是什么"自然就有一个清楚明了的框架。最后,将自我职业生涯计划列出来,建立形成个人发展计划书档案,通过系统的学习、培训,实现就业理想目标;选择一个什么样的单位,预测自我在单位内的职务提升步骤;预测工作范围的变化情况,不同工作对自己的要求及应对措施;预测可能出现的竞争,分析自我提高的可靠途径;如果发展过程中出现偏差,如何改变职业方向等。

(三)创业对职业生涯规划的意义

人生百年,如白驹过隙。每一个人都在为实现自我价值而努力奋斗,有些人能够功成名就,流芳百世,而有些人却遭遇挫折,对前途充满沮丧和悔恨。在这个自由、多元价值观的时代,每个人都在思考自己的职业生涯如何发展。

大学生毕业时可供选择的职业发展路径主要有四条:一是就业,包括到国家机关、事业单位、国有企业、民营和外资企业以及社会基层单位工作;二是继续深造考研,再就业;三是自主创业,自己当老板;四是参军入伍。由此可见,创业是个人职业生涯发展的一种形式,那么创业对职业生涯规划意味着什么呢?

(1)职业生涯规划是个人对自我生涯发展的整体设计,创业计划是职业生涯规划的一部分。

创业是个人对自己拥有的资源和社会商业环境进行综合评估后,确定经营项目,开展一系列商业行为,包括建立组织机构、招募人员、制订市场策略等行为,最后实现企业盈利目标的过程。一个人开展创业计划,也正是他对自我各种资源充分评估后做出自我职业生涯规划的结果。

职业生涯规则包括对职业、生活、休闲、家庭陪伴和健康等内容的规划,创业属于职业生涯规划的一部分。

(2)创业打破了职业生涯规划的封闭性,增加了生涯发展的开放性。随着国家职业资格认证体系的完善和人力资源管理理论和技术的成熟,企业内部的职位分析、职业胜任力模型和员工晋升体系已基本规范和成熟,社会外部的职业资格认证工作也基本规范,在此基础上个人的职业生涯发展路径更加标准化、科学化和制度化。也就是说,一个人选定了某个职业,就可基本了解该职业的发展路径、晋升标准、工作环境、薪酬待遇等职业要素信息。但是创业并没有标准模式和固定的发展路径,更由于受到外部政治、经济、文化和科技的影响,创业过程变得非常复杂,具有不确定性。每一个创业者都必须以更加开放的心态面对不确定性,以更加勤奋、务实和高效的工作态度迎接市场的挑战。创业者的职业生涯规划发展突破了打工者在固有组织体系内的封闭性发展路径,其生涯发展具有了更多开放性,当然创业者的职业生涯也必须面对更多风险。

(3)创业能够最大限度地激发个人的潜力,达到职业生涯发展的高峰体验。在这个风云骤变、呼唤商业精英人才的时代,创业给了每一位青年公平的舞台,每一个大学生都有更大可能实现自我理想和价值。世界上没有两片同样的树叶,也没有两个同样的人。创业之路是全新的生涯发展之路,没有固定模式,时刻面临风险,时时走在成功与失败的边缘,所以创业者必须以终为始,高度敏锐,并能够对生涯发展中的各种机会迅速决策,懂得取舍,才能在商海中赢得生存的机会。

生于优患,死于安乐。正是有这种优患意识,创业者往往能够激发出自身的各种潜能,抛弃狭隘和固执,主动思考,去解决面对的困难,并在经历一次次困难后不断超越自己、成就自己,也在一次次创业的危机中体验到人生的酸甜苦辣,从而体味人生的真谛。

二、创业与就业

就业指人们在社会劳动分工中获得有报酬的职业岗位,从而获得谋生手段和完善人生机会的行为。具体来说,就业就是按照我国就业政策的规定,只要是达到法定年龄(我国法律规定必须年满 16 岁)的劳动者,通过一定的途径实现同生产资料相结合,从事一种合法的社会劳动,取得一定的报酬或劳动收入。因此,无论是在国家机关,还是在企事业单位或是自主创业,都视为就业。

创业是就业的另一种模式,所不同的是,创业者不是被动等待他人给自己"饭碗"(就业机会),而是主动为自己和他人创造"饭碗",即创业是充分利用自己或他人的知识、技术、思维、资金等,通过市场运作,获取较高的收益的行为或过程。"创"是一个动态的过程,要求创业者不断努力,持之以恒,其中可能是从失收到成功,或从多次失败到成功;"业"是一个结果,是创业者通过努力的最终成果。

可见,就业与创业是大学生选择出路的两种不同方式,主要有以下几个方面的差异:

(一)角色差异

两者在企业中的地位、肩负的责任和使命均有较大差异。创业者通常处于新创企业的高层,在企业实体的创建过程中,创业者始终是负责人,始终参与其中;而就业者通常处于中低层,到达高层需要一个过程,也不需要对企业的成长负责,只需要做好本职工作就可以了。

（二）技能差异

创业者通常身兼多职，既要有战略眼光，也需有具体的经营技能，从而要求其具备相当全面的知识和技能；就业者通常具备一项专业技能即可开展自己的工作。

（三）收益与风险差异

就业的主要投入是数年的教育成本，而创业除了教育成本外，还包括前期准备中投入的人力、物力和资金成本。一旦失败，就业并不会丧失教育成本，但创业者会损失在创业前期投入的几乎一切成本；一旦成功，就业者只能获得约定的工资和奖金，创业者则会获得大多数经营利润，其数额在理论上没有上限。

（四）成功的关键因素差异

就业很大程度上依靠企业实体，但创业更多的要考虑自身的经验、学识与财力以及各种需求和各种资源占有等条件。

【案例精选】

理性职业选择：让人生更加丰富多彩

孔祥山大学毕业后，先在国企就职，后又考上了公务员，但最终选择了创业，一年内在南京六合连开了3家农副产品平价直销店，他的经历特别与众不同。

连开3家店，累并快乐着

位于六合华欧国际友好城的天天新鲜农副产品平价直销店，五六十平方米店内，青菜、萝卜、西红柿等各种蔬菜摆放得整整齐齐，前来买菜的居民络绎不绝。

这是孔祥山在六合开的第一家平价直销店。一个多月前，他又在六合雄州街道的秦苑路、园林西路各开了一家平价直销店，这两家店的经营面积都比第一家店大。

"现在经营情况还不错，第一家店每天的经营额，从当初的1 000元左右上升到5 000元左右，已经在盈利；另外两家店也都已经能达到收支平衡。"孔祥山说，开店卖菜确实很苦很累，他经常早上5点半就起床，晚上11点多才收工，但他觉得这个事有奔头，生活得很充实很快乐。

先后辞掉国企和公务员工作

两年前，孔祥山从安徽合肥一家高校毕业，专业是工商管理，凭着优异的成绩顺利进入了当地一家国企，负责人事管理工作。相对于一线工人的忙碌，管理工作的安逸让他觉得是在浪费生命。随后，孔祥山又考上了皖北一个城市的公务员。但工作一段时间之后，孔祥山还是觉得公务员这个"铁饭碗"不适合自己，于是决定辞职创业，让自己的人生更加丰富多彩。

因为有几个小时候就一起玩的好朋友都在南京，孔祥山2011年便来到了南京，先后考察了浦口、江心洲等地，最终决定在六合开始创业——种菜、卖菜，用自己在大学里所学到的专业知识和科学管理方法去实现自己的创业理想。

曾因种菜经验不足损失近10万元

创业的道路并不平坦。

2011年，孔祥山利用手头的积蓄和朋友的帮助，凑齐了30多万元启动资金，先在六合横梁街道王子庙社区租了 100 亩土地开始种菜。但由于种植经验不足,没有对田间的排水系统做仔细研究,几场暴雨直接影响了蔬菜的成活率,给他造成了近 10 万元的经济损失。

面对困境,孔祥山没有放弃。他开始研究农业专业知识,向当地蔬菜种植户"取经",雇请工人专门负责基地蔬菜的栽种和管护,并邀请在南京高校学习农业专业的朋友作为基地的专业技术指导人员。经过一段时间的苦心钻研,他逐渐摸清了各种蔬菜的种植技术,蔬菜品种也不断地从时令蔬菜向反季节蔬菜"扩张"。

蔬菜大量上市后,正好赶上南京物价等部门大力推动平价直销店建设,孔祥山及时申请加入,把基地的菜直接运到自己的店里卖,省去了中间环节和成本,菜价比市场上普遍便宜15%~30%,深受居民欢迎。

目前,孔祥山的生意越来越好,原先反对他辞职创业的父母也开始支持他。孔祥山非常看好平价直销店的前景,他正筹划着在南京开更多的平价直销连锁店,为居民带来更多的实惠。

三、新形势下的创新创业

(一)大众创业、万众创新

2015 年 3 月,《国务院办公厅关于发展众创空间　推进大众创新创业的指导意见》(国办发〔2015〕9 号)出台,国家大力推进大众创新创业。

1."大众创业、万众创新"的背景

从国际上看,一方面,国际经济情况不容乐观,世界经济发展放缓,国际经济形势不稳定,国际市场需求减弱,传统产品国际竞争压力进一步增大。因此,我们必须增加国内市场需求,促进经济稳定发展,通过"大众创业、万众创新"激发国内市场需求成为必然选择。另一方面,国际市场对产品质量、技术含量和使用效能要求提高,对创新技术和创新产品的需求增加,这也要求我们通过"大众创业、万众创新"创造出新的技术、新的产品和新的服务,从而稳定和增加我国产品在国际市场的需求及份额。

从国内来看,一方面,经济下行压力还在加大,国内市场需求有待进一步开发,经济发展环境"硬约束"进一步加强,我们必须走集约发展、高科技含量发展、高附加值发展的道路,通过"大众创业、万众创新"推动经济的转型发展。另一方面,全面深化改革要全面深入推进,通过增强经济内生动力支撑和促动体制和机制改革,必然要通过"大众创业、万众创新"来增强全面深化改革的动力和活力。

2."大众创业、万众创新"的内涵

"大众创业、万众创新"的目的是推动经济良性良好发展。李克强总理说:"打造大众创业、万众创新和增加公共产品、公共服务'双引擎',推动发展调速不减势、量增质更优,实现中国经济提质增效升级。"一方面,只有通过万众创新,才能创造出更多的新技术、新产品和新市场,才能提高经济发展的质量和效益;另一方面,只有通过大众创业,才能增加更多的市场主体,才能增加市场的动力、活力和竞争力,成为经济发展的内在原动力。

"大众创业"与"万众创新"是相互支撑和相互促进的关系。一方面,只有"大众"勇敢地创业才能激发、带动和促动"万众"关注创新、思考创新和实践创新,也只有"大众"创业的市场主体才能创造更多的创新欲求、创新投入和创新探索;另一方面,只有在"万众"创新的基

础上才可能有"大众"愿意创业、能够创业、创得成业,从某种意义上讲,只有包含"创新"的创业才算真正的"创业",或者说这种创业才有潜力和希望。

3."大众创业、万众创新"的重点

首先,重点要打通科技成果转化通道。科学技术要转化成生产力,关键是如何促进"万众"的创新用于"大众"的创业,这就要求我们减少对创新转化的限制,加强创新转化的对接,增强创新转化的活力。因此,我们必须打通科技成果转化渠道,鼓励各式各样的创新直接用于创业,合作参与创业,转让促进创业等。进一步来看,促进科技成果转化关键在于激励人们主动创造新成果和愿意转化新技术。因此,我们要加快科技成果使用处置和收益管理改革,扩大股权和分红激励政策实施范围,完善科技成果转化、职务发明法律制度,使创新人才分享成果收益,从而促进科技人员愿意创新、愿意创业、愿意转化。正如李克强总理所说:"着力打通科技成果转化通道,扩大中关村国家自主创新示范区试点政策实施范围,推进科技资源开放共享,科技人员创新活力不断释放。"

其次,重点要引导新兴科技产业发展。新兴产业是先进生产力的代表,是高科技创新的前沿,是高附加值创业的重点。因此,我们要重点支持扶持新兴科技产业的发展,引领万众向高科技方向创新,带动大众向高科技新兴产业上创业汇聚,从而促进我国经济深层次上转型升级。正如李克强总理所说:"要实施高端装备、信息网络、集成电路、新能源、新材料、生物医药、航空发动机、燃气轮机等重大项目,把一批新兴产业培育成主导产业。"

最后,重点要推进各项产业"互联网化"发展。信息化是当今时代的突出特点,互联网已经成为人们生产和生活的重要组成部分,这要求我们各项产业要适应"互联网化"的时代要求,更要求我们各项产业要主动地、广泛地、深度地与互联网结合,在"互联网化"发展中创造更多、更大的经济和社会价值。

(二)多举措支持大学生创新创业

2021年9月22日,国务院办公厅印发《关于进一步支持大学生创新创业的指导意见》(以下简称《意见》)。《意见》指出,大学生是大众创业、万众创新的生力军,支持大学生创新创业具有重要意义。要以习近平新时代中国特色社会主义思想为指导,全面贯彻党的教育方针,落实立德树人根本任务,立足新发展阶段、贯彻新发展理念、构建新发展格局,坚持创新引领创业、创业带动就业,提升人力资源素质,实现大学生更加充分更高质量就业。

1.提升大学生创新创业能力

(1)将创新创业教育贯穿人才培养全过程。深化高校创新创业教育改革,健全课堂教学、自主学习、结合实践、指导帮扶、文化引领融为一体的高校创新创业教育体系,增强大学生的创新精神、创业意识和创新创业能力。建立以创新创业为导向的新型人才培养模式,健全校校、校企、校地、校所协同的创新创业人才培养机制,打造一批创新创业教育特色示范课程。

(2)提升教师创新创业教育教学能力。强化高校教师创新创业教育教学能力和素养培训,改革教学方法和考核方式,推动教师把国际前沿学术发展、最新研究成果和实践经验融入课堂教学。完善高校双创指导教师到行业企业挂职锻炼的保障激励政策。实施高校双创校外导师专项人才计划,探索实施驻校企业家制度,吸引更多各行各业优秀人才担任双创导师。支持建设一批双创导师培训基地,定期开展培训。

（3）加强大学生创新创业培训。打造一批高校创新创业培训活动品牌，创新培训模式，面向大学生开展高质量、有针对性的创新创业培训，提升大学生创新创业能力。组织双创导师深入校园举办创业大讲堂，进行创业政策解读、经验分享、实践指导等。支持各类创新创业大赛对大学生创业者给予倾斜。

2.优化大学生创新创业环境

（1）降低大学生创新创业门槛。持续提升企业开办服务能力，为大学生创业提供高效便捷的登记服务。推动众创空间、孵化器、加速器、产业园全链条发展，鼓励各类孵化器面向大学生创新创业团队开放一定比例的免费孵化空间，并将开放情况纳入国家级科技企业孵化器考核评价，降低大学生创新创业团队入驻条件。政府投资开发的孵化器等创业载体应安排30%左右的场地，免费提供给高校毕业生。有条件的地方可对高校毕业生到孵化器创业给予租金补贴。

（2）便利化服务大学生创新创业。完善科技创新资源开放共享平台，强化对大学生的技术创新服务。各地区、各高校和科研院所的实验室以及科研仪器、设施等科技创新资源可以面向大学生开放共享，提供低价、优质的专业服务，支持大学生创新创业。支持行业企业面向大学生发布企业需求清单，引导大学生精准创新创业。鼓励国有大中型企业面向高校和大学生发布技术创新需求，开展"揭榜挂帅"。

（3）落实大学生创新创业保障政策。落实大学生创业帮扶政策，加大对创业失败大学生的扶持力度，按规定提供就业服务、就业援助和社会救助。加强政府支持引导，发挥市场主渠道作用，鼓励有条件的地方探索建立大学生创业风险救助机制，可采取创业风险补贴、商业险保费补助等方式予以支持，积极研究更加精准、有效的帮扶措施，及时总结经验、适时推广。毕业后创业的大学生可按规定缴纳"五险一金"，减少大学生创业的后顾之忧。

3.加强大学生创新创业服务平台建设

（1）建强高校创新创业实践平台。充分发挥大学科技园、大学生创业园、大学生创客空间等校内创新创业实践平台作用，面向在校大学生免费开放，开展专业化孵化服务。结合学校学科专业特色优势，联合有关行业企业建设一批校外大学生双创实践教学基地，深入实施大学生创新创业训练计划。

（2）提升大众创业万众创新示范基地带动作用。加强双创示范基地建设，深入实施创业就业"校企行"专项行动，推动企业示范基地和高校示范基地结对共建、建立稳定合作关系。指导高校示范基地所在城市主动规划和布局高校周边产业，积极承接大学生创新成果和人才等要素，打造"城校共生"的创新创业生态。推动中央企业、科研院所和相关公共服务机构利用自身技术、人才、场地、资本等优势，为大学生建设集研发、孵化、投资等于一体的创业创新培育中心、互联网双创平台、孵化器和科技产业园区。

4.推动落实大学生创新创业财税扶持政策

（1）继续加大对高校创新创业教育的支持力度。在现有基础上，加大教育部中央彩票公益金大学生创新创业教育发展资金支持力度。加大中央高校教育教学改革专项资金支持力度，将创新创业教育和大学生创新创业情况作为资金分配重要因素。

（2）落实落细减税降费政策。高校毕业生在毕业年度内从事个体经营，符合规定条件的，在3年内按一定限额依次扣减其当年实际应缴纳的增值税、城市维护建设税、教育费附加、地方教育附加和个人所得税;对月销售额 15 万元以下的小规模纳税人免征增值税,对小微企业和个体工商户按规定减免所得税。对创业投资企业、天使投资人投资于未上市的中小高新技术企业以及种子期、初创期科技型企业的投资额,按规定抵扣所得税应纳税所得额。对国家级、省级科技企业孵化器和大学科技园以及国家备案众创空间按规定免征增值税、房产税、城镇土地使用税。做好纳税服务,建立对接机制,强化精准支持。

5.加强对大学生创新创业的金融政策支持

(1)落实普惠金融政策。鼓励金融机构按照市场化、商业可持续原则对大学生创业项目提供金融服务,解决大学生创业融资难题。落实创业担保贷款政策及贴息政策,将高校毕业生个人最高贷款额度提高至 20 万元,对 10 万元以下贷款、获得设区的市级以上荣誉的高校毕业生创业者免除反担保要求;对高校毕业生设立的符合条件的小微企业,最高贷款额度提高至 300 万元;降低贷款利率,简化贷款申报审核流程,提高贷款便利性,支持符合条件的高校毕业生创业就业。鼓励和引导金融机构加快产品和服务创新,为符合条件的大学生创业项目提供金融服务。

(2)引导社会资本支持大学生创新创业。充分发挥社会资本作用,以市场化机制促进社会资源与大学生创新创业需求更好对接,引导创新创业平台投资基金和社会资本参与大学生创业项目早期投资与投智,助力大学生创新创业项目健康成长。加快发展天使投资,培育一批天使投资人和创业投资机构。发挥财政政策作用,落实税收政策,支持天使投资、创业投资发展,推动大学生创新创业。

6.促进大学生创新创业成果转化

(1)完善成果转化机制。研究设立大学生创新创业成果转化服务机构,建立相关成果与行业产业对接长效机制,促进大学生创新创业成果在有关行业企业推广应用。做好大学生创新项目的知识产权确权、保护等工作,强化激励导向,加快落实以增加知识价值为导向的分配政策,落实成果转化奖励和收益分配办法。加强面向大学生的科技成果转化培训课程建设。

(2)强化成果转化服务。推动地方、企业和大学生创新创业团队加强合作对接,拓宽成果转化渠道,为创新成果转化和创业项目落地提供帮助。鼓励国有大中型企业和产教融合型企业利用孵化器、产业园等平台,支持高校科技成果转化,促进高校科技成果和大学生创新创业项目落地发展。汇集政府、企业、高校及社会资源,加强对中国国际"互联网+"大学生创新创业大赛中涌现的优秀创新创业项目的后续跟踪支持,落实科技成果转化相关税收优惠政策,推动一批大赛优秀项目落地,支持获奖项目成果转化,形成大学生创新创业示范效应。

7.办好中国国际"互联网+"大学生创新创业大赛

(1)完善大赛可持续发展机制。鼓励省级人民政府积极承办大赛,压实主办职责,进一步加强组织领导和综合协调,落实配套支持政策和条件保障。坚持政府引导、公益支持,支持行业企业深化赛事合作,拓宽办赛资金筹措渠道,适当增加大赛冠名赞助经费额度。充分利用市场化方式,研究推动中央企业、社会资本发起成立中国国际"互联网+"大学生创新创业大赛项目专项发展基金。

(2)打造创新创业大赛品牌。强化大赛创新创业教育实践平台作用,鼓励各学段学生积极参赛。坚持以赛促教、以赛促学、以赛促创,丰富竞赛形式和内容。建立健全中国国际"互联网+"大学生创新创业大赛与各级各类创新创业比赛联动机制,推进大赛国际化进程,搭建全球性创新创业竞赛平台,深化创新创业教育国际交流合作。

8.加强大学生创新创业信息服务

(1)建立大学生创新创业信息服务平台。汇集创新创业帮扶政策、产业激励政策和全国创新创业教育优质资源,加强信息资源整合,做好国家和地方的政策发布、解读等工作。及时收集国家、区域、行业需求,为大学生精准推送行业和市场动向等信息。加强对创新创业大学生和项目的跟踪、服务,畅通供需对接渠道,支持各地积极举办大学生创新创业项目需求与投融资对接会(教育部、国家发展改革委、人力资源社会保障部等按职责分工负责)。

(2)加强宣传引导。大力宣传加强高校创新创业教育、促进大学生创新创业的必要性、重要性。及时总结推广各地区、各高校的好经验好做法,选树大学生创新创业成功典型,丰富宣传形式,培育创客文化,营造敢为人先、宽容失败的环境,形成支持大学生创新创业的社会氛围。做好政策宣传宣讲,推动大学生用足用好税费减免、企业登记等支持政策。

💡【知识点滴】

深入实施创新驱动发展战略,全力支持大学生创新创业工作

2021年10月15日,教育部有关负责人就《意见》有关问题回答了记者提问(节选)。

问:请介绍一下《意见》出台的背景。

党中央、国务院高度重视大学生创新创业工作。习近平总书记指出,创新是社会进步的灵魂,创业是推动经济社会发展、改善民生的重要途径,青年学生富有想象力和创造力,是创新创业的有生力量,希望广大青年学生在创新创业中展示才华、服务社会。

纵深推进大众创业万众创新是深入实施创新驱动发展战略的重要支撑,大学生是大众创业万众创新的生力军,支持大学生创新创业具有重要意义。2015年以来,教育部会同中央有关部门推动大学生创新创业,举办了七届中国"互联网+"大学生创新创业大赛,累计吸引603万个团队2 533万名大学生参赛,培养了一大批有理想、有本领、有担当的青春力量。大赛以赛促创效果明显,成功孵化了一批高质量创新创业项目。

问:《意见》针对大学生创业初期融资难提出哪些对策?

大学生创业初期,资金是一大难题,虽然有一些好项目,但是因为资金断裂无法继续,也很容易失败。针对该问题,《意见》明确提出要加大对大学生创新创业的财税扶持和金融政策的支持力度,包括落实落细减税降费政策,做好纳税服务,强化精准支持;鼓励金融机构按照市场化、商业可持续原则对大学生创业项目提供金融服务,解决大学生创业融资难题;引导创新创业平台投资基金和社会资本参与大学生创业项目早期投资与投智等。在财税、金融等政策扶持下,大学生创新创业成果转化将有效落地。

问:针对大学生创业失败的情况,《意见》提出哪些扶持政策?

一是落实大学生创业帮扶政策。按有关规定提供就业服务、就业援助和社会救助等。二是探索建立大学生创业风险救助机制。鼓励有条件的地方采取创业风险补贴、商业险保费补助等方式对大学生创业予以支持。三是明确"五险一金"缴纳。规定毕业后创业的大学生可按规定缴纳"五险一金",减少大学生创业的后顾之忧。

问:《意见》出台后预期将会有哪些变化?

一是各地各部门支持大学生创新创业力度将进一步加大。《意见》提出的降低大学生创新创业门槛、落实落细减税降费政策、促进大学生创新创业成果转化、办好中国国际"互联网+"大学生创新创业大赛等一系列政策举措,聚焦大学生创新创业需求,将有力服务和引导更多大学生投身创新创业。二是各部门及社会各界协同支持大学生创新创业的机制将更加完善、顺畅。《意见》提出的各项政策覆盖了大学生创新创业工作的方方面面,对各相关部门提出了明确的任务要求,同时积极引导社会资本支持大学生创新创业,推动形成全社会支持大学生创新创业的良好生态。三是高校创新创业教育改革将进一步深入推进。《意见》聚焦创新创业教育改革关键环节和领域,有利于推动高校将创新创业教育贯穿人才培养全过程,建立以创新创业为导向的新型人才培养模式,切实提升大学生的创新精神、创业意识和创新创业能力。

问:《意见》专门提出要办好中国国际"互联网+"大学生创新创业大赛,请介绍一下相关情况?

此次在文件中将大赛以专门部分进行说明,突出了大赛在推动创新引领就业、创业带动就业方面发挥的重要作用,强调了持续办好大赛的重要性。

"互联网+"大赛自2015年李克强总理亲自提议举办以来,得到了党中央、国务院的高度关怀与指导。特别是2017年8月15日习近平总书记给中国"互联网+"大学生创新创业大赛"青年红色筑梦之旅"大学生回信,极大鼓舞了全体大学生创新创业的热情,为办好大赛指明了方向。近年来,大赛秉持教育本色,将思想政治教育、专业教育和创新创业教育相结合,以赛促学、以赛促教、以赛促创,取得丰硕成果,实现了基础教育、职业教育、高等教育的贯通,促进了教育链、人才链与产业链、创新链有机衔接。可以说,大赛已经成为提高人才培养质量的重要举措,成为展示新时代高等教育教学改革成果的重要窗口,成为培养大众创业万众创新生力军的重要舞台。

(资料来源:教育部,2021年10月15日)

【知识拓展】

创业咨询师国家职业标准

(试行)

1.职业概况

1.1 职业名称

创业咨询师。

1.2 职业定义

为中小企业创办者和经营者提供咨询和服务的人员。

1.3 职业等级

本职业共设两个等级,分别为三级创业咨询师(国家职业资格三级)、二级创业咨询师(国家职业资格二级)。

1.4 职业环境

室内、外,常温。

1.5 职业能力

具有一定的观察判断、逻辑分析、语言表达和沟通交流能力。

1.6 基本文化程度

大专毕业（或同等学历）。

1.7 培训要求

1.7.1 培训期限

晋级培训期限:三级创业咨询师不少于120标准学时;二级创业咨询师不少于100标准学时。

1.7.2 培训教师

培训三级创业咨询师的教师应具有二级创业咨询师职业资格证书或相关专业①高级专业技术职务任职资格;培训二级创业咨询师的教师应具有二级创业咨询师职业资格证书2年以上或相关专业高级专业技术职务任职资格。

1.7.3 培训场地设备

理论知识培训和专业能力培训均在标准教室进行。

1.8 鉴定要求

1.8.1 适用对象

从事或准备从事本职业的人员。

1.8.2 申报条件

三级创业咨询师（具备以下条件之一者）:

(1)连续从事本职业工作6年以上。

(2)具有以高级技能为培养目标的技工学校、技师学院和职业技术学院本专业或相关专业毕业证书。

(3)具有本专业或相关专业大学专科及以上学历证书,连续从事本职业工作1年以上。

(4)具有本专业或相关专业大学专科及以上学历证书,经三级创业咨询师正规培训达规定标准学时数,并取得结业证书。

(5)具有其他专业大学专科及以上学历证书,连续从事本职业工作2年以上。

(6)具有其他专业大学专科及以上学历证书,连续从事本职业工作1年以上,经三级创业咨询师正规培训达规定标准学时数,并取得结业证书。

(7)创办和经营企业1年以上,经三级创业咨询师正规培训达规定标准学时数,并取得结业证书。

(8)在职校或高等院校从事创业教学工作1年以上,经三级创业咨询师正规培训达规定标准学时数,并取得结业证书。

二级创业咨询师（具备以下条件之一者）:

(1)连续从事本职业工作13年以上。

(2)取得三级创业咨询师职业资格证书后,连续从事本职业工作5年以上。

(3)取得三级创业咨询师职业资格证书后,连续从事本职业工作4年以上,经二级创业咨询师正规培训达规定标准学时数,并取得结业证书。

---

① 相关专业是指企业管理或工商管理专业,下同。

（4）取得本专业或相关专业大学本科学历证书后，连续从事本职业工作8年以上。

（5）具有本专业或相关专业大学本科学历证书，取得三级创业咨询师职业资格证书后，连续从事本职业工作4年以上。

（6）具有本专业或相关专业大学本科学历证书，取得三级创业咨询师职业资格证书后，连续从事本职业工作3年以上，经二级创业咨询师正规培训达规定标准学时数，并取得结业证书。

（7）取得硕士研究生及以上学历证书后，连续从事本职业工作3年以上，经二级创业咨询师正规培训达规定标准学时数，并取得结业证书。

（8）取得本专业或相关专业硕士研究生及以上学历证书后，连续从事本职业工作2年以上，经二级创业咨询师正规培训达规定标准学时数，并取得结业证书。

（9）取得大学本科及以上学历证书后，创办和经营企业2年以上，连续从事本职业工作2年以上，经二级创业咨询师正规培训达规定标准学时数，并取得结业证书。

（10）取得大学本科及以上学历证书后，在职业院校或高等院校从事创业教学工作3年以上，经二级创业咨询师正规培训达规定标准学时数，并取得结业证书。

1.8.3 鉴定方式

分为理论知识考试和专业能力考核。理论知识考试采用闭卷笔试方式，专业能力考核采用创业咨询案例模拟方式。理论知识考试和专业能力考核均实行百分制，成绩皆达60分及以上者为合格。二级创业咨询师还须进行综合评审。

1.8.4 考评人员与考生比例

理论知识考试考评人员与考生配比为1∶20，且每个标准教室不少于2名考评人员；专业能力考核考评员与考生配比为1∶20，且不少于3名考评员；综合评审委员不少于3人。

1.8.5 鉴定时间

理论知识考试时间不少于90 min，专业能力考核时间不少于90 min，综合评审时间不少于30 min。

1.8.6 鉴定场所设备

理论知识考试和专业能力考核场所采用标准教室或其他符合要求的教室，并配备相应的设备、设施。

2.基本要求

2.1 职业道德

2.1.1 职业道德基本知识

2.1.2 职业守则

热爱本职工作，不断学习，勇于开拓，完善自身素质，提高服务水平，真诚热心地对待客户，与客户建立良好的关系。

（1）创业咨询人员以人为本，尊重咨询者（客户）。

（2）坚持诚信服务，竭诚帮助客户解决问题。

（3）尊重客户的个人隐私，保守客户的商业秘密。

（4）不利用服务便利谋取不当私利。

2.2 基础知识

2.2.1 创业概述

（1）创业意识。

(2)创业的一般阶段、步骤和规律。

(3)不同的创业模式及其利弊。

(4)创业的规划和实施。

2.2.2 企业的创办、经营与管理

(1)创业准备的步骤、方法和工作事项。

(2)企业开办的步骤、手续和相关要求。

(3)市场营销。

(4)人力资源管理。

(5)企业财务和融资。

(6)企业资产和物品的管理。

(7)企业的生产、供应以及销售管理。

2.2.3 创业咨询规范

(1)创业咨询的步骤和流程。

(2)咨询服务工作的工具和方法。

(3)咨询服务人员的行为规范。

2.2.4 语言、交流与礼仪

(1)咨询专业语言规范和文件体例。

(2)咨询心理学知识。

(3)人际沟通技巧。

(4)接待和访谈礼仪。

2.2.5 信息调研和处理

(1)计算机办公软件的应用。

(2)信息收集的方法和途径。

(3)信息的整理、分析、归纳和采用。

(4)信息的存储和管理。

2.2.6 相关法律、法规知识

(1)《中华人民共和国公司法》和关于企业登记的其他法律、法规知识。

(2)《中华人民共和国劳动合同法》和与劳动保障相关的其他法律、法规知识。

(3)《中华人民共和国企业所得税法》和与企业纳税相关的其他法律、法规知识。

(4)《中华人民共和国民法典》合同法相关知识。

(5)与企业经营有关的其他法律、法规知识。

💡【课程育人】

综合本章内容,可以看出创新是一个民族进步的灵魂,关系到民族、企业和个人的前途命运。总结如下:

1.培养创新意识是实现高校大学生全面发展的必要准备和必要保证,是高校大学生实现自身全面发展的需要。

2.培养创新能力需要坚持马克思主义的教育观和人才观,即坚持实践性原则。

【能力训练】

一、简答题

1.如何理解创新？创新的意义有哪些？

2.何谓创新意识？简述其内容和特征。

3.增强大学生创新意识的重要性体现在哪些方面？

4.何谓创新精神？如何培养大学生的创新精神？

5.简述创新能力的内涵、原理及类型。如何培养大学生的创新能力？

6.简述创新思维的内涵、特征、原理及类型。

7.培养创新思维的原则和方法有哪些？

8.简述互联网创新思维体系。

9.什么是创业？简述其特点、要素、类型、划分阶段及过程。

10.如何培养创新型人才？

11.创业动机有哪几种类型？

12.大学生如何确定自己的人生目标？

13.为什么说大学生创业是国家兴旺发达的动力源泉？

14.为什么说大学生创业是市场经济条件下实现个人价值的积极选择？

15.创业对创业者有哪些意义？

16."大众创业"与"万众创新"的关系是什么？

17."大众创业、万众创新"的理论和现实意义有哪些？

二、案例分析题

南京大学的一项研究成果表明,在纳米催化剂的帮助下,到2030年左右,太阳能可以完全代替石油。南京大学特聘教授邹教授在实验室里演示了他的装置,他指出,由于有了纳米催化剂,在它的帮助下太阳能不仅可以转化成化学能——氢,还可以转化成电能。按照世界上公认的标准,太阳能转化成化学能的转化率达到5%就可以投入实际运用,邹教授领导的研究小组计划在2030年左右将转化率提高到15%以上。该技术已在我国和日本申请了专利。

问题：

（1）南京大学的研究成果中什么是关键？

（2）为什么现在太阳能还不能完全替代常规能源？

【拓展阅读】

搭建双创教育平台，助力学生创业梦想：
重庆能源职业学院开展创新创业教育实践纪实

党的十八大以来,中国大力实施创新驱动发展战略,统筹推进创新型国家建设。重庆能源职业学院积极贯彻落实国家创新驱动发展战略和创新创业教育改革文件精神,结合自身办学实际,围绕抓好"一个设计",到强化"四个保障",进而推进"三个融合"等重大举措,开展了一系列实践探索,取得了一定成绩,孕育出独具"能源职院"特色的"双创教育"创新模式。

一、抓好"一个设计",坚持立德树人,把创新创业教育融入人才培养全过程

学校围绕这一育人使命,进行了多次探索和实践。学校从顶层设计出发,基于抓好"一个设计"的考量,坚持立德树人的目标指向,把创新创业教育与立德树人紧密结合。明确组织架构,强化协同育人。成立由院长担任组长,分管副院长任副组长,学生、教务、科技、财务、后勤等相关处室和二级院系负责人为成员的创新创业工作领导小组,下设创业办公室、一站式服务平台和二级院系工作小组。实施院系两级管理,统筹全院相关工作,建好"院系两级专兼职人员+校内外导师团队+就业创业协会+创新科技团队"四支队伍,形成多部门合作,多资源整合,多机构协调育人的创新创业教育良好格局。

二、强化"四个保障",落实以生为本,全方位守护学生创意开花,促创业成果转化

重庆能源职业学院以"四个保障"为奠基,从硬件、政策、资金和师资四个方面全方位为学生创新创业护航,静候创业种子开花结果。

硬件保障。重庆能源职业学院建成创业孵化基地,包括"一馆四区"。其中"一馆"为学院综合馆,可容纳70家企业,目前已注册企业39家。"四区"为成熟区、培训区、研发区、创客区。成熟区经营企业32家,其中4家为孵化成功后退出的企业,经营者为学院毕业学生。培训区提供两个大型培训室,可同时容纳320人集中培训。研发区主要包括电子空间、石油空间、电梯空间、园林空间等校内实训基地,依托学院科研优势,开展技术研发,为在孵企业提供技术支持。创客区设有源创咖啡、交流学习室、会议室、办公区域、一站式平台、成果展示区等。

政策保障。做好政策扶持。学校免费提供孵化场地、基本办公设备、公共会议室、洽谈室和培训室,首年免收房租、水电费及管理费;提供工商登记、财税申报、劳动保险、人事管理等一站式平台服务;落实税费减免、一次性创业补贴、创业岗位开发补贴、小额担保贷款及贴息、创业培训补贴等创业优惠扶持政策。定期开展咨询策划服务和项目指导,提供咨询策划服务、营销策划服务,帮助学生把美好的创意变成实际的创业项目。开展创业项目推介及成果转化服务,与政府平台或社会相关机构对接入驻平台。

资金保障。近年来,学校投入700余万元,用于综合馆和创客空间建设、创业培训活动、项目奖励、重点企业扶持与重点项目打造。与重庆天使科技创业投资有限公司、重庆星耀文科旅企业管理咨询有限公司积极洽谈,通过引入社会力量,指导孵化基地的管理、营运及项目孵化,为优质项目提供风投资金。

师资保障。学校积极打造"20+50"创新创业师资团队。选聘20位具备专业知识和一定科研能力的专业教师作为创业课专兼职教师,讲授创业基础,研究创意项目,指导创新实践。支持教师到企业挂职锻炼,鼓励教师参与社会和行业的创新创业实践。引进50位行业专家、企业家、风险投资人担任创业指导兼职教师,开展创业培训、帮扶和指导,推进项目运作。

三、推动"三个融合"服务经济发展,打造创新创业人才培养的"能源职院"新模式

学校坚持发挥高职院校育人的主动性,推动"创新创业课程与教学改革相融合""创新创业实践与经济建设相融合""创新创业理念与校园文化相融合"三大融合,从课程教学、创

新创业实践,到理念与文化、服务地方经济建设等不同层面,已探索出具有重庆能源职业学院特色的创新创业人才培养"新路子"。

创新创业课程与教学改革相融合。学校将创业教育纳入课程体系和人才培养方案,融入专业课课程建设方案,设置灵活的创新创业学分(必修课+选修课+专业课),建立创新创业学分累积与转换制度,将学生开展创新实验、发表论文、获得专利和创新奖项、参加创业活动和自主创业的成果折算为学分,充分调动学生参与创新创业的积极性。

创新创业实践与经济建设相融合。学校紧紧围绕重庆经济社会发展需要和地方产业升级需求,结合电梯工程技术、电子工艺与管理、油气储运技术、机电设备维修与管理等骨干专业,依托学院先进的实训设备、专业的师资队伍、校企合作资源和一批勇于创新、不怕失败的学生团队,研发出"互联网+全息投影手机壳""农村电商平台""智能农业监控系统""水下机器人""基于物联网的 LED 照明装置""盐酸丁卡因工艺改性研究项目"等创新项目。

创新创业理念与校园文化相融合。学校每年组织创客沙龙、创业大讲堂、创业就业培训、创新成果展等活动 30 余场,开展 GYB、SYB 等培训 20 余次,组织、参加创新创业大赛 6 次,培育创新文化,不断增强学生的自信心、实践能力和就业竞争力。同时,依托学校二级院系、团委、学生会等多个主体,成立创新实验小组、创新科技团队、就业创业协会等学团组织。定期开展创新创业讲座、组织各类比赛和外出交流学习。将创新创业理念融入校园文化建设,把创新创业比赛纳入学生活动竞赛范畴,鼓励学习,崇尚创新。

"大众创业、万众创新"已成为中国新常态下社会经济发展的重要引擎。重庆能源职业学院将坚持以市场需求为导向,服务经济社会和产业升级,培育创新型高素质技术技能人才。以搭建双创教育平台为突破口,落实国家和地方的创业政策,努力营造"以典型示范带动创业,以创业促进就业"的良好氛围,助力学生创业梦想。

(资料来源:新华网)

第二章　创业前的心理准备

【知识导航】

一些成功的案例告诉我们,创业者与一般求职者的心理素质是不同的,有志于创业的人,除了要注意克服择业时普遍存在的心理问题,还要做好以下方面的心理准备:强烈的创业激情,异于常人的坚持与努力,自信、积极、乐观的良好心态。而如今很多的年轻人对于创业都是有着渴望的,都希望自己可以成功,但是真正去做的时候,就很容易眼高手低。所以,当前的市场,你想要成功,你付出的就要更多一些。年轻人创业需要付出更多的努力,这也是你想要获得成功必须经历的。

【学习目标】

1.熟悉创业激情、创业心态。

2.能够培养自身坚持不懈的意志品质。

3.学会用积极的心态面对问题。

【案例导入】

香港亿万富翁余彭年曾经启动"彭年光明行动",计划用3~5年的时间,捐赠5亿元人民币,为中国贫困地区的白内障患者免费实施白内障复明手术。

余彭年先生出生在湖南,26岁时来到香港打工,在一家公司做了一名勤杂工。一到星期六和星期天,别的勤杂工都跑出去逛街、游玩,而余彭年考虑到周六、周日也时常有人加班,于是照常坚持打扫卫生,给加班的工作人员一个干净、舒适的环境。半年后,他的这一举动被公司老板了解到,立即把他调至公司办公室工作,后来又不断提升,做了公司的总经理。几年后,余彭年向公司老板提出要自己开公司做生意,老板不仅答应了他,而且还参股了他的公司。余彭年的公司不断发展壮大,很快他就成了一名亿万富翁。

机会是什么? 余彭年先生的人生故事已经给我们找到了答案:机会就是比别人多出一份力,比别人做得更勤,比别人做得更好,比别人做得更出色。

第一节 培养创业精神

一、创业精神的含义

广义的创业精神是一种能够持续创新成长的生命力,即以有限的资源追求无限的理想。一般可以分为组织的创业精神和个体的创业精神。组织的创业精神指在已存在的一个组织内部,以群体力量追求共同愿景,从事组织创新活动,进而创造组织的新面貌。个体的创业精神可以称作企业家精神,即某个人或者某个群体通过有组织的努力,以创新的和独特的方式追求机会、创造价值和谋求增长,不管这些人手中是否拥有资源。创业精神包括发现机会和调度资源去开发这些机会。哈佛大学商学院将"创业精神"定义为"追求超越现有资源控制下的机会的行为"。他们认为,创业精神代表一种突破资源限制,通过创新来创造机会的行为。创业精神隐含的是一种创新行为,而不是一个特别的经济现象或个人的特质表现。

微课 培养
创业精神

综上所述,创业精神是指在创业者的主观世界中,那些具有开创性的思想、观念、个性、意志、作风和品质等。创业精神又可分解为创业意识、创业思维。创业意识能对创业与工作产生积极主动性;而创业思维是创业过程中解决创业问题的核心能力,是创业意识的升华,创业思维更多是通过模拟与实践得来的。

【案例精选】

温州人的创业精神

温州人精神,是处于创业创新时期的温州人的共同理想、信念追求、价值取向、行为态度等因素的组合,是通过社会实践的融汇、培养、凝聚而形成的一种观念和意识。20世纪80年代,被人称颂的温州人精神主要是"六千"精神,即走遍千山万水,历尽千辛万苦,说了千言万语,想出千方百计,以千家万户的生产经营,适应千变万化的社会需求。这体现出温州人的吃苦耐劳、不断追求、奋力创业的精神风貌。90年代,温州人精神被概括为"四自"精神,即自力改革、自担风险、自强不息、自求发展。后来,温州人精神被概括为"四敢"精神:敢为人先、敢冒风险、敢于创业、敢于创新。2005年5月,温州城市精神被概括为"敢为人先,民本和谐"。温州人的创业精神可以概括为吃苦精神、冒险精神、创新精神、踏实精神。温州人在温州精神的指引下取得了如下成就:

"胆大包天"(参股组建中国东方航空武汉有限公司);

"胆大包地"[出资6 040万元买下5.9亩(1亩≈666.67平方米)土地使用权];

"胆大包海"(斥资50亿元买下阿联酋3座海上小岛);

"胆大包江"(包下水域面积3万余亩的楠溪江渔业经营权);

"零资源现象""零技术现象""零生产现象";

"小题大做"(把不起眼的纽扣、打火机做成知名品牌)。

二、创业精神的特征

创业精神具有以下几个方面的特征：

1.远大理想

每一个成功的创业者都是一个绝对的梦想家。比尔·盖茨在创业之初的梦想就是让每个家庭都能用上互联网；飞机的发明源于福特兄弟"人类也能在天空中像鸟一样飞翔"的梦想……历史上每一个伟大的企业都起源于创业者的一个伟大的梦想。如果想创业，就一定要先确定一个具有强烈吸引力的大梦想、大目标。

2.坚定信念

首先，要有创业成功的自信。人相信有什么结果，就可能有什么作为，一个人如果连自己都不相信能创业成功，那他是不可能去争取和追求的。其次，要有创业的责任感。现代大学生应担当创业重任，上为国家做贡献，下为自己谋出路。再次，要有逆境中创业永不言败的创业精神。虽然身处逆境，却能拼力抗争，不断追求，这样才能造就壮丽的创业人生。

3.坚强意志

坚强的意志包括坚持、专注以及克制诱惑的能力。很多实例证明，创业者不断坚持的精神能够解决任何问题。创业意志指个体能百折不挠地把创业行动坚持到底以达到目的的心理品质。创业意志包括：一是创业目的明确；二是决断果敢；三是具有恒心和毅力。

4.积极心态

积极的创业心态能发现潜能、激发潜能、拓展潜能和实现潜能，进而帮助创业者获得事业上的成就和巨大的财富。积极的创业心态包括：一是拥有巨大的创业热情；二是要清除内心障碍；三是要努力克服困难，创造条件变不可能为可能。

5.敢为气魄

虽然创业的过程对于很多人来说是一个充满激情与喜悦的过程，但它也同样是一个充满风险、艰辛与坎坷的过程。从风险的角度来说，创业的过程实际就是一种不断挑战风险的过程，是一种风险与收益博弈的过程。真正的创业者不是要万无一失地去做事情，而是要尽量规避风险获得高回报。所以，拥有敢为气魄，是创业者必须具备的精神品质。

6.诚信态度

诚信是创业者精神的基石，也是创业者的立身之本。在创业者修炼领导艺术的所有原则中，诚信是绝对不能妥协的原则。市场经济是法治经济，更是信用经济、诚信经济。没有诚信的商业社会，将充满极大的道德风险，显著抬高交易成本，造成社会资源的巨大浪费。

7.善于合作

小富靠个人，大富靠团队。合作是创业者精神的精华。正如艾伯特·赫希曼所言，创业者在重大决策中实行集体行为而非个人行为。尽管伟大的创业者表面上常常是一个人的表演，但真正的创业者其实是擅长合作的，而且这种合作精神需要扩展到企业的每个员工。

8.承担责任

伟大的创业者不只是完全为了实现个人的财富梦想而创业的，而是肩负着帮助普通人实现自己梦想的责任而努力的人，创业精神中也包括创业者必须承担社会责任并且拥有一种甘于奉献的精神。一个人创业所做的事业,应该把实现社会价值和赚取阳光财富结合起来,成功的创业者应该是一个有社会责任感的人。

9.超强适应

成功的创业者一定要有超强的适应性,不但能够适应艰苦的生活,也同样能够适应成功与富足,特别是在很多暂时取得阶段性成功的时候,一定不能被胜利冲昏头脑。只有迅速适应新的环境,将自己及企业的状态调整到符合新情况的状态,才能使企业一直走在正确的道路上,这也是一个成功创业者必须具备的精神力量。

10.鲜明的创业个性

大凡创业成功者,一般都有鲜明独特的个性品质:一是敢冒风险。创业的价值就在于创造出自己独特的东西,要敢于冒风险,敢于走前人和别人没有走过的路。敢冒风险是理智基础上的大胆决断,是自信前提下的果敢超越,是新目标面前的不断追求。二是痴迷。对目标如痴如醉,全身心融进创业行动之中。三是独立自主。独立自主地解决困难和问题,不受各种外来因素的干扰。

三、培养大学生创业精神的基本途径

良好的精神品质是创业成功的前提和条件,一个人对创业的理解和追求是在后天的生活实践中陶冶训练出来的,高校只要通过正确的途径,创建良好的培养环境氛围,就会对大学生创业精神的培养起到很好的促进作用。

1.开展创业思想教育课程

通过理想教育端正创业目标,有目标才有动力,有理想才有追求,可以说创业目标就是人生目标的浓缩,也是人生理想的现实体现。应通过广泛深入地开展创业教育,使大学生树立创业理想,增强大学生的创业意识,使他们愿意创业、乐于创业。学校可以通过创业思想教育帮助大学生端正创业态度,树立正确的人生观、价值观;可以通过创业理论教育使学生明确创业的目的和意义,从而将创业理想化为自己自觉的行动,积极主动地投身于创业实践;可以通过创业典型教育激发大学生的创业欲望,让他们创业有动力,学习有典型,追赶有目标。

2.建设有利于创业的环境

学校要广泛利用广播、电视、校刊、校报、板报等宣传工具,大力宣传创业的重要意义,宣传创业的经验,宣传成功创业的典型,树立勇于创业的榜样,弘扬创业精神,在校园形成讲创业、想创业、崇尚创业、以创业为荣的校园舆论氛围,引导形成鼓励创新、开拓进取、宽容失败、团结合作、乐于奉献的校园创业文化氛围。

3.树立创业榜样进行引导

榜样的力量是无穷的,他人的创业行为和成就是一笔宝贵的财富,古往今来,创业成功者具有一些共同精神品质:自信,心态积极,喜欢独立思考,具有寻根究底的好奇心和探索精神,敢于创新,敢于竞争和冒风险,热情,专注,意志坚定,不怕挫折,情绪稳定等。一是借鉴历史上的创业榜样,编选他们创业成功的案例,通过他们明确创业目标,激发创业热情,树立创业志向;二是要学习现实生活中的创业榜样,各行各业的创业典型是大学生学习的活教材,通过"请进来、走出去"的方式,让大学生们耳濡目染,受到熏陶;三是教师应成为创业的榜样,教师具有创业的成功经历,不但对学生起到示范作用,而且还可以迁移到教学之中,这会给大学生创业者莫大的启示和感染。

4.提供创业实践锻炼的机会

良好创业精神品质的形成重在实践训练,积极的实践能带来及时的反馈和成就感,也能带来节节成功的喜悦;切切实实地投入创业实践,定能磨炼出坚强的创业心理品质。一是学校要构建创业实践基地为学生提供创业实践的便利,如创业见习基地、创业实习基地和创业园等,实现"产学研"一体化;二是社会要为大学生提供更多的创业岗位供其选择,如勤工俭学岗位、社区服务岗位等,使其经受创业实践的考验;三是大学生自己课余主动参与创业实践,从小商品推销到饭店洗盘子,从为人打工到自己开店,熟悉各种职业特点和自己的能力特点,积累创业经验,增长创业才干,减少将来创业的盲目性。只有经受创业实践的锻炼,创业目标才会更加明晰,创业信念才会更加强烈,才会形成良好的创业习惯和人格。

5.创业心理指导

心理指导是在专门人员的指导下,参与者自己练习、实践、锻炼的方法,实质上是一种特殊的教育过程。首先,应开设心理课程,如"心理与情商教育""心理训练"和"大学生创业心理品质的陶冶"等,传授心理知识,将心理知识内化为大学生的心理品质。其次,开展心理咨询活动,帮助大学生分析创业过程中出现的心理问题,进行咨询指导,助其自助。再次,进行自我修养指导。如何挖掘和开发自己的心理潜能?如何培养自己的创业心理品质?最关键的还是要通过提高自我修养来实现。古人曾强调要"吾日三省吾身",就是要对照标准,经常看看自己的心理品质是否符合要求,就是要有一面镜子,时时端正自己,这样持之以恒地坚持下去,终会形成良好的创业心理品质。

第二节　培养并保持创业激情

人们常说,一个人要做一件好事不难,难的是做一辈子好事。在创业路上,如何保持长盛不衰的创业激情呢?

一、分解目标逐步实现

激情,就是我们在前进过程中长盛不衰的原动力。要长久保持这份激情,首先要做的是明确自己的目标,明确我们在这个行业中到底要寻找什么,在通往这个目标的过程中要去做什么。只有心中明白了这一点,才不会在创业的"长征"中迷失方向。

相信每一个人心中都有理想,也许有的人会说,这个目标对目前的我们来说确实还很"远大",显得有些可望而不可即。其实这没有关系,我们可以尝试学会"分解目标"。日本曾经有一位非常出名的马拉松运动员,名叫山本田一,他在分享自己获得成功的经验时提到了一个非常值得我们借鉴的方法:把几十公里的比赛线路分成很多小段,这样我们要面对的就不再是遥不可及的终点,而是几百米之外一个抬头就能看见的大桥或者办公楼。把目标分成阶段,并一点一点去实现它,让我们面临压力时会轻松很多,增强实现目标的信心。

除此之外，我们还要将所从事的事业当作一种信仰。古人云：乐之者不如好之者。当我们发自内心地喜欢这份事业，甚至达到一种狂热状态时，去面对困难、克服困难的意愿自然要强烈许多。当然，我们也要对创业的难度有理性的认识，在踏上坎坷曲折的道路之前有一定心理准备并不是一件坏事。

一个善于成功的人，必定善于激励自己。在创业中要获得成功，更需要练就较强的自我激励和自我调整能力。比如，可以尝试经常想到自己的目标，为自己描绘一下未来事业的蓝图，并为自己营造一个上进、易于自我激励的氛围。

当然，我们还要经常为自己充充电。如果说工作是一种能量的释放，是"放电"的话，如果只放不充，迟早会用完。保持良好的学习习惯，提升自己的专业能力，拓宽知识面，会为我们在前进道路上补充更多的能量。阅读一本励志书籍、旅游放松一下，都可以为我们更好地投入以后的工作带来帮助。

二、保持心中有一份希望、一份责任

也许大家都听说过这么一个故事，有一位刚刚走上工作岗位的护士，在工作不到一个星期时，就提出了想要离开，因为她受不了在医院中每天都看到有人离世。这时候，一位比她年长的老护士，带她走遍了医院的每一个角落，带她去看了每一位病人病痛痊愈出院时的欢乐，带她去看了每一位新生婴儿出生的喜悦，让这位年轻的护士看到了医院的另一面，充满希望的一面。其实创业之路也是一样，也许每一天都有人遇到"伤痛"，也许每一天都有人离开，但是我们更应该保持心中的希望，因为每一天都有新的朋友成为我们的客户，每一天都有新的伙伴加入我们的事业。

同样，我们还需要时刻谨记一份责任。团队中的每一位伙伴都在关心我们，时刻关注我们，每一位客户都如此信任我们、期待我们，我们又怎么能因为遇到一些压力就止步不前呢？如果我们失去心中的激情，逐渐懈怠下去，我们的伙伴、我们的客户该怎么办呢？我们需要承担一份责任！

身为一位团队领导者，更应该强化这一意识，不仅自己要明白这一点，还要将这一份希望、这一份责任带给身边的每一位伙伴，让大家在前进的道路上走得更远、更坚定。

第三节 坚持与努力

一、坚持到底

坚持的一个关键点就是：在遭受到三番五次的挫折、打击甚至磨难之后，还能做到永不放弃。坚持往往不是轰轰烈烈的壮举，相反，它蕴含在平凡、孤独与寂寞之中。

有位哲人曾说过："每一项错误都是学习的机会。只是不要一再地犯同样的错误，因为那是愚蠢的。尽可能犯更多的错误，不要害怕，因为那是自然让你学习的唯一方式。"

在挫折和失败面前，至少有三种人：第一种人，遭受了失败的打击，从此一蹶不振，成为让失败一次性打垮的懦夫，此为无勇亦无智者；第二种人，遭受失败的打击，并不知反省

自己,总结经验,仅凭一腔热血,勇往直前,这种人往往事倍功半,即便成功,也如昙花一现,此为有勇而无智者;第三种人,遭受失败的打击,能够极快地审时度势,调整自身,在时机与实力兼备的情况下再度出击,卷土重来,这种人堪称智勇双全,成功常常降临在他们的身上。

面对挫折要调整好心态,"明天又是崭新的一天",还会有再次成功的机会,从逆境中积累宝贵的经验也是一种成功。

每一个人都见过成功的彩虹,都尝过成功的喜悦,而成功的秘诀是什么呢?那就是坚持不懈的精神。

从毛毛虫蜕变成蝴蝶,是一个艰难的、痛苦的过程,但它并没有因此而放弃,而是凭着坚持不懈的精神,最终赢得了美丽;蚌壳里钻进了一粒细小的沙,但它并没有向困难低头,而是凭着坚持不懈的精神,一层一层地裹这粒细小的沙,最终孕育出绚丽夺目的珍珠。

海伦·凯勒是家喻户晓的人物,她是一个在无声的黑暗世界里摸索的少女,但她并没有因此而自暴自弃,而是以她惊人的毅力和坚持不懈的精神,掌握了许多的知识,创造了生命的奇迹。

贝多芬,这位著名的音乐家,创作了许许多多优秀的音乐作品。风华正茂的他,面对失聪这一致命的打击并没有向命运低头,而是更加努力地创作音乐,凭着坚持不懈的精神,他创作了举世闻名的《命运交响曲》。

爱迪生,这位给人类世界带来光明的科学家,在发明电灯的时候屡次碰壁。面对2 000多次失败,他并没有放弃,仍然执着地追求着,废寝忘食地钻研着,终于,他凭着自己坚持不懈的精神,取得了成功。从此,人类的夜晚不再只有黑暗陪伴,而是变得更加美丽、更加明亮、更加繁华。

蒲松龄,曾先后参加了四次科举考试,却从未及第,但他并未因此颓废,而是要立志完成一部"孤愤之书",于是他在镇纸上刻下这样一副对联:"有志者,事竟成,破釜沉舟,百二秦关终属楚;苦心人,天不负,卧薪尝胆,三千越甲可吞吴。"他以此自警自勉,最终凭着自己坚持不懈的精神,完成了一部宏伟著作——《聊斋志异》。

以上这些都告诉我们这样一个道理:坚持就是胜利。

创业路上不可能是一条平坦的大道,而总是布满了荆棘,但是阳光总在风雨后,只要你有着坚持不懈的精神,就一定会越过那些山和海,看到成功的彩虹。

二、比别人更努力

无论是工作还是生活,努力是必要的也是值得的!

在创业道路上,或许经过一段时间的努力后,仍没有得到想要的结果,往往就开始动摇起来,怀疑自己的努力是不是值得、自己的努力是不是白费了。信念一旦动摇,那么危机也随着出现了。

抱怨生活的人实在是太多。如果你想得到100分,你至少必须做到100件事,也许前面99件事情都看不到任何成效,但你最需要做的就是比别人更努力,完成你的第100件事! 成功者往往都是比别人更努力了一下。

俗话说,"万丈高楼平地起",可是,平地拔起的高楼需要一个坚实的地基! 一个人的成功也是如此,他不是靠幸运,不是靠机会,而是一点一点的成就积累而成。李嘉诚在成为香港地产大王之前,是一个做塑料花的,但他并没有因此就瞧不起自己。他努力工作,一次又一次出色地完成任务并脱颖而出,最后成功也就变成了他的习惯。

第四节　调整创业心态

一、树立良好的创业心态

良好的创业心态,是每个创业者理智步入成熟、走向成功的基础。成功得意而不忘形,遇挫临危而不慌乱,这些都是创业者保持良好心态的准则。心态是控制创业心理平衡的砝码,调整心态是一件循序渐进的事,同样也是每个创业者每天的“功课”。

(一)创业起步:创业者的心理准备

1.要有积极、乐观、自信的心态

创业过程中,要学会“在战略上藐视敌人,在战术上重视敌人”。创业也许很顺利,也许是一条艰难和充满风险的道路。但不管怎样,对于一个创业者来说,首先要自信,要相信自己的选择是正确的,相信自己能成功。自信是人生和事业成功的基础,如果你对自己的选择一点都没信心,不如干脆放弃。当然,自信不是盲目的自信,而是建立在理性分析基础上的自信。

2.要有吃苦的心理准备

这一条其实不用多说。创业不同于普通上班,朝九晚五,时间固定,每个星期还有两天假日可休息、可娱乐,可对自己进行心理休养。自己创业,意味着没有休息日,意味着没有固定的休息时间,加班变成一种常态。也有可能你必须什么活都做,重的、轻的、精通的、不熟悉的,你都要能拿得起。创业的时候,没有领导的约束,你必须克服自己身上的惰性,学会自己约束自己。

3.要有独立分析和决策的心理准备

读书时,自己不用操心,父母给你安排好了一切,你的道路很清晰。上班时,作为一名普通员工,也许你已经习惯了老板或上司给你分配工作任务,一句话,你可以有一定的依赖性。而当你选择了自己创业,就无法享受这种依赖性。一切都要靠你自己,你必须对自己负责,父母和朋友只能起辅助作用,甚至根本无法依靠。这时,你必须培养独立的分析能力和决策能力。你必须给自己制订工作计划,学会时间和事务管理;你必须自己决定经营和发展方向,自己决定怎样调配资源。

4.要有承受压力和挫折的心理准备

因为是自己的事业,你会面临很多压力:经营处于低潮怎么办,客户纠纷怎么处理,员工不称职怎么办,工商税务怎么对付,现金流中断怎么办,遇见突发事件怎么办? 这一切都会让你产生压力感和挫折感,让你痛苦,让你辗转难眠。同时创业还面临一定的风险,你也有可能失败,甚至辛辛苦苦筹集的资金都付之东流,让你第一次创业遭受沉重的打击。

郑女士和崔女士对经营服装困境的不同心态

郑女士和崔女士同样在市场上经营服装，她们初入市场时，正赶上服装生意最不景气的季节，进来的服装卖不出去，可每天还要交房租和市场管理费，眼看着天天赔钱。这时，郑女士动摇了，她以认赔3 000元的价格把服装精品屋转让了出去，并发誓从此不再做服装生意。而崔女士却不这样想。崔女士认真地分析了当时的情况，觉得赔钱是正常的，一是自己刚刚进入市场，没有经营经验，抓不住顾客的心理，当然应该交一点儿学费；二是当时正赶上服装淡季，每年的这个季节，服装生意人也都不赚钱，只不过是因为他们会经营，能够维持收支平衡罢了。而且，崔女士对自己很有信心，知道自己适合做服装生意。果然，过了这个季节，崔女士的服装店开始赚钱。三年后，崔女士每年有5万元的红利，而郑女士在三年内改行几次都未成功，仍然穷困潦倒，一筹莫展。

事物都有其两面性，问题就在于当事者怎样去对待它们。上面提到的郑女士只看到赔钱的一面，而看不到将来会赚钱的发展前景，不能以积极的态度去分析事物；而崔女士的态度则是积极的，她更多地从将来的角度看待当前的不景气，所以，她能顶住压力，坚持到成功。

（二）创业成功必备的心态

1.归零的心态

归零的心态就是空杯、谦虚的心态，就是重新开始。第一次成功相对比较容易，第二次却不容易了，原因是不能归零。

2.学习的心态

成功学大师一致认为：学习是最便宜的投资，时间是最昂贵的投资。的确如此，学习是世界上最占便宜的事情，我们只要花1~2小时就可以学到别人几乎毕生的经验，避免了大量的摸索时间代价。因此，大凡成功的人都是虚心好学的人。

3.感恩的心态

感恩是中华民族传统的美德，只有懂得感恩的人才是富足的人。我们一定要有感恩的心态，感恩就是感恩一切。感恩包括坎坷、困难和我们的敌人。事物不是孤立存在的，没有周围的一切就没有自己的存在。

4.积极的心态

所谓积极的心态是指鞭策自己、战胜自己的心理素质。事物本身就是一个动态的进化趋向。积极的心态看到的是事物好的一面，而消极的心态则反之。积极的心态像太阳，照到哪里哪里亮。

5.合作的心态

合作是一种境界，合作可以打天下。但合力不只是加法之和，而是团队的合力。

二、创业者必须抛弃的三种心态

美国成功学学者拿破仑·希尔关于心态的意义说过这样一段话："人与人之间只有很小

的差异,但是这种很小的差异却造成了巨大的差异! 很小的差异就是所具备的心态是积极的还是消极的,巨大的差异就是成功和失败。"一个人面对失败所持的心态往往决定他一生的命运。积极的心态有助于人们克服困难,使人看到希望,保持进取的旺盛斗志。消极的心态使人沮丧、失望,对生活和人生充满了抱怨,自我封闭,限制和扼杀自己的潜能。

美国的塞利格曼教授曾对人类的消极心态做过深入的研究,他指出了三种特别模式的心态会造成人们的无力感,最终毁其一生。它们是:

(1)永远长存,即把短暂的困难看作永远挥之不去的怪物,这是在时间上把困难无限延长,从而使自己束缚于消极的心态不能自拔。

(2)无所不在,即因为某方面的失败,从而相信在其他方面也会失败。这是在空间方面把困难无限扩大,从而使自己笼罩在失败的阴影里看不到光明。

(3)问题在我,即认为自己能力不足,一味地打击自己,使自己无法振作。这里的"问题在我",不是勇于承担责任的代名词,而是在能力方面一味地贬损自己,削弱自己的斗志。

你有过这样的情形吗? 如果有,请尽快从消极心态的阴影里解脱出来。记住德国人爱说的一句话:"即使世界明天毁灭,我也要在今天种下我的葡萄树。"

【课程育人】

综合本章内容,可以看出创业路上布满荆棘,只有坚持到底,才能成功。总结如下:

1.创业精神属于主观意识,只有通过坚持到底、努力奋斗的客观实践活动才能改造世界。

2.大学生开展创业活动要服从于符合国家发展战略、服务于地方经济发展、以利国利民为宗旨。

【能力训练】

一、简答题

1.在创业路上,如何保持长盛不衰的创业激情?
2.你如何看待从毛毛虫蜕变成蝴蝶的过程?
3.创业前,创业者要有哪些心理准备?
4.创业者必备的良好心态有哪些?

二、案例分析题

"敢"创业比"能"创业更重要

小张曾患有小儿麻痹症,技校毕业后,家人都担心她今后的路该如何走? 经过深思熟虑,要强的小张决定自己当老板。她发现学校到现在还没有打字复印设备,而附近也只有一家打字复印店,于是就在学校门口开了一家打字复印店。

身有残疾的小张,选择了自己创业这条路,将自己的劳动贡献给社会,既给许多人带来了方便,也给自己带来了富足和快乐。

案例思考:身患小儿麻痹症的小张为何能够创业成功?

做学生创新创业路上的引路人：
记北京大学材料科学与工程学院特聘研究员、博士生导师雷霆

近年来，智能手表、智能眼镜等一系列可穿戴电子设备正受到越来越多年轻人的喜爱。这些产品得以问世的背后，离不开有机半导体材料研究的一次次突破。北京大学材料科学与工程学院特聘研究员、博士生导师雷霆就是这一领域的杰出研究者。

9年前，雷霆在北京大学完成博士学业后，远渡重洋，前往斯坦福大学做博士后。2018年，科研成果突出的雷霆本可以在美国取得教职，但他却做出了一个深思已久的决定：回北大任教。

"在北大的学习不但使我增长了科学文化知识，更使我学到了北大优秀的传统人文精神。"在雷霆看来，在祖国最需要的时候，理应学成后报效祖国，这是新时代青年学者的使命和担当。

回到北大之后，如何站稳讲台，是雷霆面临的第一个挑战。雷霆负责讲授的"有机材料和器件"是一门新课，没有成熟的教材可循。为了把课上好，雷霆花了近一年时间大量阅读英文文献，搜集讲课素材，并精心设计习题。

"有机材料和器件"是一门交叉综合性课程，课程难度较大。雷霆认为，兴趣是最好的老师，调动学生的学习兴趣是课堂教学的核心。在课程讲授过程中，他设置了小组互动等方式，激发学生学习学科交叉知识的兴趣，培养学生的创新发散思维。

如今，这门课程不仅吸引了本院学生选课，还吸引了北大其他学院以及清华大学、中科院微电子所等其他科研院所的学生前来旁听。

在雷霆的实验室里，除了博士生和硕士生外，还有好几名本科生。他把学生分为不同小组，每周与小组开讨论会，进行文献阅读分享等活动；每两周与所有学生开大组会，每次让一名学生独立汇报研究进展和成果，其他学生进行点评和讨论。

"每次开会，都是一次思维碰撞的过程，学生们的奇思妙想常常能带给彼此启发，一些原创性的技术成果正是这样诞生的。"雷霆说。

在斯坦福大学求学期间，雷霆申请了四五项发明专利，其中有几项还被大公司购买。这段经历使雷霆意识到科技成果应用的必要性。回北大后，如何将学生双创工作课程化、系统化是雷霆一直思考的问题。

在学校双创工作小组的领导支持下，他一方面联系学校各个部门和院系积极推进创新创业工作，作为负责教师之一开设了"创新创业大讲堂""技术解析"等各类双创课程，邀请业界、学界知名专家分享创业实战经历，介绍最前沿的科技成果。另一方面，他指导学生参加双创比赛，目前已有多名学生在北京市以及全国的创新创业大赛中摘金夺银。

"拿着自己的研究成果向别人展示，有一种无与伦比的成就感。"在雷霆的鼓励下，北京大学材料科学与工程学院研究生朱敏开启了创新创业之旅。小到幻灯片设计、答辩技巧，大到关键技术，雷霆都耐心指导。从校内比赛崭露头角，到市级比赛脱颖而出，最后朱敏站上了中国"互联网+"大学生创新创业大赛银奖的领奖台。

在雷霆看来，早期的创新创业活动是基于互联网的模式创新，走到了一定阶段很难再有

新的突破,如今的创新创业活动进入了基于原创技术的机遇期,这对学生的思维能力、科研实践水平都提出了更高的要求。

经过上百次实验,雷霆带领学生成功开发出耐高温高分子薄膜和柔性高性能半导体材料等,这些都是柔性显示和柔性传感器中的关键材料。目前,他们已将其中一些研究成果实现了转化,投入生产,可应用于折叠手机等电子产品中。

"要将创新创业活动与国家战略需求紧密结合"是雷霆时常教导学生的一句话。曾有一名他带的硕士生毕业后,面对互联网行业的高薪,有所心动,但雷霆建议他选择芯片研发行业,"虽然不是待遇最好的,但却是国家最需要的"。

"现在,我国经济社会发展和民生改善比过去任何时候都更加需要科学技术解决方案,都更加需要增强创新这个第一动力。"2020 年,习近平总书记在科学家座谈会上的讲话,令雷霆感到重任在肩。将学生培养成为创新创业的主力军,雷霆一直在路上。

(资料来源:《中国教育报》,2022 年 5 月 10 日)

第三章　创业机会与创业环境分析

【知识导航】

　　创业机会和创业环境是任何创业者都不能忽视的因素。创业机会是指在市场经济条件下,社会经济活动过程中形成和产生的一种有利于企业经营成功的因素,是一种带有偶然性并能被经营者发现和利用的契机。创业环境是指创业者周围的境况,是创业者在创立企业的过程中,围绕着创业企业生存和发展变化,对其产生影响或制约创业企业发展的一系列外部因素及其所组成的有机整体,是创业者及其企业产生、生存和发展的基础,是创业活动的基本条件。创业环境是指那些与创业活动相关联的因素的集合,包括宏观环境、中观环境和微观环境。通过本章的学习,我们可以深刻认识创业机会的识别与选择、评估和把握,并深入了解我国目前的创新创业环境,做到真正把握住创业机会。

【学习目标】

　　1.了解创意及创业机会的概念、特征与来源。

　　2.了解创业机会评价的技巧和策略。

　　3.了解创业机会的识别与选择。

　　4.了解创业机会的评估和把握。

　　5.了解大学生创业的主要方向及选择方向的注意事项。

　　6.了解创业风险的构成与分类。

　　7.了解创业风险防范的途径。

　　8.了解市场蓝海与蓝海战略。

　　9.了解创业环境的相关知识。

【案例导入】

"中国机遇"吸引大量华人华侨专业人士回国创业

　　由中国国务院侨务办公室组织的"走进侨梦苑"活动于 2016 年 3 月 14 日在福建展开,中国侨商投资企业协会科技创新委员会的 30 余位委员近日带着项目来到福建考察洽谈,随后他们还将赴广东考察。

　　"现在对我们这些创新型的华商回国创业是一个很好的机会,国家的经济正在转型,创业的政策支持力度也比较大。"2013年从日本回国创业的林海从事的是智能化模块建筑,他认为当前中国的发展环境吸引力相当大。

"大众创业、万众创新"的热潮正席卷中国。2016年的政府工作报告显示,2015年中国新登记注册企业增长21.6%,平均每天新增1.2万户。政府工作报告中,"强化创新引领作用""持续推动大众创业、万众创新"被明确提出。

回国创业创新也在华人华侨群体中成为一个热点。越来越多的华人华侨专业人士将视线转回中国,加入"大众创业、万众创新"的热潮中。

拥有曼彻斯特大学理工学院博士学位的徐德清说,许多华人华侨在海外积累了先进的技术和创新理念,回国与本土企业合作发展,发挥各自的强项,一定可以更好地为中国经济发展服务。

据了解,自2006年至今,已有数万名海外华商携带高新技术项目与中国企业开展项目对接。

2015年11月,200多位回国成功创业的华人华侨成立了"中国侨商投资企业协会科技创新委员会",这些企业均为发展势头良好的高新技术企业,涉及节能环保、新一代信息技术、生物医药、高端装备制造、新能源以及新材料等战略性新兴产业。

科技创新委员会副主席贡毅告诉记者,成立该委员会是希望为新侨群体构建一个平台,充分发挥这些专业人士的资金、技术、人脉、管理等资源,落实国家的"创新驱动"理念。

中国经济的良好前景是吸引华人华侨回国创业的根本。2015年,中国国内生产总值达到67.7万亿元,增长6.9%,虽然增速放缓,但仍在世界主要经济体中位居前列。中国官方提出,"十三五"时期经济年均增长保持在6.5%以上。

贡毅表示,中国的经济发展需要通过新的产业、商业模式和发展思路来推进,科技创新委员会的委员很多是拥有博士学位的"双创人才",也有很多在过去一段时间回国创业并取得了一定的成就,正与这样的发展理念不谋而合。

《国际人才蓝皮书:海外华侨华人专业人士报告(2014)》提到,中国引进的"千人计划"人才中,90%以上的人是海外华侨华人专业人士,他们回国(来华)后,在科技创新、技术突破、学科建设、人才培养和高新技术产业发展等方面发挥了积极作用。

中国各级侨务机构为华侨华人专业人士回国创业提供了各类支持。国侨办在北京、福建、广东等地打造"侨梦苑",作为侨商产业聚集区和华侨华人创新创业的集聚品牌。

2016年年初,国侨办还启动了"万侨创新"行动。厦门大学南洋研究院院长庄国土在接受记者采访时表示,中国经济正在转型,由规模转向创新,且中国正鼓励创新创业,学有所成的华人华侨刚好适合这个时机。他认为,在国外有一定实力、技术、资金的华人华侨回国创业的趋势会更强。

(资料来源:中国新闻网)

第一节 创意与创业机会概述

随着经济全球化的进程逐渐加快,企业面临的外部环境日益变化,面临的竞争态势也日趋严峻。在这种形势下,各种创新和创业活动已经成为企业生存与发展的必要条件,但创新和创业活动绝不是凭空进行的,需要具备一定的条件。除了对外部环境的适应性需求外,还需要拥有创业机会。

一个成功的企业始于正确的理念和好的创意构思。合理而又周密的企业创意构思可以避免日后的失败和损失。如果你的企业创意构思不合理,无论你投入多少时间和金钱,企业注定是会失败的。

一、创意概述

1.创意的概念

名词概念:指具有创业指向,同时具有创新性甚至原创性的想法。

动词概念:是将问题或需求转化成逻辑性架构,让概念物象化或程序化的形成过程。

2.创意的特征

(1)新颖性:包括新技术和解决方案、差异化的解决办法、好措施。

(2)真实性:能开发出产品和服务,市场上有需求。

(3)价值性:创意的核心。

3.挖掘企业创意构思的途径

一个好的企业创意构思必须包含两个方面:必须有市场机会;必须有利用这机会的资源和技能。

挖掘好的企业创意构思的途径必须包含两个方面:必须以顾客需求为出发点;必须拥有满足顾客需求的个人条件。

创业者应当沿着两条途径同时开发你的企业构思。如果你只从自己的专长出发,都不知道是否有顾客,企业就可能会失败。同样,如果你只从顾客需求出发,没有相应的技能和资源来满足顾客需求,企业也不会成功。也就是说,只有既能满足市场需要又属于你擅长的领域的企业创意构思才是可行的。

例如:

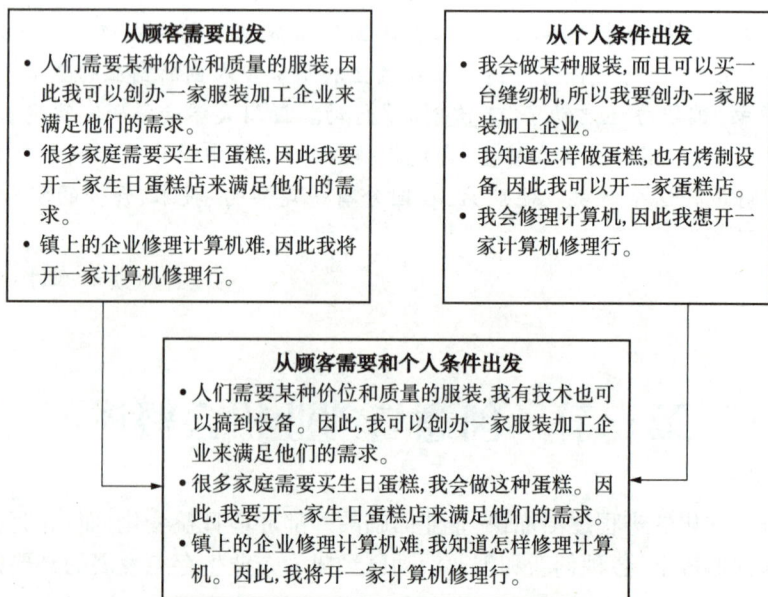

【案例分析】

两个月就关门的食品杂货店

大学生小刘毕业后一直想自己做老板，看到邻居在小区里开了一个食品杂货店收益一直不错，颇为心动。于是，小刘租了小区内一个库房做店面，筹集了一万多元钱做启动资金，开了一家食品杂货店，主营沙司、奶酪、芝士等西餐调味品。但是经营了两个月后，小刘的食品杂货店就撑不住了，不得不关门。为什么同样是食品杂货店，邻居可以干得红红火火，而小刘的店却经营惨淡呢？

讨论：小刘的店经营惨淡的原因是什么？小刘的店要维持下去需要做哪些改变？

分析：

(1)小刘为了突出自己食品杂货店的特色，没有像邻居一样购进茶、米、油、盐等大众用品，而是将经营范围锁定在沙司、奶酪、芝士等一些西餐调味食品上，没有找准顾客群体。

(2)同区域复制创业项目风险较大，可以考虑在适应消费群体的基础上进行升级，比如改进环境和服务方式。

4.挖掘商业创意的方法

- 个人生活经历和工作经历；
- 个人爱好；
- 偶然发现(旅途、参加活动、看节目)；
- 有目的地深入调查研究(阅读相关报刊、资料、书籍)；
- 他人建议；
- 教育(课程)；
- 亲友从事的行业；
- 家庭企业。

【案例精选】

专注于专业领域创新创业的米天健

米天健，西安理工大学材料科学与工程学院2016届博士毕业生，求学期间先后在国际电化学顶级杂志《美国电化学会志》和《电化学学报》发表了若干论文，创立陕西金信天钛材料科技有限公司，创新出"超精密异型复杂零部件精整"项目，荣获第六届中国国际"互联网+"创新创业大赛国家铜奖。

在一次国际表面工程大会上，米天健听到了专家分享的一个问题："随着先进制造业的发展，高精尖零部件不断向异型复杂结构发展，传统的接触式打磨已经无法完成这类结构的表面抛光和去毛刺，解决这个难题将极大推动未来制造业的发展。"

受到该问题的鼓舞，米天健埋下了一颗思考的种子。在一次旅游中，米天健看着岸边海浪卷着石头不断拍打岸边的巨石，巨石表面十分光滑，于是灵感闪现："能否用水和磨粒的流体方式实现异形复杂结构的打磨呢？"

大胆假设，小心求证。在图书馆查阅无果后，米天健一头扎入实验当中，夜以继日，从实验到理论再到实验，经过无数次的失败，终于找到了一种放到水里，通过射流能抛光材料表面的磨粒。

（资料来源：刘晓红.大学生创新创业基础[M].北京：首都师范大学出版社，2022.）

二、创业机会的概念

创业机会有几种不同的定义方式：

①创业机会是具有商业价值的创意，是一种特殊的商业机会。比一般商业机会更具有创新性甚至创造性。创业机会和商业机会不存在严格的界限。

②创业机会是可以为购买者或使用者创造或增加价值的产品或服务，它具有吸引力、持久性和适时性。

③创业机会是指可以引入新产品、新服务、新材料和新组织方式，并能高于成本价出售。

④创业机会是一种新的"目的—手段"关系，它能为经济活动引入新产品、新服务、新材料、新市场或新组织方式。

⑤创业机会主要是指具有较强吸引力的、较为持久的、有利于创业的商业机会，创业者据此可以为客户提供有价值的产品或服务，并同时使创业者自身获益。

综上所述，我们可以得出较为全面的概念。创业机会，是指在市场经济条件下，社会的经济活动过程中形成和产生的一种有利于企业经营成功的因素，是一种带有偶然性并能被经营者认识和利用的契机。它是有吸引力的、较持久的和适时的一种商务活动空间，并最终表现在能够为消费者或客户创造价值或增加价值的产品或服务中，同时能为创业者带来回报或实现创业目的。

三、创业机会的特征

有的创业者认为自己有很好的想法和点子，对创业充满信心。有想法、有点子固然重要，但并不是每个大胆的想法和新异的点子都能转化为创业机会。许多创业者仅仅凭想法去创业而导致失败的例子屡见不鲜。创业机会有以下三个特征：

1.普遍性

凡是有市场、有经营的地方，客观上就存在着创业机会。创业机会普遍存在于各种经营活动之中。

2.偶然性

对一个企业来说，创业机会的发现和捕捉带有很大的不确定性，任何创业机会的产生都有"意外"因素。

3.消逝性

创业机会存在于一定的时空范围之内，随着产生创业机会的客观条件的变化，创业机会也会相应地消逝和流失。

四、创业机会的六大来源

创业的根本目的是满足顾客需求,而顾客需求在没有满足前就是问题。寻找创业机会的一个重要途径是善于发现和体会自己与他人在需求方面的问题或生活中的难处。比如,上海有一位大学毕业生发现远在郊区的本校师生往返市区交通十分不便,于是创办了一家客运公司,把问题转化为创业机会。

1.不断变化的环境

创业的机会大都产生于不断变化的市场环境,环境变化了,市场需求、市场结构必然发生变化。德鲁克将创业者定义为那些能"寻找变化,并积极反应,把它当作机会充分利用起来的人"。这种变化主要来自产业结构的变动、消费结构升级、城市化加速、人口思想观念的变化、政府政策的变化、人口结构的变化、居民收入水平提高、全球化趋势等方面。比如,居民收入水平提高,私人轿车的拥有量将不断增加,这就会派生出汽车销售、修理、配件、清洁、装潢、二手车交易、陪驾等诸多创业机会。

2.创造发明

创造发明提供了新产品、新服务,更好地满足了顾客需求,同时也带来了创业机会。比如,随着计算机的诞生,计算机维修、软件开发、计算机操作的培训、图文制作、信息服务、网上开店等创业机会随之而来。即使你不发明新的东西,你也能成为销售和推广新产品的人,从而给你带来商机。

3.竞争

如果你能弥补竞争对手的缺陷和不足,这也将成为你的创业机会。看看你周围的公司,你能比他们更快、更可靠、更便宜地提供产品或服务吗? 你能做得更好吗? 若能,你也许就找到了机会。

4.新知识、新技术的产生

例如,随着健康知识的普及和技术的进步,围绕"水"就带来了许多创业机会,上海就有不少创业者因加盟某品牌纯净水而走上了创业之路。

💡【案例分析】

面对日益加剧的空气污染,28 岁的大学生陈志 2010 年在南京开了一个"氧吧",但开业后没几个客人光顾,不到一年便关闭了自己的"氧吧"。2014 年,陈志仍然选择"空气治理",开了一家名为"好空气"的店面。从口罩到空气净化器,从室内环境监测到室内环境治理,形成多样化的销售服务模式。现在,陈志的生意越来越忙了。

讨论:为什么陈志前后两次创业有不同的结果?

点评:创业过三关(选项关、经验关、心态关),创业要能找准市场,要有经验的积累,更要能面对挫折与失败。

5.头脑风暴法

头脑风暴法是指一个人或小组围绕一种特定的兴趣或产品进行创新或改善,产生新点子,提出新办法。它是一种极为有效的开启创新思维的方法。

头脑风暴法原则:自由思考、延迟评判、以量求质、结合改善。

💡【课堂讨论】

红包到底有多少种玩法

2015 年 1 月 26 日,支付宝钱包 8.5 版本更新上线,APP 图标上出现"亿万红包"的字样。用户在支付宝钱包的首页单击"新春红包"就能进入红包页面。红包形式有个人红包、接龙红包、群红包和面对面红包 4 种。红包可通过支付宝钱包的联系人列表发给自己的朋友,可分享给朋友和群,也可随机将红包分成多个小红包,以玩游戏的形式抢红包。

不仅支付宝推出红包玩法,微信红包、QQ 红包、微博红包,还有很多企业把红包玩法植入了自己的产品。

讨论:以小组为单位,大家统计一下自己观察到的红包玩法,看看哪一组最多?

分析:如果我们再对各种红包玩法按一定方式归类,也许就能画出红包玩法的思维导图,如图 3-1 所示。

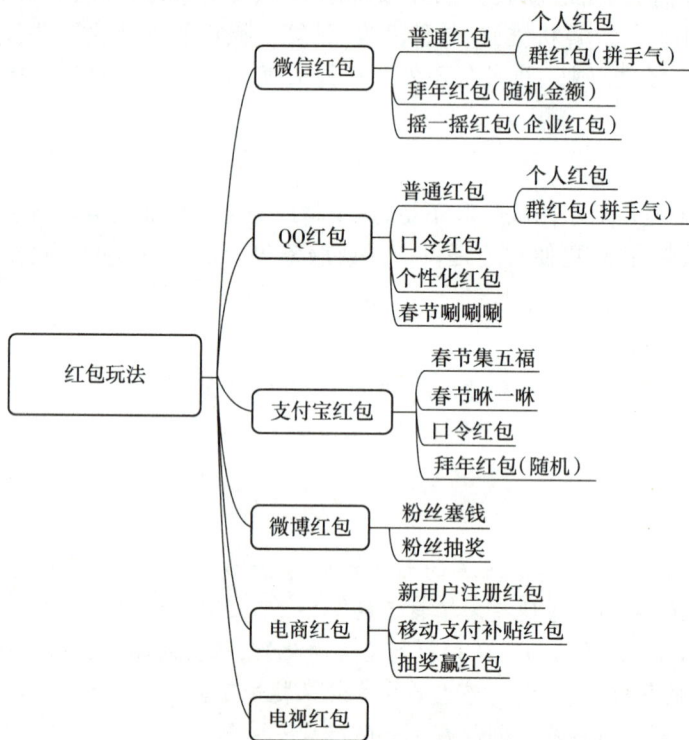

图 3-1　红包玩法的思维导图

6.“互联网+”

“互联网+”内涵是指以互联网为主的一整套信息技术(包括移动互联网、云计算、大数据技术等),在经济社会生活各部门的扩散和应用的过程。以前的互联网还只是一个外在工具,当今互联网已经作为核心引擎推动社会创新。也就是说,以前大家把互联网当作"轮胎"，但其实它是"发动机"。

五、发掘创业机会的几种方式

1.经由分析特殊事件来发掘创业机会

例如，美国一家高炉炼钢厂因为资金不足，不得不购置一座迷你型钢炉，而后竟然出现后者的获利率要高于前者的意外结果。再经分析才发现美国钢品市场结构已发生变化，因此，这家钢厂就将今后的投资重点放在能快速反映市场需求的迷你型炼钢技术方面。

2.经由分析矛盾现象来发掘创业机会

金融机构提供的服务与产品大多只针对专业投资大户，但占有市场七成资金的一般投资大众却未受到应有的重视。这种现象表明提供一般大众投资服务的产品市场必将极具潜力。

3.经由分析作业程序来发掘创业机会

在全球生产与运筹体系流程中，可以发掘极多的信息服务与软件开发的创业机会。

4.经由分析产业与市场结构变迁的趋势来发掘创业机会

在国营事业民营化与公共部门产业开放市场自由竞争的趋势中，我们可以在交通、电信、能源产业中发掘极多的创业机会。在政府刚推出的知识经济方案中，也可以寻得许多新的创业机会。

5.经由分析人口统计资料的变化趋势来发掘创业机会

现今，单亲家庭快速增加、妇女就业、老龄化社会的现象、教育程度的变化、青少年国际观的扩展，必然提供许多新的市场机会。

6.经由价值观与认知的变化来发掘创业机会

人们对于饮食需求认知的改变，造就美食市场、健康食品市场等新兴行业。

7.经由新知识的产生来发掘创业机会

人类基因图像获得完全解决，可以预计这必然给生物科技与医疗服务等领域带来许多新的创业机会。虽然大量的创业机会可以经由系统的研究来发掘，不过，最好的点子还是来自创业者的长期观察与生活体验。

第二节　创业机会的识别与选择

一、创业机会的识别

创业机会识别是创业领域的关键问题之一。从创业过程角度来说，它是创业的起点，创业过程就是围绕着机会进行识别、开发、利用的过程。识别正确的创业机会是创业者应当具备的重要技能。创业机会以不同形式出现。虽然以前的研究，焦点多集中在产品的市场机会上，但是在生产要素市场上也存在机会，如新的原材料的发现等。许多好的商业机会并不是突然

微课　创业机会
识别

出现的,而是对"一个有准备的头脑"的一种"回报"。在机会识别阶段,创业者需要弄清楚机会在哪里和怎样去寻找机会。

(一)现有的市场机会

对创业者来说,在现有的市场中发现创业机会是很自然和较经济的选择。一方面,它与我们的生活息息相关,能真实地感觉到市场机会的存在;另一方面,由于总有尚未全部满足的需求,在现有市场中创业,能减少机会的搜寻成本,降低创业风险,有利于成功创业。现有的创业机会存在于不完全竞争下的市场空隙、规模经济下的市场空间、企业集群下的市场空缺等。

1.不完全竞争下的市场空隙

不完全竞争理论或不完全市场理论认为,企业之间或者产业内部的不完全竞争状态,导致市场存在各种现实需求,大企业不可能完全满足市场需求,必然使中小企业具有市场生存空间。中小企业与大企业互补,满足市场上不同的需求。大中小企业在竞争中生存,市场对产品差异化的需求是大中小企业并存的理由,细分市场以及系列化生产使得小企业的存在更有价值。

2.规模经济下的市场空间

规模经济理论认为,无论任何行业都存在企业的最佳规模或者最适度规模的问题,超越这个规模,必然导致效率低下和管理成本的增加。产业不同,企业所需要的最经济、最优成本的规模也不同,企业从事的不同行业决定了企业的最佳规模,大小企业最终要适应这一规律,发展适合自身的产业。

3.企业集群下的市场空缺

企业集群主要指地方企业集群,是一组在地理上靠近的相互联系的公司和关联的结构,它们同处在一个特定的产业领域,因具有共性和互补性而联系在一起。集群内中小企业彼此间发展高效的竞争与合作关系,形成高度灵活专业化的生产协作网络,具有极强的内生发展动力,依靠不竭的创新能力保持地方产业的竞争优势。

(二)潜在的市场机会

潜在的创业机会来自新科技应用和人们需求的多样化。成功的创业者能敏锐地感知社会大众的需求变化,并能够从中捕捉市场机会。新科技应用可能改变人们的工作和生活方式,出现新的市场机会。通信技术的发展,使人们在家里办公成为可能;互联网的出现,改变了人们工作、生活、交友的方式;网络游戏的出现,使成千上万的人痴迷其中、乐此不疲;网上购物、网络教育的快速发展,使信息的获取和共享日益重要。

需求的多样化源自人的本性,人类的欲望是很难得到满足的。在细分市场里,可以发掘尚未满足的潜在市场机会。一方面,根据消费潮流的变化,捕捉可能出现的市场机会;另一方面,根据消费者的心理,通过产品和服务的创新,引导需求并满足需求,从而创造一个全新的市场。

二、创业机会的选择

经过创业机会的识别以后,要进行机会的选择。在现实经济生活中,适于创业的机会并不是很多。创业者需要借助"机会选择漏斗",经过一层又一层筛选,在众多机会中筛选出真正适合自己的创业机会。

（一）要筛选出较好的创业机会

一般而言，较好的创业机会多有五个特点：一是在前景市场中，前五年中的市场需求会稳步快速增长；二是创业者能够获得利用该机会所需的关键资源；三是创业者不会被锁定在"刚性的创业路径"上，而是可以中途调整创业的"技术路径"；四是创业者有可能创造新的市场需求；五是特定机会的商业风险是明朗的，且至少有部分创业者能够承受相应风险。

（二）要筛选出利己的创业机会

面对较好的创业机会，特定的创业者需要回答四个问题：一是创业者能否获得自己缺少的由他人控制的资源；二是遇到竞争时，自己是否有能力与之抗衡；三是是否存在该创业者可能创造的新增市场；四是该创业者是否有能力承受利用该机会的各种风险。

第三节 创业机会的评估与把握

一、创业机会的评估

所有的创业行为都来自绝佳的创业机会，创业团队与投资者均对创业前景寄予极高的期望值，创业家更是对创业机会在未来所能带来的丰厚利润满怀信心。但是，时常会有悲剧发生。为了尽量避免这样的情况，创业者应该先以比较客观的方式进行评估，评估的准则有两种。

微课 创业机会评估

（一）市场评估准则

1.市场定位

评估创业机会的时候，可由市场定位是否明确、顾客需求分析是否清晰、顾客接触通道是否流畅、产品是否持续衍生等来判断创业机会可能创造的市场价值。创业带给顾客的价值越高，创业成功的概率也越高。

2.市场结构

对创业机会的市场结构进行四项分析：进入障碍，供货商、顾客、经销商的谈判力量，替代性产品的威胁和市场内部竞争的激烈程度，由此可知该企业在未来市场中的地位及可能遭遇竞争对手反击的程度。

3.市场规模

市场规模大者，进入障碍相对较低，市场竞争激烈程度也会略为下降。若要进入的是一个十分成熟的市场，那么利润空间会很小，不值得再进入；若是一个成长中的市场，只要进入时机正确，必然会有获利的空间。

4.市场渗透力

对于一个具有巨大市场潜力的创业机会，市场渗透力评估是非常重要的。创业者应该选择在最佳的时机进入市场，也就是市场需求正要大幅增长之际。

5.市场占有率

一般而言,要成为市场的领导者,需要拥有20%以上的市场占有率,若低于5%的市场占有率,则这个新企业的市场竞争力不高,自然也会影响未来企业市场的价值。尤其是处在具有赢家通吃特点的高科技产业,新企业必须拥有成为市场前几名的能力才比较有投资价值。

6.产品的成本结构

从物料与人工成本所占比重之高低、变动成本与固定成本的比重,以及经济规模产量大小,可以判断企业创造附加价值的幅度以及未来可能的获利空间。

(二)效益评估准则

1.合理的税后净利

一般而言,具有吸引力的创业机会,需要能够创造15%以上的税后净利。如果创业预期的税后净利是在5%以下,那么就不是一个很好的投资机会。

2.达到损益平衡所需的时间

合理的损益平衡时间应该在两年之内达到,如果三年还达不到,恐怕就不是值得投入的创业机会了。当然,有的创业机会确实需要经过比较长的耕耘时间,通过前期投入,创造进入障碍,保证后期的持续获利,这样的情况可将前期投入视为投资,才能容忍较长的损益平衡时间。

3.投资回报率

考虑到创业面临的各种风险,合理的投资回报率应该在25%以上,而15%以下的投资回报率是不值得考虑的创业机会。

4.资本需求

资本需求量较低的创业机会,投资者一般会比较欢迎。资本额过高其实并不利于创业成功,甚至还会带来稀释投资回报率的负面效果。通常,知识越密集的创业机会,对资金的需求量越低,投资回报反而会越高。因此在创业开始的时候,不要募集太多资金,最好通过盈余积累的方式来创造资金,而比较低的资本额,将有利于提高每股盈余,并且还可以进一步提高未来上市的价格。

5.毛利率

毛利率高的创业机会,相对风险较低,也比较容易取得损益平衡。反之,毛利率低的创业机会,风险则较高,遇到决策失误或市场产生较大变化的时候,企业很容易就遭受损失。一般而言,理想的毛利率是40%,当毛利率低于20%的时候,这个创业机会就不值得再予以考虑。比如,软件业的毛利率通常都很高,所以只要能找到足够的业务量,从事软件创业在财务上遭受严重损失的风险相对会比较低。

6.策略性价值

能否创造新企业在市场上的策略性价值,也是一项重要的评价指标。一般而言,策略性价值与产业网络规模、利益机制、竞争程度密切相关,而创业机会对产业价值链所能创造的附加值效果,也与它所采取的经营策略和经营模式密切相关。

7.资本市场活力

当新企业处于一个具有高度活力的资本市场时,它的获利回收机会相对也比较高。不过资本市场的变化幅度极大,在市场高点时投入,资金成本较低,筹资相对容易;但在资本市场低点时,投资新企业开发的诱因则较低,好的创业机会也相对较少。不过,对投资者而言,市场低点的成本较低,有的时候反而投资回报会更高。一般而言,新创企业活跃的资本市场比较容易创造增值效果,因此资本市场活力也是一项可以被用来评价创业机会的外部环境指标。

8.退出机制与策略

风险投资需要良性循环,因此退出机制与策略就成为一项评估创业机会的重要指标。企业的价值一般由具有客观鉴别能力的交易市场来决定,而这种交易机制的完善程度也会影响新企业退出机制的弹性。由于退出的难度普遍高于进入,因此一个具有吸引力的创业机会,应该要为所有投资者考虑退出机制以及退出的策略规划。

【知识点滴】

蒂蒙斯创业机会评价体系

蒂蒙斯的创业机会评价框架,涉及行业和市场、经济因素、收获条件、竞争优势、管理团队、致命缺陷问题、个人标准、理想与现实的战略差异等 8 个方面的 53 项指标。通过定性或量化的方式,创业者可以利用这个体系模型对行业和市场问题、竞争优势、财务指标、管理团队和致命缺陷等做出判断,评价一个创业项目或创业企业的投资价值和机会。

表 3-1　蒂蒙斯机会评价表

行业与市场	1.市场容易识别,可以带来持续收入 2.顾客可以接受产品或服务,愿意为此付费 3.产品的附加价值高 4.产品对市场的影响力高 5.将要开发的产品生命长久 6.项目所在的行业是新兴行业,竞争不完善 7.市场规模大,销售潜力达到 1 000 万~10 亿元 8.市场成长率在 30%~50% 甚至更高 9.现有厂商的生产能力几乎完全饱和 10.在五年内能占据市场的领导地位,达到 20% 以上 11.拥有低成本的供货商,具有成本优势
经济价值	1.达到盈亏平衡点所需要的时间在 1.5~2 年以下 2.盈亏平衡点不会逐渐提高 3.投资回报率在 25% 以上 4.项目对资金的要求不是很大,能够获得融资 5.销售额的年增长率高于 15% 6.有良好的现金流量,能占到销售额的 20%~30% 以上 7.能获得持久的毛利,毛利率要达到 40% 以上 8.能获得持久的税后利润,税后利润率要超过 10% 9.资产集中程度低 10.运营资金不多,需求量是逐渐增加的 11.研究开发工作对资金的要求不高

续表

收获条件	1.项目带来的附加价值具有较高的战略意义 2.存在现有的或可预料的退出方式 3.资本市场环境有利,可以实现资本的流动
竞争优势	1.固定成本和可变成本低 2.对成本、价格和销售的控制较高 3.已经获得或可以获得对专利所有权的保护 4.竞争对手尚未觉醒,竞争较弱 5.拥有专利或具有某种独占性 6.拥有发展良好的网络关系,容易获得合同 7.拥有杰出的关键人员和管理团队
管理团队	1.创业者团队是一个优秀管理者的组合 2. 行业和技术经验达到了本行业内的最高水平 3. 管理团队的正直廉洁程度能达到最高水平 4.管理团队知道自己缺乏哪方面的知识
致命缺陷	不存在任何致命缺陷
创业家的个人标准	1.个人目标与创业活动相符合 2.创业家可以做到在有限的风险下实现成功 3.创业家能接受薪水减少等损失 4.创业家渴望进行创业这种生活方式,而不只是为了赚大钱 5.创业家可以承受适当的风险 6.创业家在压力下状态依然良好
理想与现实的战略性差异	1.理想与现实情况相吻合 2.管理团队已经是最好的 3.在客户服务管理方面有很好的服务理念 4.所创办的事业顺应时代潮流 5.所采取的技术具有突破性,不存在许多替代品或竞争对手 6.具备灵活的适应能力,能快速地进行取舍 7.始终在寻找新的机会 8.定价与市场领先者几乎持平 9.能够获得销售渠道,或已经拥有现成的网络 10.能够允许失败

评价体系说明:

(1)主要适用于具有行业经验的投资人或资深创业者对创业企业的整体评价。

(2)该指标体系必须运用创业机会评价的定性与定量方法才能得出创业机会的可行性及不同创业机会间的优劣排序。

(3)该指标体系涉及的项目比较多,在实际运用过程中可作为参考选项库,结合使用对象、创业机会所属行业特征及机会自身属性等进行重新分类、梳理简化,提高使用效能。

(4)该指标体系及其项目内容比较专业,创业导师在运用时一方面要多了解创业行业、企业管理和资源团队等方面的经验信息,一方面要掌握这50多项指标内容的具体含义及评估技术。

蒂蒙斯创业机会评价体系只是一套评价标准,在进行创业机会评价实践时,还需要科学的步骤和专业的评价方法才能操作。常用以下两种简单、易操作的评价方法:

(1)标准矩阵打分法

标准打分矩阵,是指将创业机会评价体系的每个指标设定为三个打分标准,比如最好3分,好2分,一般1分,形成的打分矩阵表。在打分后,求出每个指标的加权评价分。

这种方法简单易懂,易操作。该方法主要用于不同创业机会的对比评价,其量化结果可直接用于机会的优劣排序。只用于一个创业机会的评价时,则可采用多人打分后进行加权平均。如果其加权平均分越高,说明该创业机会越可能成功。一般来说,高于100分的创业机会可进一步规划,低于100分的创业机会则需要考虑淘汰。

(2)Baty 选择因素法

该方法可以看作是标准矩阵打分法的简化版。评价者通过对创业机会的认识和把握,按照蒂蒙斯创业机会评价体系的各项标准,看机会是否符合这些指标要求。如果统计符合指标数少于30个,说明该创业机会存在很大问题与风险;如果统计结果高于30个,则说明该创业机会比较有潜力,值得探索与尝试。应用该方法时需要注意一点,如果机会存在"致命缺陷",需要一票否决。致命缺陷通常是指法律法规禁止、需要的关键技术不具备、创业者不具备匹配该创业机会的基本资源等方面的系统风险。该方法比较适合于创业者对创业机会进行自评。

二、创业机会评价的技巧和策略

(一)一个好的商业机会的特征

(1)真实的需求。那些具有购买力和购买欲望的消费者有未被满足的需求。

(2)能够收回投资。在承担风险和努力工作之后,可以带来回报和收益。

(3)具有竞争力。消费者认为购买你的产品或服务比购买其他的产品或服务能获得更多的价值。

(4)实现目标。能满足那些冒险的人和组织的愿望。

(5)有效的资源和技能。在创业者所具备的资源、能力、法律等必备条件范围内。

(二)识别和评估商业机会

(1)行业和市场。[你的想法/项目有市场吗?有消费者(有购买力且乐于购买你的产品或服务的顾客)吗?你能够满足他们的需求吗?这样的消费者有多少?]

(2)创业者的个人目标和能力。

(3)团队管理。

(4)竞争。(谁是你的竞争对手?你是否拥有一些你的竞争对手所没有的顾客?)

(5)资金、技术和其他必需的资源。

(6)环境。

三、创业机会的把握

创业者不仅要善于发现机会、评估机会,更需要正确把握机会并果敢行动,将机会变成现实,这样才有可能在最恰当的时候出击,获得成功。把握创业机会,应注意以下几点:

（一）着眼于问题

机会并不意味着无须代价就能获得,许多成功的企业都是从解决问题起步的。问题,就是现实与理想的差距。顾客需求在没有满足之前就是问题,而设法满足这一需求,就抓住了市场机会。

（二）利用变化

变化中常常蕴藏着无限商机,许多创业机会产生于不断变化的市场环境。环境变化将带来产业结构的调整、消费结构的升级、思想观念的转变、政府政策的变化、居民收入水平的提高。人们通过这些变化,会发现新的机会。

（三）跟踪技术创新

世界产业发展的历史告诉我们,几乎每一个新兴产业的形成和发展,都是技术创新的结果。产业的变更或产品的替代,既满足了顾客需求,同时也带来了前所未有的创业机会。

（四）在市场夹缝中把握机会

创业机会存在于为顾客创造价值的产品或服务中,而顾客的需求是有差异的。创业者要善于找出顾客的特殊需要,盯住顾客的个性需要并认真研究其需求特征,这样就可能发现和把握商机。

（五）捕捉政策变化

我国市场受政策影响很大,新政策出台往往引发新商机,如果创业者善于研究和利用政策,就能抓住商机。

（六）弥补对手缺陷

很多创业机会是源于竞争对手的失误而"意外"获得的,如果能及时抓住竞争对手策略中的漏洞来大做文章,或者能比竞争对手更快、更可靠、更便宜地提供产品或服务,也许就找到了机会。

四、大学生创业的方向选择

（一）选择的几点建议

做产品不如做服务,重工不如轻工,用品不如食品,"做"男不如"做"女,大人不如孩子(孩子不如老人),避免大型项目的投入。

（二）选择的主要方向

科技服务项目,科技成果应用项目,可以独立运作的专业项目,利用自身优势的服务项目,小型多样的创意小店,连锁加盟。

五、创业风险识别

【课堂讨论】

给你 100 万元,你愿独自在荒岛上生活三年吗?

承担自己承受得了的风险,在自身可控的事情上下注,让巴菲特的枪对准脚趾而不是脑袋,才是正确的投资观。

(一)创业风险的构成与分类

1.风险的含义

风险的基本含义是指收益或损失的不确定性。当创业机会面临某种损失的可能性时,这种可能性及引起损失的状态被称为机会风险。

2.创业风险的来源

创业路上风险无处不在、无时不在,风险的主要来源有:创业资源的稀缺性(资金、劳动力、资源、设备);创业能力的有限性(团队的分歧、业务骨干的流失);创业机遇的复杂性(资源整合);创业环境的不确定性(市场与技术的不确定性,消费者、资源供应者、竞争者等微观环境因素变数多)。

【课堂讨论】

有两个机会,你如何选择:A.直接获得 100 万元;B.你可以抽签获得1 000万元,只有50%的机会。

创业者既要勇于承担风险,也要理性判断。

常见的创业失败的原因有:市场产品契合点没有找准;创业团队出现问题;资金的问题;其他。

3.创业风险的分类

(1)系统风险。主要指创业环境中的风险(市场变化、竞争、融资、政策法规等风险)。

(2)非系统风险。主要指创业者自身的风险(决策风险、创新风险、融资风险、管理风险、人的风险)。

【案例分析】

柯达胶卷与诺基亚对待风险的方式

柯达曾是盛极一时的全球相机胶片领导品牌,2000 年的净利润还高达 143 亿美元,但到 2003 年就跌至 41.8 亿美元,2005 年后几乎没有盈利,2012 年不得不申请破产。柯达面对的战略环境,是数字技术逐步取代胶片技术。柯达并非没有注意到数字技术的革新,甚至可以称它为技术革新的开创者,全球第一台数码相机就是柯达早在 1976 年发明的。但是它将数码技术雪藏起来,因为过早地推动数码技术商业化,会严重地侵蚀它在胶片业务上的丰厚利润。在贪图利润的道路上,柯达对战略环境的变化主观上选择了视而不见,当意识到不得不改变战略的时候,已经失去了最后的机会。

类似的柯达案例,还有诺基亚。很多人认为,诺基亚之所以被苹果打败,是因为乔布斯创造的苹果智能手机打败了诺基亚的手机。从表面上看,苹果手机确实在很多方面都超越了诺基亚手机,但本质上,是移动互联网应用时代取代了移动通信时代,苹果手机不再是一个真正意义上的手机,而是移动互联网应用的手持终端,而诺基亚手机仍然是一个移动通信工具,这是诺基亚被淘汰的根本所在。

分析:对新生市场不敏感、不能居安思危,最终造成企业危机。作为一名创业者,对市场的变化必须敏感,市场的转型升级会制造许多前所未有的创业机会,就看创业者能否意识到这样的机会。

创业者是如何看待创业风险这件事的?创业者必须考虑的核心问题:如果创业失败,我是否能够承受;有准备的创业不一定成功;创业离不开机遇和机会,但机遇总是与风险并存;创业有风险,入行需谨慎。

(二)系统风险防范的途径

系统风险防范的途径包括谨慎分析、正确预测和合理应对。采用与团队成员探讨、请教外部专家等方法来预测创业环境的可能变化,以及变化会对创业企业带来的影响,尽量对创业的系统风险做到心中有数,制订相应的应对策略。

【案例精选】

打不倒的陈伟星

杭州泛城科技有限公司董事长兼总经理陈伟星在参加央视特别节目时,谈及自己大三开始创业的经历:一开始做互联网"图片搜索",但找不到商业模式,不赚钱,失败了。接着又做"呼叫搜索",卖不出去,又失败了。但他不气馁,第三个项目是把浙江大学、清华大学校园做成3D社区,结果是虽然可以玩,但还是没法赚钱。直到第四次转型把网络社区变成一个浙大、清华的魔幻题材,就像《哈利·波特》一样,有比较强的娱乐性质,最终取得成功。现在,他的公司有300多名员工,上市融资估值近3亿元。

(三)非系统风险防范的可能途径

1.决策风险

管理者决策水平的高低对创业企业的成败影响巨大。美国兰德公司估计,世界上破产倒闭的大企业,85%是企业家决策失误造成的。对创业者而言,绝不可以根据自己的喜怒哀乐或不切实际的个人偏好而做出决策,不进行科学分析,仅凭个人经验和运气的决策方式都可能导致惨重的失败。

【案例精选】

五粮液投资百亿元杀入电脑芯片行业,这就意味着其原有的人才资源、渠道资源、管理经验、企业文化不能共享,一切从零开始,这种不相关多元化遭到了多方质疑。

活力28洗衣粉成为全国知名品牌后,沙市日化在短短几年内就涉足洗衣机、制药、啤酒等行业,之后各项目被拖住,一个好端端的企业日显疲惫。

2.人的风险

人的风险即创业者自身心态的风险,以及合伙人的风险。

3.技术风险

20世纪70年代,杜邦公司曾对一种叫作 Corfam 的皮革替代品进行产品开发并上市销售。预测和试穿的成功,使杜邦公司决策层非常乐观,他们希望 Corfam 不仅能一帆风顺地上市,而且能像公司曾经发明的尼龙一样,成为世界性的畅销商品,引发鞋面用料的革命,再现杜邦公司的辉煌。然而,最终的结果却大大出乎人们的意料。Corfam 的产品开发亏损了近1亿美元,成为杜邦公司历史上罕见的一次失败。

4.管理风险

管理风险即因企业自身行政、人事管理带来的组织和用人危机。

应对组织危机和用人危机,牛根生认为,"减人容易引发问题,人浮于事又极为可怕。所以,早行一步的关键在于慎重增人。一般的规律,一个部门随着人员的增加,总效益在增大,但边际效益在递减。这里也有均衡点。这种均衡,不仅是部门内部的均衡,而且也是部门与部门之间的均衡,'众螺母皆小,一螺钉独大',也是一种失衡。当超过这个均衡点较多的时候,人事危机即已发生"。

第四节 市场"蓝海"与"蓝海战略"

一、"红海"与"蓝海"的概念

我们把整个市场想象成海洋,这个海洋由红色海洋和蓝色海洋组成,"红海"代表现今存在的所有产业,这是我们已知的市场空间;"蓝海"则代表当今还不存在的产业,就是未知的市场空间。

"红海"是竞争极端激烈的市场,而"蓝海"是一个通过差异化手段得到的崭新的市场领域,在这里,企业凭借其创新能力可获得更快的增长和更高的利润。在红海领域中击败竞争者始终是重要的。由于"红海"一直存在,并将始终是现实商业社会的一部分,随着越来越多的行业出现供大于求的现象,对市场份额的竞争虽然必要,但已不足以维持良好的业绩增长,因此企业需要超越竞争。为了获得新的利润和增长机遇,企业必须开创"蓝海"领域。

二、什么是"蓝海战略"

2005年,西方世界最新的营销学说《蓝海战略》(Blue Ocean Strategy)问世。本书一上市就被翻译成25种语言,并荣登《纽约时报》畅销书排行榜。

《蓝海战略》一书分析,在全球化的竞争下,企业要永远保持卓越是不可能的,正如产业不可能永远常青。而产品若无法差异化,将会落入所谓"红海战略"的血腥价格竞争之中,这种"流血"竞争的结果往往使市场越来越狭窄,公司的获利和成长空间都逐渐萎缩,最终血流成河,成为一片"血腥红海"。

《蓝海战略》一书认为,要打破"红海"宿命的唯一方法,就是运用"蓝海战略",探索还没有被开发的差异化市场,以及消费者还没被满足的需求,才能一举超越竞争,开创"无人竞争"的蓝海商机。

那么,所谓的"蓝海战略"就不难理解了,"蓝海战略"其实就是企业超越传统产业竞争、开创全新的市场的企业战略。

价值创新是蓝海战略的基石。之所以称为价值创新,是因为它并非着眼于竞争,而是力图使客户和企业的价值都出现飞跃,由此开辟一个全新的、非竞争性的市场空间。

只有在企业把创新与效用、价格和成本进行有机结合的时候,价值创新才可能发生。如果企业不能使创新围绕价值进行,则作为技术创新者和市场推广者的企业往往生出了"蛋",却被其他企业"孵化"。价值创新是开创蓝海、突破竞争的战略思考和战略执行的新途径。差异化—低成本之间的动态关系,是价值创新的立足点,当企业行为对企业成本结构和客户价值同时带来正面影响时,价值创新就在这个交会区域得以实现。成本节约通过取消或压缩某些竞争因素而发生,而随着时间的推移,由价值创造所带来的规模效应会进一步促进成本下降。

"蓝海"的创造是在降低成本的同时为客户创造价值,从而获得企业价值和客户价值的同步提升。由于客户价值来源于企业以较低的价格向客户提供更高的效用,而企业的价值取决于价格和成本结构,因此,价值创新只有在整个企业的效用、价格和成本行为正确地整合为一体的时候才可能发生。价值创新不仅仅是"创新",而是涵盖整个公司行为体系的战略问题。价值创新要求企业引导整个体系同时以实现客户价值和企业自身价值飞跃为目标。如果不能将这两个目标相结合,创新必然会游离于战略核心之外。

三、开拓"蓝海"的方法

蓝海战略的第一条原则,就是重新构筑市场的边界,从而打破现有竞争局面,开创蓝海。这一原则说的是许多公司经常会碰到的搜寻风险,其难点在于如何成功地从一大堆机会中准确地挑选出具有蓝海特征的市场机会。这一点对企业经营者非常重要,因为他们不可能像赌徒一样通过直觉或者抽签的方式决定企业的战略。

(一)放眼替代性行业

从广义上讲,一家企业并不仅是与同一产业中的其他企业竞争,而且还面临着生产替代性产品或服务的其他行业企业的竞争。替代性产品不仅是指产品的替换。如果产品或服务具有不同形式,而且能提供同样的功能或者核心效用,那么当然属于"替代品"。替代性行业之间的空间通常可以为企业提供价值创造的机会。

例如,为了理清个人财务状况,人们可以购买一套财务软件,可以聘请一位注册会计师,或者干脆自己用铅笔和白纸来完成。这里的财务软件、注册会计师、铅笔在很大程度上就是替代性产品。它们虽然具有不同的形式,但功能是一样的:都是为了帮助人们理财。

与此不同,有些产品或服务可能具有不同的形式和不同的功能,但最终目的是一样的,比如电影院和餐馆。与电影院相比,餐馆的形式不一样,功能也不一样:它提供的是交谈和美食方面的愉悦。这与电影院提供的视觉享受完全是两回事。尽管在形式和功能上存在巨大差异,但是人们去餐馆吃饭和去电影院看电影的目的是一样的:好好地在外面享受一个美好时刻。它们不是同一功能的替代产品,但是都是人们的替代性备选方案。

在作一个购买决策的时候,购买者通常是无意识地对不同备选方案做比较。你想放松两个小时,那么你该如何达到这个目的呢？你会选择去看电影、按摩,还是去附近的一家咖啡馆读一本喜爱的书？无论对单个的消费者还是集团购买者而言,这一思维过程都是下意识的。

由于种种原因,当我们摇身一变成为卖方之后,我们常常会抛弃这种出于直觉的思维方式。出售产品的人通常很少会有意识地去考虑消费者如何在替代性行业中进行选择。价格的变动、型号的改动,甚至是新的广告,都可能引起同一行业内竞争对手的强烈反应,但是同样的事情如果发生在替代性行业之间,就很少会引起注意。行业杂志、行业演示会和消费者评价报告强化行业与行业之间的界限,替代性行业之间的空间通常可以为企业提供价值创造的机会。

(二)放眼行业内的不同战略类型

正如通过审视替代性行业可以开创"蓝海"一样,通过考虑同一行业内的不同战略类型也可以实现这一目标。所谓战略类型,是指同一行业内采取类似战略的企业。在大多数的行业中,都可以根据战略上的差异将企业分为几个类别。

战略类型一般可以通过两个维度进行简单排序:价格和业绩。价格的变化通常会引起业绩的相应变化。大多数企业都专注于提高它们在同一战略类别中的竞争地位。比如,奔驰、宝马和猎豹汽车公司在豪华轿车领域你追我赶,而其他一些汽车公司则在经济型轿车领域展开厮杀。但是,很少有企业会关注其他战略类型的企业在做什么,因为从供给的观点来看,它们在那个领域没有竞争力。

从不同战略类型中开创"蓝海"的关键在于突破这种狭隘的观点,去了解哪些是决定客户从一个业务类别转换到另一个业务类别的主要因素。

(三)放眼客户链

在大多数的行业中,参与竞争的企业对目标客户的定义都大同小异。但是,事实上,存在着一个客户链,它们都直接或间接地参与了购买的决策。产品或服务的购买者可能与最终使用者并不一致,在某些情况下,还有一些非常关键的影响者。尽管这三类人可能会重叠,但通常他们都不是同一个人。当三类人群不一致的时候,他们的价值观通常也不一样。比方说,企业的采购人员肯定比产品的最终使用人员更关心成本,后者可能更关注产品是否好用。类似的,产品零售商希望生产商能够及时补充存货,并且提供更好的融资方式。购买产品的消费者虽然会受到这些产品渠道的影响,但他们不会关心这些东西。

某个行业中的企业通常会选择不同的目标客户群,比如可能是大客户,可能是小客户。但是,从这个行业来说,通常都集中于某一类购买群体。举例来说,医药行业主要将目光放在有影响力的群体即医生身上;办公用品行业主要关注采购者,即企业的采购部门;而服装行业主要直接向使用者销售产品。有时候,这种专注有其经济学的道理,但是更多时候它只不过是行业惯例使然,人们通常都不会去质疑它。

对目标客户群体的传统观念提出挑战就可以发现新的"蓝海"。通过审视不同的购买者群体,企业可以产生一些新的思维,从而重新构造自身的价值曲线,找到那些以往被忽视的目标客户群。许多行业都存在这样的"蓝海"机会。通过质疑目标客户的传统定义,企业通常可以发现创造价值的全新方法。

(四)放眼互补性产品或服务

很少产品或服务会单独使用。很多情况下,它们的价值会受到别的产品或服务的影响。但是,在大多数的行业中,企业生产的产品或提供的服务都局限于行业范围内。在互补产品或服务背后常常隐藏着巨大的价值,关键是要弄清楚消费者在选择产品或服务时需要的整个解决方案是什么。一个简单的方法就是考虑一下消费者在使用产品前、使用过程中和使用后会发生什么事情。企业的产品或服务的使用背景是什么? 你能找到客户的烦恼吗? 企业怎样能通过提供互补性的产品或服务消除这些烦恼呢?

(五)放眼客户的功能性或情感性诉求

行业竞争不仅在产品或服务的范围上趋同,而且在两个基本诉求上也很类似。一些行业主要通过价格和功能来竞争,关注的是给客户带来的效用,它们的诉求是功能性的;其他一些行业主要以客户感觉为竞争手段,它们的诉求是情感性的。

但是,大多数的产品或服务的诉求并不是一定非此即彼。相反,它是企业竞争方式的结果,企业的竞争方式会在无意中培育客户的预期,这种影响具有不断加强的效果。随着时间的推移,功能导向型行业会变得越来越注重功能;情感导向型行业会变得越来越注重情感。因为这个原因,我们不难理解为什么市场调查很少能找到吸引客户的新因素。行业实际上在训练顾客应该期待什么,当接受调查的时候只是简单反馈回来,通常与企业预想的差不多。

当企业愿意挑战行业中已经存在的功能或情感诉求时,常常会发现新的市场机会。我们发现了两种普遍模式:情感导向型的行业会提供多余的产品或服务,只是提高了价格但对功能没有帮助。去掉这些多余的东西,就会创造一个简单、低价、低成本的业务模式,从而受到客户欢迎。反过来,功能导向型行业可以通过添加一些情感因素使产品获得新生,刺激新的需求。

(六)放眼未来

在所有的行业中,企业的经营都会受到外部趋势变化的影响。看看互联网迅速崛起和全球环保运动兴起的例子。如果企业能够正确预测到这些趋势,就可能找到蓝海市场机会。当事件发生后,多数企业都只会逐渐适应,甚至是被动地接受。不管是新技术的出现,还是政策的变化,企业经营者通常比较注重预测趋势本身。也就是说,他们通常关心技术会朝哪个方向演变、如何应用、能否大规模应用。他们根据技术发展的趋势来调整自己行动的步伐。

但是,蓝海战略并不主要来源于预测趋势本身。相反,它们来自深入分析这一趋势会如何影响客户价值和企业的业务模式。通过放眼未来,即从关注市场现在的价值转到未来的价值,企业经营者可以主动调整,抢先找到新的"蓝海"。这种方法可能比前面讨论的方法难一些,但是它的思维方式还是类似的。我们不是要预言未来,因为这是不可能的,而是要从目前可以观察到的趋势中获得远见。

在预测未来趋势的时候,有三个原则非常重要。为了形成蓝海战略,这些趋势必须对企业的业务有决定性作用、必须不可逆、必须具有清晰的路线。在任何一个时间点上,都可以看到很多趋势,比如技术的淘汰、新的生活方式的诞生、法律或社会环境的改变。通常只有一两个趋势会对某个特定的行业产生重大影响,甚至有时可能只会看到趋势或重大事件,无法预测发展方向。

第五节　创业环境分析

一、创业环境的概念

创业环境是指创业者周围的境况,是创业者在创立企业的过程中,围绕创业企业生存和发展变化,对其产生影响或制约创业企业发展的一系列外部因素及其所组成的有机整体,是创业者及其企业产生、生存和发展的基础,是创业活动的基本条件。创业环境也是指那些与创业活动相关联的因素的集合,包括宏观环境、中观环境和微观环境。

1.宏观环境

宏观环境又称一般环境,是指影响一切行业和企业的各种宏观力量。不同行业和企业根据自身特点和经营需要,都涉及政治(political)、经济(economic)、社会(social)、技术(technological)这四大类因素。因此,在战略研究中,宏观环境分析通常被称为 PEST 分析。

2.中观环境

中观环境又称行业环境,是指提供同一类产品(或服务)或提供具有可替代性产品(或服务)的企业群,行业分析的内容包括行业的生命周期及阶段、行业的进入与退出障碍、行业的需求及竞争状况、行业主导技术的发展趋势及行业的发展前景。

3.微观环境

微观环境是指企业的顾客、竞争者、营销渠道和有关公众等对企业营销活动有直接影响的各种因素。创业环境的微观因素是决定企业生存和发展的基本环境因素,除了企业能够直接控制的内容和环节之外,还包括企业生产的产品或服务的性质、特点,以及它们在国民经济中所起的作用。这是企业生存与发展的具体环境,创业者应特别重视对创业环境的微观因素分析,要分析研究市场、行业等。

二、不同创业环境的分析评价

创业者可以通过对某地区的创业发展程度做一个客观公正的评价,从而大概了解这个地区环境对创业的支持程度。对不同创业环境的分析评价如下:

(一)对地区环境因素的分析评价

创业者在对地区的环境因素进行评价时要考虑以下几个方面:对该地区的熟悉程度如何;在该地区有多大的影响力;新创企业在这个地区内将会有何影响;地区的人文和支持体系是否完善;地区的基础设施是否满足;等等。

(二)对宏观环境因素的分析评价

1.政治、法律因素

一些政治因素对创业行为有直接的影响,但一般来讲,政府主要是通过制定一些法律和法规来间接影响创业活动的。因此,作为创业者应具备一定的政治头脑与法律意识。

2.经济因素

一个企业经营成功与否,在很大程度上取决于整个经济运行情况,创业者要善于对经济因素进行分析。与企业经营有关的经济因素主要包括整个国民经济的发展状况、产业结构的构成与发展、产品价格的升降和货币升贬值、银行利率的升降和信贷资金的松紧程度等。

3.社会因素

社会因素包括社会文化、社会习俗、社会道德观念、社会公众的价值观念、职工的工作态度以及人口统计特征等。变化中的社会因素既能影响社会对企业产品或劳务的需要,又能改变企业的战略选择。因此,创业者需要在创业前对有关的社会因素加以考虑。

4.技术因素

技术的进步可以减少或消除企业间的成本壁垒,缩短产品的生产周期,这将极大地影响到企业的产品、服务、市场及竞争地位,可以带来比现有竞争优势更为强大的新的竞争优势。对于创业者来说,能正确识别和评价关键的技术机会与威胁是至关重要的。

5.自然环境因素

自然环境主要指企业所在地的全部自然资源。对于创业者,应该基于资源从事创业,对于选定的创业项目,需要认真地分析是否有足够的资源来支持创业企业的生存与发展。

(三)对行业环境因素的分析评价

1.新进入者的威胁

新进入者是行业的重要竞争力量,它会对本行业带来很大威胁,被称为进入威胁。进入威胁的大小取决于进入障碍和原有企业的反击程度。如果进入障碍高,原有企业激烈反击,进入者难以进入本行业,进入威胁就小;反之,进入威胁就会增大。

2.其他利益相关者

其他利益相关者可能是股东、员工、政府、社区、借贷人、贸易组织以及一些特殊利益集团。它们各自对各个企业的影响大小不同。创业者从创业初始就应该适当考虑与利益相关者的价值均衡问题及他们对创业的影响。

3.现有竞争者的抗衡

行业内企业之间存在着竞争,其竞争程度是由一些结构性因素决定的。每个行业的进入和退出障碍是不同的,理想的情况是进入屏障高而退出屏障低。这样,新进入者扩张会受到阻挡,而不成功的竞争者将退出该产业,成功的企业就会获得稳定收益。

4.替代品的竞争压力

所谓替代品就是满足同一市场需求的不同性质的产品。例如,塑料替代钢材、空调替代电扇等。科学技术的发展将导致替代品的不断增多。创业者在制订战略时,必须识别替代品的威胁及程度,顺应时代潮流,尤其对于采用最新技术、最新材料的产品方面更需要高度注意。

三、创业环境评价的原则

(一)全面性原则

影响创业环境的因素有很多,既有内部因素,也有外部因素;既有宏观因素,也有微观因素;既有社会因素,也有自然因素。这些因素涉及市场、行业、经济、环境、政治、社会等各个方面,因此,在评价创业环境时,要全面考虑,综合评价。

(二)科学性原则

创业环境评价的科学性体现在评价指标的科学性和评价方法的科学性上。对于评价指标而言,科学性表现在两个方面:第一,指标是在实证的基础上确定的;第二,指标是在参考国外评价指标体系的基础上,结合我国实际确定的。评价方法的科学性体现在对关键指标要采取定性分析方法,然后结合定量分析方法进行评价。

(三)重要性原则

在坚持全面性原则的基础上,我们对影响创业环境的指标进行了分类,对影响创业机会的关键指标采用定性的方法,这也是创业环境评价的第一步;同时,考虑不同地区、不同省份、不同历史阶段的差异性,对创业环境指标体系进行调整,保留那些影响创业环境的关键要素,去掉对创业环境影响不大的因素。

四、把握好创新创业的新机遇

我们正身处新一轮科技革命和产业变革的浪潮之中。技术革命的到来,如互联网和智能化技术,使人类面临空前的变化和机遇。创新和创业都是与机遇连在一起的,这个时代是一个创新创业的时代。

产业结构调整也带来了创新创业的重大机遇。其实,创新创业不仅和机遇有关,也和压力有关。短短几十年间,一大批由于第二产业产能过剩、过度竞争而形成的蓝领大军必须找到新的出路,而在制造业向制造服务业转型的过程中,大力发展创新创业可以使社会结构调整平稳,不会出现大量的失业现象。

移动互联网等技术创造出的新的商业模式,给创新创业带来极大的便利。工业时代是用规模化大生产来实现就业,而今天人们可以以个人或小范围的人群为主体,形成创新主体。这些碎片都用互联网相互联结,编织成硕大无比的企业帝国,比如淘宝网就是靠无数个小微企业组成的交易平台。

资本市场的发展极大地催生了创新创业。社会资金是巨大的,而且都在寻找盈利和投资机会,这就使得今天的创新创业与以往有很大不同。只要有好的创新创意出来,就会迅速被资本市场发现,这就是为什么有许多创业者能一夜暴富。而创新创业者的财富故事又会吸引更多人投身其中。

"80后""90后"整体教育水平的提高,使得新一代创新创业者有更好的系统分析能力和资讯掌控能力,他们可以回避一些初级的风险,这就极大地激发了年青一代的创新创业热情。

创新创业是一个价值发现的过程,其生命力在于创造价值,通过与以往不同的方式达到增值的目的。

创新创业往往和技术进步有关,但又不完全依赖技术,更多地依赖创意,即商业模式的创新。高科技会带来一些创新创业的机会,但更多的创新创业发生在已有技术的组合上。

在自主创新领域中有三种创新模式:一是原始创新,需要大量人力和财力,一般要由国家的大学、科研院所和大企业研究院来做。二是引进、消化、吸收再创新,这也是过去40年改革开放中我国企业的主要创新模式。三是集成创新,即把各种创新要素集成起来完成新的创新,就是"把做面包的技术用在蒸馒头上",这种创新方式目前正成为我国企业的重要创新模式。

2015年6月,国务院印发的《国务院关于大力推进大众创业万众创新若干政策措施的意见》,被称为鼓励创新创业的"国十一条",它提出了9大层面、30条政策措施。

值得关注的是,"国十一条"还提出"要为创业失败者再创业提供必要的指导和援助机制",这一点非常重要。我们要有宽容失败的社会环境,给失败者以安慰与关怀,鼓励失败者再创新创业。这里,给创新创业者一些提醒,任何创新创业都要认真筹划,重要的是把握机遇、寻找商机。选择业务方向时要谨慎,选定后要扎扎实实、执着坚守,冒险不应是创新创业者必然的选项,创业做生意要量力而行,打有准备有把握之仗。总的来讲,创新创业既要满腔热情,又要认真务实,把创新创业当作一种人生态度、一种民族精神、一种社会风尚。

五、为人才营造良好的创新创业环境

纵观古今中外优秀人才的成长经历可以发现,创新创业是一个坚持不懈、持之以恒的艰苦奋斗过程,也是一个充满风险、激烈竞争的优胜劣汰过程,正是在这样一个过程中,优秀人才的社会价值才得以体现。为此,我们需要认真研究高层次人才的成长规律,从高层次人才创新创业的实际需求出发,把握高层次人才创新创业的趋势和潮流,集聚创新创业所需各种要素和资源,为他们营造鼓励创新、宽容失败的工作环境,不断改善他们的工作生活条件,使高层次人才能够在优越的创新创业环境中尽情地发挥聪明才智。

(一)进一步完善创新创业服务体系

通过整合创新创业服务资源,加快构建以创业服务、中介服务、国际合作、技术创新、创业融资、人力资源、政策法规和创新文化八大支持平台为主要内涵的创新创业服务体系。其一,提高创新创业服务能力。充分发挥科技中介协会和社会团体的纽带作用,建立健全技术转移、管理咨询、知识产权代理、资产评估、科技信用担保、成果推广等专业服务机构,提高创新创业服务能力和水平。其二,完善创新创业服务机制。各级政府部门要积极倡导组建专业性或综合性的科技中介行业协会,加强行业的自律性管理和内部激励与约束,鼓励民间资本介入科技中介服务行业,逐步建立健全市场化的创新创业服务机制。其三,营造公平的创新创业服务市场氛围。放宽科技中介机构市场准入条件,细化有关知识产权、科技成果等无形资产参股的具体措施,制定高等院校、科研机构科技人员创办科技服务企业的奖励和支持办法,降低高层次科技人才创办科技服务企业的门槛。充分发挥市场在资源配置中的基础性作用。大力扶持一批科技、金融、人才、管理、法律等方面的专业服务公司,为高层次人才创新创业提供多样化、个性化的市场服务。如对有创新项目和创业潜能的高层次人才,进行前期孵化,帮助其成功创业;对有创新项目但不具备创业潜能的高层次人才,帮助其组建创业团队,或通过技术服务、技术入股等形式,加速其科技成果转化。组建专业的咨询顾问团队,为科技成果转移转化提供知识产权评估、技术转移方案策划、市场推广营销等专业服务。政府要加强对市场的指导和监管,制订人才市场的服务标准,加强市场管理立法,为高层次人才创新创业提供一个公平竞争的市场环境。

(二)不断改善创新创业投融资环境

大力促进人才与资本的有效对接,走"人才+资本"的路子。进一步加强政策创新,搭建平台、拓展渠道,大力促进社会资本与人才创新创业的有机结合。具体措施:一是出台实施"人才+资本"的创业投融资政策。建立健全促进人才创业创新投融资健康发展的配套政策,进一步加大对初创期、孵化期高新技术企业和科技创新创业项目的支持,逐步形成政府推动、市场主导的人才创新创业投融资体系。二是加快发展创业投资。针对人才创新创业需求,设立旨在帮助高层次人才特别是海归人才创新创业为主题的风险投资基金,解决人才创新创业资金瓶颈问题。三是积极为人才创新创业与风险投资对接搭建平台。通过举办各种创新创业论坛、对接会、洽谈会、高层次人才创新创业展示会等方式,为风险投资和人才创新创业的结合创造条件。四是大力发展创新创业所需的担保融资、信用贷款、信用保险和贸易融资等融资平台。借鉴国内外先进经验,对银行和担保机构给予一定的风险补贴,提高金融机构对中小科技型企业的风险覆盖能力。五是切实提高中小科技型企业金融服务的效率和水平。根据中小科技型企业的特点,建立健全贷款审批机制、金融激励机制,优化贷款审批程序。六是大力发展科技金融。通过完善创新创业投融资政策,拓宽创新创业投融资渠道,鼓励金融机构发展知识产权质押、股权质押等金融创新产品,逐步形成直接融资、间接融资、信用担保等相互配合的全方位、多层次的创新创业投融资体系。

(三)积极搭建创新创业载体和平台

通过创设载体、搭建平台,充分发挥高层次人才的积极性和主动性,让人才的创造潜能得以最大限度地释放。加快产业研究院、大学生创业园、大学生实习实训基地、科技成果转化基地建设。积极创办创业学院、创新创业中心、创客空间,培育创新创业"种子"。引进社会资本,兴办创业"苗圃"、科技孵化器、产业加速器、特色产业园,构建"四位一体"梯级孵化体系。通过各类创新创业载体建设,为高层次人才创新创业拓展空间、搭建舞台、营造氛围。实施各类高层次人才"能力提升工程",通过进修学习、脱产培训、出国出境学术交流等方式,提高人才的创新创业能力。除加大对科技企业孵化器、大学科技园、留学生创业园等创新创业载体平台建设的力度外,政府相关部门还应该充分发挥调控和引导功能,完善制度建设,强化激励机制,为高层次人才施展才干创造有利条件。以各级重大人才培养计划、重大科研和工程项目、重大产业攻关项目、国际学术交流合作项目为依托,坚持在创新实践中识别人才,在创新活动中培育人才,在创新事业中凝聚人才,努力造就一批德才兼备、国际或国内一流的科技骨干人才、科技专才、科技将才和科技帅才。针对当前呈现的大批留学人才热心回国的好势头,加快各层次重点学科、重点研究基地、重点实验室、工程技术中心、高科技产业园区和留学生创业园区的建设,千方百计为归国留学人才提供用武之地,积极推进归国人才与现有人才的互相合作,形成创新团队。更好地塑造惜才、爱才、重才的氛围和形象,更加广泛地吸引外来人才投身创新创业中。

(四)进一步加强创新创业知识产权保护

高层次人才创新创业往往表现为开发一种新产品或拥有一种新的经营模式,而这些正是产生超常利润的源泉,也是高层次人才创新创业的动力所在。在这种情况下,只有建立全面的知识产权保护体系,才能保护高层次人才创新创业的积极性。加大对立法制度、中介体系、科技创新、知识管理等知识产权的整合力度,最大限度地发挥知识产权制度的作用,鼓励创新、保护创新,为高层次人才创新创业提供有效的法律保障。加大知识产权法律法规宣传、执法和相关人员培训力度,落实知识产权作为生产要素参与分配的政策,优先支持具有或能够获得自主知识产权的项目的立项、资助、成果申报。设立创业风险投资引导资金,力求重点扶持具有自主知识产权的创新创业项目,各级政府要建立健全快速反应机制,通过搭建平台进行前期引导,整合相关的专家资源提供智力支持,并设立相关的维权援助基金,对高层次海归人才,特别是掌握核心技术、有重大发明创造或重大技术创新的海归人才,要加强"尽职调查",避免相关知识产权风险和法律风险,通过知识产权保护,调动高层次人才创新创业的积极性。

(五)努力营造良好的创新创业文化氛围

良好的创新创业文化氛围是一个区域创新创业环境的重要标志。努力营造"敢为人先、宽容失败、勤于实践、追求卓越"的创新创业文化,逐步形成"敢于创新的人受到尊重,善于创新的人得到实惠,创新失败的人得到宽容"的文化氛围。破除因循守旧、随遇而安的陈旧思想,培养敢为人先、敢冒风险的创新精神,进一步弘扬中华民族崇尚创新、鼓励创新的优良传统,努力形成自强不息、革故鼎新的全民共识。破除崇拜权威、迷信书本的传统思想,要允许和宽容创新失败,关心和爱护在探索中受挫的人才,支持他们在总结经验教训的基础上继续前进。要理解创新创业型人才的个性特点,鼓励他们不畏挫折失败,允许他们在学术上发表新见解、新主张,最大限度地激发和保护高层次人才的创新创业激情和活力。破除急功近利、急于求成的浮躁情绪和商业化炒作,加强社会主义荣辱观和道德观建设,倡导和培养淡泊名利、志存高远、坚忍不拔、坚持不懈、追求真理、顽强拼搏、"十年磨一剑"的精神。破除故步自封、偏安一隅的落后思想,培养勤于交流、勇于开拓的开放意识。对创新创业人才进行开放式培养,鼓励高层次人才与国外同行进行科技合作与交流,加强科研院所、高等院校同国际科技界和海外研究开发机构进行多种形式的交流合作,积极参与国际重大科学工程和国际学术组织,充分利用全球科技资源和人类文明成果,及时汲取先进的创新创业理念和最新的科技知识,提升高层次人才创新创业水平。

【课程育人】

综合本章内容,可以看出只有深入了解我国目前创新创业环境,才能真正把握住创业机会。总结如下:

1.创意虽然是主观的,但其来源于个人经历、调查研究、教育环境等客观现实。

2.创业机会的识别需要具体问题具体分析。

3.创业有风险,需要做好两手准备,辩证看待并分析风险。

【能力训练】

一、简答题

1.简述创意的含义与特征。

2.挖掘企业创意构思的途径是什么？

3.简述创业机会的概念与特征。

4.创业机会的来源是什么？

5.发掘创业机会的方式有哪些？

6.如何识别创业机会？

7.简述创业机会评价的技巧和策略。

8.创业机会的评估原则是什么？

9.如何把握市场机会？

10.简述大学生创业的主要方向及选择的几点建议。

11.简述创业风险的构成和分类。

12.简述风险防范的途径。

13.什么是市场"蓝海"？

14.开拓"蓝海"的方法有哪些？

15.什么是创业环境？

16.创业环境评价的原则有哪些？

二、案例分析题

市场就是"钱"

一位杰出的科学家到银行借贷创业资金,但他说不清产品的市场在哪里,也未曾接触任何可能的潜在客户。这位科学家认为做市场调查并不必要,只要产品功能优异,顾客自然就会上门。结果,尽管他有高明的创意和高科技产品,银行还是没有贷款给他。

案例思考:这位杰出的科学家有高明的创意和高科技产品,银行为何没有贷款给他?

【拓展阅读】

国家级大学生创新创业训练计划重点支持领域项目

根据"十四五"规划纲要要求,以新工科、新医科、新农科、新文科推动高等教育高质量发展,重点支持大学生在以下领域开展创新创业活动:

（一）泛终端芯片及操作系统应用开发。围绕我国自主研发的芯片,基于国产自主研发的泛终端操作系统,开发框架、编程语言、编译器、编程工具等技术领域,探索在通用计算、人工智能、5G通信、物联网、图像处理、个人终端等方面的创新应用。面向智慧城市、智能工厂、智慧家庭、智慧出行、智慧个人等各种场景的泛终端互连、协作、安全体系结构,解决传统终端操作系统生态相互割裂、用户体验提升困难、开发者效率低下的问题,结合核心芯片的国产化、操作系统的换代升级、编译环境及基础工具的自主开发、智能生态的创新发展,推进新一轮的万物互联、智能超宽带的产业升级。

（二）重大应用关键软件。围绕我国自主研发的关键基础软件、操作系统、数据库、大型工业软件、行业应用软件、新兴平台软件、嵌入式软件七大领域,推进重大应用,重点突破关键软件研发,培育壮大平台软件、应用系统、开源社区等新兴业态。围绕工业互联网战略需求,加速工业技术软件化,发展软件定义、数据驱动、平台支撑、服务增值、智能主导的新型制造体系。

(三)云计算和大数据。围绕云计算和大数据基础设施、数据虚拟化引擎、基于云模式和数据驱动的新型软件、大数据分析应用与类人智能、云上人工智能开发平台、云端融合的感知认知与人机交互技术研发方向,形成云计算和大数据系统解决方案,突破云计算与大数据领域重大设备、核心软件、支撑平台等方面关键技术。

(四)人工智能。围绕我国自主研发的人工智能芯片和开发框架,发展软硬件协同和系统级优化技术,构建异构软件编程及开发体系。加强我国原创人工智能开发框架发展,支持端边云统一架构和编程接口、动静态图结合的计算引擎、千亿参数级超大模型的自动并行,以及全流程安全可信。开展面向行业的人工智能模型和算法研发,推进在工业制造、智慧园区、无人驾驶等场景形成应用创新和应用方案。

(五)无人驾驶。围绕我国自主研发的关键车载芯片、智能驾驶操作系统、车载中间件构建功能软件算法,并进行系统优化。加强在智能驾驶系统功能安全以及网络安全等领域的研究。同时针对智能驾驶多传感器的开发和应用,结合线控底盘等零部件,打造面向多场景的智能驾驶业务系统,提升驾驶体验和作业效率,促进智能驾驶技术在多行业多场景的规模化应用落地。结合智能网联系统,有效降低智能驾驶应用技术复杂度,以及进一步提升系统安全,有效促进车路网云系统的深度融合。

(六)新能源与储能技术。围绕储能技术的机理和材料创新研究,以储能领域储热/储冷、物理储能和化学储能中存在的低容量、低集成度,以及分布式储能等关键科学问题为研究目标,建设多学科交叉融合的储能技术创新研究团队,重点发展新能源化工等领域,推进压缩空气储能、化学储能、各类新型电池、燃料电池、相变储能、储氢、相变材料等基础理论研究。围绕新能源革命带来的能源转换、传输、利用和管理等环节中的挑战,研发可再生能源发电的并网储能技术与系统、大规模集成储能与应用、分布式储能技术及系统优化、储能技术规模化应用及管理、碳计量、碳转化、碳捕捉等关键核心技术。

(七)生物技术与生物育种。针对保障食物安全和发展生物育种产业的战略需要,围绕主要农作物和家畜生产,发展合成生物技术等领域,获取具有重要应用价值的基因,培育抗病虫、抗逆、优质、高产、高效的重大转基因农林牧渔业新品种,提升生物育种水平,增强农林牧渔业科技自主创新能力,确保国家粮食安全,促进山水林田湖草系统治理,推进乡村全面振兴。

(八)绿色环保与固废资源化。面向生态文明建设与保障资源安全供给的国家重大战略需求,重点围绕高效转化、清洁利用、精深加工三个领域,开展基础理论研究和应用基础研究,研发整装成套的固废资源化利用技术,形成固废问题创新性解决方案,提高我国资源利用效率,支撑生态文明建设。

(九)第五代通信技术和新一代IP网络通信技术。围绕大规模天线阵列、高集成新型滤波器、宽带高效功放、新型网络架构、干扰协调等核心技术,扎根理论创新、工程创新和材料创新,不断提升频谱效率、降低能耗、降低体积/重量,为数字社会构建坚实的网络基础。通过5G技术推动移动互联网、物联网、大数据、云计算、人工智能等关联领域裂变式发展,在制造业、农业、金融、教育、医疗、社交等垂直行业探索新应用。围绕IP网络技术领域,探索以SRv6、BIER6、切片等为代表的新一代IP网络技术,结合网络分析、自动调优、AI等智能化技术,推动我国数据通信领域的应用技术创新。探索新一代 IP 网络通信技术应用于 5G 垂直行业、上云专线、CloudVR 等业务创新。

（十）社会事业与文化传承。助力夯实基础学科,推进文史哲之间、文史哲与其他学科的交叉融合,加强中华优秀传统文化创造性转化、创新性发展的有效路径、模式、机制研究,既继承中华传统优秀文化又弘扬时代精神;关注学科交叉融合和跨界整合,探索新科技革命所带来的新经济业态、新生活方式、新运营模式,综合运用大数据、人工智能等信息技术对传统管理理念、模式、内容及手段进行升级改造;从中国教育改革发展实践中挖掘新材料、发现新问题、提出新观点,助力构建新时代中国特色社会主义教育理论体系,将教育理论有机融入创新创业实践。服务教育现代化和教育强国建设,面向区域基础教育,探索协同育人的有效机制。积极应对信息时代新兴技术对教育教学带来的挑战,围绕促进学生自主学习、深度学习,深入开展教学方法、教育技术手段等方面的改革探索;分析艺术学应对技术变革和产业革命面临的挑战,探索艺术与科技有机融合新方向。调研分析行业市场需求,特别关注文化科技融合、文化创业等产业新需求新变化。

（资料来源:教育部,2021 年 8 月 27 日）

第四章　创业者素质与创业团队

🔩【知识导航】

　　创业者是指个人发现某种信息、资源、机会或掌握某种技术,利用或借用相应的平台或载体,将其发现的信息、资源、机会或掌握的技术,以一定的方式,转化、创造成更多的财富、价值,并实现某种追求或目标。本章主要从什么人适合创业、创业者应具备的基本素质等方面来介绍创业者。创业能否成功,可以体现出创业者的基本素质。根据我国的创业环境及众多的成功案例,概括起来创业者应具备以下几个方面的基本素质:政治素质、思想素质、知识素质、心理素质、身体素质和能力素质。我国企业的平均寿命只有 7 年,而民营企业的平均寿命只有 3 年。推动新创企业成长的一个重要因素是创业者的综合素质与能力。

　　创业团队是指由少数具有技能互补的创业者组成的团队,创业者为了实现共同的创业目标和建立一个能使他们彼此担负责任的程序,共同为达成高品质的结果而努力。任何一个成功、卓越的企业,其背后一定有一个坚不可摧的优秀团队,而且,任何企业的成功和卓越都体现为团队的优秀和卓越。

🔩【学习目标】

　　1.了解什么人适合创业及创业者所具备的基本素质。

　　2.了解创业者及创业团队的类型。

　　3.了解创业者及创业团队的概念。

　　4.熟悉创业团队组建的基本知识。

🔩【案例导入】

　　一个乞丐在地铁出口卖铅笔。这时过来了一位富商,他向乞丐的破瓷碗里投入几枚硬币便匆匆离去。过了一会儿,商人回来取铅笔,对乞丐说:"对不起,我忘了拿铅笔,我们都是商人。"几年后,这位商人参加一次高级酒会,一位衣冠楚楚的先生向他敬酒致谢并告知,他就是当初卖铅笔的乞丐。生活的改变,得益于富商的那句话:你我都是商人。

　　设想,如果乞丐没遇到这位商人,一直未能觉醒,甘心做一名乞丐,也许,他的人生就少了一份成功。因此,自己要给自己勇气:你认为自己只能做乞丐,当然你就只能做乞丐;你认为自己也可以成为富商,当然你就得往这个方向努力。

第一节 创业者素质分析

创业者,是指具备必要的心理素质、知识素质、能力素质,善于发现创业机会,同时敢于承担创业过程中的风险和责任,并组织资源和人力将创业机会市场化的人员。

一、创业者的品质和类型

(一)创业者的品质

创业者的品质的具体内容如表4-1所示。

微课 创业
者的素质

表4-1 创业者的品质

品质	内容	案例
诚信	诚信是团结团队、维系客户、树立口碑的重要因素,是创业成功并持久发展的基石。	海尔集团张瑞敏(砸冰箱)
把握机遇	把握机遇包括寻找商机,预见需求,获得先机。	携程梁建章
创新	新经济的本质就是创新,就是促使个人的潜能得到充分利用,要鼓励所有人在一切可能的方向上创新。创新与速度是新经济的真正内涵,是市场经济的不败法则。具有创新精神,才能让创业者发挥自己的潜能,打破各种条条框框,开创新的局面。	腾讯商业模式创新
务实	积极的态度和务实的精神有助于创业成功。在创业中,没人给创业者制订计划,面对困难和问题,创业者只有积极努力、脚踏实地地奋斗,才能取得创业成功。	北大学生张华锋养猪
终身学习	知识经济时代,终身学习越来越成为人们生存和发展的第一需要,学习将成为一种重要的生活方式和生存方式,也必将成为人们追求幸福与财富的主要诱发因子和原动力。	王石美国学习
勤奋	勤奋几乎是所有成功企业家的普遍特征,那些具有勤奋品质的人,面对任何工作总是全力以赴、追求卓越,不断以高标准激励自己,力求每次都交出一份最佳的成绩单,他们持之以恒地努力,终将带领他们的团队驶向成功的目的地。	李嘉诚
领导才能	成功的创业者应该具备决策能力、理财能力、预见能力、经营能力、创新能力、交际能力和聚合能力等领导才能,并拥有一批坚定的追随者和拥护者,使组织群体取得良好的绩效。领导才能已经日益成为衡量创业成功的重要标识,正直、公正,有信念、恒心、毅力和进取精神等优秀的人格品质无疑会提升领导者的影响力和个人魅力,从而扩大其追随者队伍。	马化腾
执着	执着的创业者个性坚定,做任何事都非常有毅力,坚韧不拔,有无比的耐性和持久性,执着能够产生创办企业的激情。创业的道路充满坎坷,无论面对成功还是失败,创业者都必须充分发挥执着和坚韧不拔的品格。	史玉柱:中国最著名的失败者

续表

品质	内容	案例
直觉	直觉是指运用已有的经验和知识,对问题从总体上直接加以认识和把握,以一种高度简练、浓缩的方式洞察问题的实质,并迅速解决问题或对问题作出某种猜测的思维形式。直觉在寻求商机和科学家的发明创造等创新行为中具有极为重要的作用。直觉是一种内在的本能,但本能不是天生的,而是来自经验的积累。	苹果乔布斯
冒险	当一个机会突然出现的时候,风险肯定也随之而来,只有敢于冒险才能果断地抓住机会,这种特质在转折时期至关重要,胡润说,在国外人们通常认为,企业家是有冒险精神的一群人,冒险是他们区别于其他人群的显著特征。	微软比尔·盖茨

(二)创业者的类型

根据我国现有情况来看,创业者的分类有两种方式:

①按创业方向可分为传统创业者和技术创业者。

传统创业者特点:对传统行业(如餐饮、房地产、服装等)筹集资金投资,建立工厂,生产产品,为顾客提供产品或服务。

技术创业者特点:以突出技术为主,创办的企业一般较小,产品技术含量高,附加值较高,利润空间较大。

②根据创业内容划分,其内容如表 4-2 所示。

表 4-2　创业者的类型(根据创业内容划分)

类型	特点	案例
研究型	具有很强的科研知识背景,一般在教育机构或实验室从事基础科研开发,掌握某种技术,有强烈欲望把科研成果转换成生产力。	创新工场李开复
生产型	具有企业的生产技术或产品开发背景,常常直接从事商业化技术或者产品开发,掌握了某种先进的技术。	比亚迪王传福
应用型	具有企业外围技术背景,掌握了一定应用技术,一般从事技术销售或支持工作,有一定销售渠道资源。	京东刘强东
机会主义型	缺乏技术专业背景、经验,只有非技术组织职业经验,但善于识别技术机会、有创业点子,又有一定的资金支持的创业个体。	小米雷军

💡【案例精选】

以一个创业者的心态时刻准备着

有一个成功创业的亿万富翁,他早早就有了创业意识,并为创业长久地积蓄着各种条件。他出身农村却像城里的孩子一样学写毛笔字。有人对他说,你学好书法,比别人多会一项本事,将来找工作容易。其实,他心里想的是日后成为一个企业的领导者,要把字签得好看一些。高中就考了驾照,那时才 1993 年,城市里考驾照的人也不多。又有人对他说,你考了驾照将来给单位的领导当司机是不错的工作,他心里想的是驾驶是一个企业管理者必须掌握的技能。这就是拥有强烈创业欲望的体现。

（资料来源:徐俊祥.大学生创业基础知能训练教程[M].北京:现代教育出版社,2014.）

二、创业者具备的基本素质

（一）良好的思想道德素质

良好的思想道德主要包括四个方面:立德;强大的人格魅力;儒商;诚信。

坚持把国家富强、民族振兴、人民幸福作为自己的毕生追求,自觉按党的路线、方针、政策办事,自觉地维护人民利益、国家利益。基于此,创业者应该旗帜鲜明,身体力行,而不只是嘴上说说而已。

（二）健康的身体素质

健康的身体是完成任务的基础,拥有良好的身体素质,使人心胸宽广、拥有一往无前的魄力。如果想创业,就必须要有一个健康的身体。要在日常生活中注意锻炼身体,方式很多,以对身体锻炼有效的项目为主,其他项目为辅,要有坚定的意志和志向。人能攀多高,不要问双手,要问意志;人能走多远,不要问双脚,要问志向。有志攀山顶,无志站山脚。

【案例精选】

企业家重视体育锻炼

在国内知名的企业家中,有不少人都很重视体育锻炼,如柳传志坚持长跑;几经商海沉浮的史玉柱在浙江大学读书时就经常环西湖跑步;中国台湾地区"经营之神"王永庆也热衷于跑步,甚至在 80 多岁高龄时还坚持跑步锻炼。

（资料来源:刘晓红.大学生创新创业基础[M].北京:首都师范大学出版社,2022.）

（三）强烈的创业意识

有了创业必备知识并不等于创业能成功,创业成功的因素很多,因素之一就是要有强烈的创业意识。俗话说,一切靠自己。这就要求创业者挖掘大脑的潜力,对创业产生强烈欲望,形成强烈的思维定式,营造创业的氛围,积极为创业创造条件。

时代在不断地发展进步,新时代对每一位创业者又有着新的要求,这就需要他们具备顺应时代发展需要的创业意识。在瞬息万变的信息经济时代,现代创业意识对创业者来说显得弥足珍贵。

（四）自信、自强、自主、自立的创业精神

自信心是指一个人相信自己的能力的一种心理状态,自信心关系着一个人的成功与否,没有自信心是很难成功的。创业者要认真学习"潜能教育论述"和"成功教育论述",培养和坚定自己创业的自信心,最大限度地挖掘和发挥潜能,成就自我、享受人生。创业者还要有

自强、自主、自立精神,要通过多种形式学习创业成功者的优秀品质,深刻领会并规避他们在创业过程中经历的风险。

(五)必备的知识素质

1.基础知识

所谓基础知识指高中毕业生的知识水准,这是创业者最起码的知识基础,包括语文、外语、数学、物理、化学、生理、历史、地理等。

2.人文社科知识

任何组织都是社会的细胞,在社会的大环境中生存和发展,与社会有着千丝万缕的联系。创业者应丰富自己的人文社会知识。特别是要丰富关于哲学、政治、文化、道德、法律和历史方面的知识,以确保作出正确的决策,并有效地加以实施。特别重要的是,一些大型项目的创业者,必须能够从政治上看问题,从哲学上进行思考,对他们人文社会知识的修养理所当然地应该有更高的要求。

3.科学技术知识

科学技术是第一生产力,科学技术日新月异,谁掌握了明日的技术,谁就在竞争中稳操胜券。创业者应力求在自己从事的业务领域中成为专家,又要有比专家更广博的知识面。

4.管理知识

管理是科学,也是艺术。现代管理理论是一切领导者的必学科目,也是成功者的护身法宝。在实践中创造性地应用管理知识,就会形成独具特色的领导艺术。

(六)基本的能力素质

"不在其位不谋其政",但不是每一个人都能身兼百职,具备实践的能力,只有不断地加强能力修养,不断地加强实践,提升能力素质。以下就是创业者应该具备的基本的能力素质:

1.专业技术能力

专业技术能力是指创业者掌握和运用专业知识进行专业生产的能力。专业技术能力的形成有多条途径:一是在学校通过书本学到的知识;二是请创业成功者做专题报告;三是利用项目教学法进行专业技术培训;四是利用现代信息技术搜集有关创业专业技术的知识。平时注意积累分类做好记录,如创业计划书的撰写、学习融资知识、如何选定行业、如何确定产品等。

2.社会交往能力

交往能力是指能够妥善地处理与公众之间的关系,以及能够协调下属各部门成员之间关系的能力。每个人的交往能力是不同的,但只要在职业实践中刻苦努力,交往能力不但可以获得进展和提高,还有可能挖掘出潜能。交往能力是通过参加各项活动、游戏、联欢会、演讲比赛等形式逐步培养的。与同事和谐相处,互帮互助,善于团结一切可以团结的人,会使自己的交往能力逐步提高。

3.决策能力

决策能力是指创业者根据主客观条件,正确地确定创业的进展方向、目标、战略以及具体选择实施案例的能力。决策是一个人综合能力的体现,一个创业者首先要成为决策者。创业者要考察众多的行业及产品,对创业的行业及产品进行浅析、判断,去粗取精,去伪存真,由此及彼,由表及里,能在错综复杂的现象中发现事物的本质。这就要求创业者具有良好的浅析能力,还要有判断能力。判断是浅析的目的,良好的决策能力是良好的浅析能力和果断的判断能力的综合。通过浅析判断,提出目前最有进展前景和将来大有进展潜力的行业,决定创业的行业和产品。

4.经营管理能力

经营管理能力涉及人员的选择、使用、组合和优化,也涉及资金聚集、核算、分配、使用、流动。经营管理能力是一种较高层次的综合能力,是运筹性能力。经营管理能力的形成要从学会经营、学会管理、学会用人、学会理财几个方面去努力。

5.革新能力

革新能力是指人们运用发明成果开展变革活动的能力,包括从产生新思想到产生新事物再到将新事物推向社会使社会受益的一系列变革活动。江泽民同志曾提出,创新是一个民族进步的灵魂,是一个国家兴旺发达的不竭动力,也是一个政党永葆生机的源泉。革新是一种企业行为,也是一种个人行为。对创业者来讲,革新能力的培养和提高,首先,要突破习惯,即自己要拿出勇气,突破原有的思维习惯、行为习惯和消极的文化氛围的束缚,坚持以新的思维、积极的行为来对待生活。其次,要进行社会实践锻炼,具体剖析企业内部的组织、技术、产品和经济等因素的构成及效能,提高革新能力。

创业者应具备的其他能力如表4-3所示。

表 4-3 创业者应具备的其他能力

能力	内容	案例
机会识别能力	机会总是给予善于捕捉机遇的"机会头脑"。在稍纵即逝的"机会"面前,能敏捷捕捉、明智决断,是创业者创业的思维基本功。	拜耳医药
风险决策能力	主要指创业者的战略决策能力,即创业者在对新创企业外部经营环境和内部经营能力进行周密细致的调查和准确而有预见性的分析的基础上,确定企业发展目标、选择经营方针和制订经营战略的能力。虽然创业者有时候也进行一些战术性决策,但更多的精力用于战略决策。	价格屠夫梁庆德;先市场,后工厂的牛根生
战略管理能力	创业始终是一种可以管理也需要管理的系统工作。创业者必须始终都保持着常态的管理意识。管理主要是针对机会的捕捉和利用加以管理。	错失微机市场,任用大儿子的王安
开拓创新能力	创业者必须具备创新能力,发挥创业者的创新能力是提高竞争力的关键。只有不断地用新的思想、新的产品、新的技术、新的制度和新的工作方法来替代原来的做法,才能使企业在竞争中立于不败之地。	苹果乔布斯
创业网络构建能力	创业者必须善于建立本行业的广泛社会网络。密集的行业网络沟通有助于创业者从广泛的社会网络中获取高回报的创业信息。"网络"素质较高的创业者,更能够掌握丰富的发明、生产、销售等诸多信息,真正做到知己知彼。	蔡崇信和马化腾
组织管理能力	创业者具有把各项生产要素有机组合起来,形成系统整体合力的才能。创业者就是研究、开发、生产、销售等各个环节的协调者、组织者和领导者,尤其应具备以下两方面的能力:一方面,必须对自己经营的事业了如指掌,有预测生产和消费趋势的能力;另一方面,必须善于选择合作伙伴,有组织或领导他人、驾驭局势的能力。	携程梁建章、如家季琦

【知识点滴】

创业者性格评估

下面是对创业者性格的自我评估,请如实回答下列问题:

1.你是否为了某个理想而设计了两年以上的行动计划,并且准备按计划进行直到完成?

2.在学习、工作中,如果没有别人的督促,你是否可以自动地完成分派的工作?

3.你是否喜欢独自完成自己的工作,并且做得让自己满意?

4.你的朋友们是否常请求你的指引和征求你的建议?

5.你有没有成功赚外快的经历?

6.你是否能够专注地投入个人感兴趣的事情连续 10 小时以上?

7.你是否有保存重要资料的习惯,以备需要时可以随时提取查阅?

8.在平时生活中,你是否关心别人的需要并热衷于服务大家?

9.即便不十分擅长,你也喜欢艺术、体育等一些丰富的活动?

10.你是否曾经带动集体,完成一些集体活动并得到好评?

11.你喜欢参与竞赛,并且看到自己表现良好吗?

12.当你为别人工作时,发现其管理方式不当,是否会想出适当的管理方式并建议改进?

13.当你的工作需要别人协助时,是否总能说服别人来帮助你?

14.当银行存款储蓄到一定数额时,你是否能想出好的理财计划,而不是让钱沉睡在银行里?

15.当你要完成一项重要的工作时,是否总给自己足够时间仔细完成,绝不草率?

16.重要聚会是否从不迟到?

17.你是否有能力安排工作环境,达到有效率地专心工作?

18.你交往的朋友中是否有较多有成就、有智慧、有眼光、有远见的人物?

19.你在平常的生活中,是否被认为是受欢迎的人?

20.当你需要经济支援,能否说服别人掏钱给你?

21.你是否可以为了赚钱而牺牲个人娱乐?

22.你对自己要完成的工作有足够的责任感吗?

23.你在工作时,是否有足够的耐心与耐力?

24.你是否能在很短的时间内结交许多新朋友,而且能使新朋友对你留下深刻的印象?

以上问题答"是"得 1 分,答"否"则不计分,请统计你所得的分数。

A.打工型(0~5 分):你目前暂时还不太适合自己创业,可先以员工的身份培养工作的技术能力与专业能力。

B.提升型(6~10 分):有一些基本的创业素质,创业失败的可能性较大,如果迫切希望创业,则要寻求一些有经验的人士指导,以减少创业的风险,增加成功的可能。

C.补充型(11~15 分):比较适合自己创业,但需要分析回答"否"的问题,补充所欠缺的一些创业素质。

D.积累型(16~20 分):个性中的特质已经完全具备了创业的基本要求,需要选择合适的方向,积累管理的经验,建议从小事业慢慢开始,不一定以现在做的事情作为未来的事业。

E.行动型(21~24分):不去创业十分遗憾,如果你不去创业一定会对上级产生威胁,甚至被上级压制,你可能会成为一个组织的麻烦。需要利用这种潜能发现机会,一旦机会到来,就会有一番大的作为。

【案例精选】

路在脚下

他没有上《福布斯》中国富豪榜,他也没有什么轰轰烈烈的传奇故事。他在很多地方和我们是一样的,唯独不一样的是他有和我们不一样的经历。

我们且叫他小张吧,小张今年24岁,是一家不大不小的电子配件外贸公司的总经理,这家公司是他自己经营的。谈起他的创业史,他很谦虚地说:"我实在是太平凡了,没有什么特别之处。"

小张高中毕业考上了一所外语翻译学院。很多同学都在享受大学的美好时光,小张却整天穿梭在图书馆和自习室之间。他酷爱学习,成绩很优异。但是每年一万的高昂学费让他有些犹豫。家里条件不是很好,父母前几年做生意赔了不少的钱,还欠了很多的债。小张想想自己的学费和家里的条件,做了一个很多人似乎想不到的决定:放弃学业,自己去挣钱给家里减轻点负担。虽然父母不同意、老师同学都表示惋惜,但是2006年大二还没有读完的他还是一个人背着背包只身去了深圳。

深圳是一个充满机遇和挑战的地方,没有毕业证,没有学位证,只凭一张嘴对别人说自己是个大学生,小张起初遭到了不少的白眼,但最终一家公司接纳了他。经过大半年的工作,小张觉得这家公司工资低不说,自己在这里待着也没什么发展前途,就有种想自己单干的想法。一次他无意间和朋友透露了这种想法,没有想到朋友也有这种想法,于是几个人不谋而合,说干就干。他们辞去了工作,租来了房子。2007年3月,属于他们自己的公司成立了,起初几个人的干劲都十分大,刚开始时什么都不懂并且自以为是,什么都不怕。几个月过去了,他们发现其实有很多困难,创业并没有自己想象的那么简单。开销越来越大,但是没有生意,没有进账。最终他们的合伙于2007年年底宣告破产。失败了的小张没有气馁,继续回去找工作,回去磨炼,在这期间他不断地学习,学到到了很多以前自己不会的东西和经验,也结识了很多新的客户。虽然自己创业的念头一直都没有打消,但是他觉得现在的一切都还比较好。此时的他犹豫了,不知道要不要放弃现在的一切从零开始。他给自己几天的考虑时间,期间他分析了放弃与否的利与弊。他最终决定自己创业。

经过一段时间的筹备,小张于2008年下半年创立了自己的公司,刚开始时困难重重,他觉得有的客户自己能谈下来,可是别人看到他是新手就不愿意跟他合作。由于他的公司刚起步,别人不敢相信他,信誉度不高,他受到了很大的打击。此时的他动摇过,自己的积蓄以及向别人借的钱都投了进去,但是一直没有生意,不挣钱反而赔钱。他苦思冥想,决定改变自己的策略,努力地改善自己,不断地创新,最终做成了第一笔生意。不久,他遇到了经济危机,此时很多公司都倒闭了,他的企业也陷入困境,但他不断地学习,不断地创新,终于在风雨中坚持了下来,现在他的公司已经小有规模,生意越做越大。他有一个很大的遗憾就是没有把大学读完,所以有时间就买各种各样的书籍来看,以不断地提高自己。他说:"以后有机会了,我要把我的大学读完。"

谈到公司的前景,他没有夸夸其谈,只说:"路在脚下,我会一步一步脚踏实地地走下去且走好。"

分析:

1.创业是一项艰苦、复杂的系统工程,这就要求创业者具备一些比常人更高的素质。小张在其他同学都还在读书的时候只身一人去深圳,面对别人的白眼,他没有退缩。没有放弃,这体现了他能吃苦的精神。

2.好不容易找到了一家公司接纳了自己,他在那里工作了大半年,发现这种朝九晚五的生活并不适合自己,自己在这里也没有什么发展前途,自己的一腔热血无处释放,于是他决定自己辞职单干。这体现了他强烈的自我实现欲望。强烈的自我实现欲望是创业者的精神支柱,自我存在、自我意识、自我实现是成为创业者的首要因素。小张因为不甘心默默无闻和满足现状而创业,这或许和大多数白手起家的创业者走的是同样的道路。

3.小张第二次辞职单干,起初遇到了很多困难,没有生意,公司不赚钱反而赔钱,又恰逢经济危机。但是他仍然坚持了下来,这体现了他顽强执着的精神。创业的道路充满坎坷,无论面对成功抑或失败,创业者都必须有执着和坚韧不拔的品格。成功的人和失败的人只有一个区别,那就是能否做到顽强和执着。

4.公司刚刚起步时,并没有生意,他能坐下来冷静地思索,并决定创新。不走以前走的老路,从而给自己在这片市场上博得了一片空间。这体现了他作为一个创业者所具有的敏锐的洞察力和创新能力。不走寻常路,敢于冒险,是他成功的一个重要因素。

5.虽然他平时很忙,但是他一有时间就买各种各样的书籍来不断地提高自己。人类已经步入知识经济新时代,终身不断学习,将越来越成为人们生存和发展的第一需要,作为创业者更应如此。创业者要不断地提高自己,这样才能够把自己的公司做得更好更强。

(资料来源:张永祥,张元敏.大学生创业启蒙教育[M].长春:吉林大学出版社,2014.)

第二节　创业团队的组建

一、创业团队的含义

创业团队是指在创业初期(包括企业成立前和成立早期),由两个以上具有一定利益关系、愿为共同的目标而奋斗、一起承担创建新企业责任的人组建形成的工作团队。

微课　创业团队

狭义的创业团队是指有着共同目的、共享创业收益、共担创业风险的一群创建新企业的人。广义的创业团队不仅包括狭义创业团队,还包括与创业过程有关的各种利益相关者,如风险投资家、专家顾问等。创业团队对创业成功具有重要的价值。创业团队是高层管理团队的基础和最初的组织形式。

团队是群体的特殊形态,是一种为了实现某一目标而由相互协作依赖并共同承担责任的个体所组成的群体。例如,群体:进城务工人员、大学生、社会弱势群体;团队:创业团队、科研团队、教学团队。

每个人都生活在一定的社会关系中,没有人是一座孤岛。在创业的过程中更是如此,人才是相当重要的,由各种人才组成的创业团队决定着创业的失败或胜利。

在一个企业中,任何一个员工的作用犹如某台机器或机器中的某个零部件,而团队则是这些机器或零部件的组合,一台机器通常是做不出产品的,单独的一个零部件更发挥不了作用,只有组合才能使各个组成部分的作用得到充分的发挥。

团队更科学的意义在于:1+1>2。同样一个组织,如果各自为战,往往受到各种条件和因素的限制,因为人不可能都是全能的,在实际的工作中,一方面是人力资源的浪费,另一方面是某些力量的紧缺。而一个有机的组合,正是实现人力资源的充分利用和各种优势的互补,结果所发挥的作用较之前肯定有绝对幅度的提高。哲学中的量变和质变的矛盾原理反映的正是这方面的问题。

团队的意义还反映在企业人才组合的凝聚力上,强调团队的本身不只是人力资源的组合,更是一种意识的统一、激情的融合、理想的碰撞。员工与员工之间、员工与企业之间因为一个共同的信仰捆绑在一个共同的潜意识中:"一荣俱荣,一损俱损","与企业同呼吸、共命运"。

团队的意义还体现在企业的创新意识和创新能力上,创新决定企业的生命力,而人才和意识决定企业的创新能力和水平,一个优秀的团队组合正是企业创新所必需的条件和动力,因为创新不只是一个点子或某个妙招,创新是一种持续的创造和努力。面对企业无常的变数,只有将人才进行有机、科学和不懈的磨合,才能成就更具高度的智慧,创造一个又一个足以克服任何困难的奇迹。

二、创业团队的类型

1.星状创业团队

团队中有一个核心人物充当了领队角色。一般是在团队形成之前,核心人物已经就团队组成进行过仔细思考,根据自己的想法选择相应人员加入团队,这些加入创业团队的成员也许是核心人物以前熟悉的人,也有可能是不熟悉的人,这些团队成员在企业中更多是支持者角色。

特点:组织结构紧密,向心力强,主导人物行为对其他个体影响巨大;决策程序相对简单,组织效率较高;容易形成权力过分集中的局面,从而使决策失误的风险加大;核心主导人物特殊权威,其他团队成员和主导人物发生冲突时处于被动地位,冲突较严重时,一般都会选择离开团队。

典型例子:太阳微系统公司。

2.网状创业团队

创业团队成员在创业之前有密切的关系,如同学、亲人、同事、朋友等。在交往过程中,创业团队共同认可某一创业想法,并就创业达成共识以后,开始共同创业。

在创业团队组成时,没有明确核心人物,大家根据各自特点自发组织角色定位。在企业初创时期,各位成员基本上扮演的是协作者或者伙伴角色。

特点:团队没有明显核心,整体结构较为松散;决策采取大量沟通和讨论达成一致意见的方式,效率相对较低;团队成员在团队中地位相似,容易形成多头领导局面;采取平等协商、积极解决态度消除冲突,成员不轻易离开;一旦冲突升级,某些成员撤出,易导致整个团队涣散。

典型例子:微软的比尔·盖茨和童年玩伴保罗·艾伦,惠普的戴维·帕卡德和他在斯坦福大学的同学比尔·休利特等。

3.虚拟星状创业团队

由网状创业团队演化而来,是前两种的中间形态。在团队中有一个核心成员,但核心成员地位的确立是团队成员协商的结果,核心人物从某种意义上说是整个团队的代言人,而不是主导型人物,其在团队中的行为必须充分考虑其他团队成员的意见,不如星状创业团队中的核心主导人物那样有权威。

三、如何组建一支优秀的创业团队

创业者能否走得更远,取决于创业者和创业团队的基本素质。企业的成长是人才成长的一个集中体现。企业的成功也是人才的成功。搭建一支优秀的创业团队对任何创业者而言都是一项至关重要的工作,它决定着创业的成败。那么,怎样才能组建一支优秀的创业团队呢?

(一)扬长避短,恰当使用

世上的人虽然各式各样,但是,以创业者用人的眼光去看,大致可分为三类:一是可以信任而不可大用者,这是那些忠厚老实但本事不大的人;二是可用而不可信者,这是那些有些本事但私心过重,为了个人利益而钻营弄巧,甚至不惜出卖良心的人;三是可信而又可用的人。作为创业者,都想找到第三种人。但是这种人不易识别,往往与用人者擦肩而过。为了企业的发展,创业者各种人物都要用。只要在充分识别的基础上恰当使用,扬长避短,合理配置,就能最大限度地发挥人才的作用。

人有所长,必有所短。创业伙伴之间的优势最好呈互补关系。选择的时候要看清其长,以后也要学会包容其短。所谓取长补短,是取别人的长补自己的短,此为团队的真正价值。长城不是一人筑成,想做出点儿成绩,就得有做事情的开放心态。如果你是内向型性格,不善于交际,只适合从事技术工作,那最好找富有公关能力、会沟通、能处理复杂问题的搭档;如果你是急性子,脾气比较暴躁且又自认为很难改正,那最好找慢性子、脾气温和的搭档——因为合作中的摩擦是在所难免的,一急一缓可以相得益彰。

(二)既要讲独立,也要讲合作

创业者在创业过程中,既要讲独立,也要讲合作。适当的合作(包括合资)可以弥补双方的缺陷,使弱小企业在市场中迅速站稳脚跟。春秋时代战国七雄尚讲合纵连横,创业者更需要从创业整体规划出发,明确哪些方面的技能和资源是自己所欠缺的,再以此来寻找相关具备此类技能和资源的合作人,大家的资源和技能实现整合,共同发展。

团队是公司的魂,是公司最终成功的重要保证。一个好的合伙人,可以帮助企业腾飞;同样,一个不合格的合伙人,给企业带来的只能是灾难。所以,对于创业者而言,选择合作伙伴,意味着将企业未来几年的命脉与人共享。那么,在共享权力之前,就必须认真地考察合作伙伴。

对创业者而言,可能在创业初期会面临各种各样的困难,会造成见到光头就以为是和尚、捞到根稻草就以为能救命的情况。这时候就需要有鉴别能力,冷静地分析可能的合作伙伴,谁更有利于企业的发展。

(三)志同道合,目标明确

找创业搭档就跟找对象一样重要,对方是你事业上的另一半,在共同的创业过程中是否会与你福难同当、同舟共济是至关重要的。比如拳头,一个拳头由 5 根手指组成,如果握紧拳头打出去,可以打死一个人,但分散开来,用每根手指去戳人,也许连皮都戳不破。

团队的成员应该是一群认可团队价值观的人。团队的目标应该是每个加入团队的成员都应认可的,否则的话,就没有必要加入。在明确了一个团队的目标时,作为团队的负责人,应以这个共同的目标为出发点召集团队的成员。团队是不能以人数来衡量的。如果你有一群人,但没有共同的理想和目标,那这就不是一个团队,而是一群乌合之众,这样的团队是打不了仗的。所以,你和你的伙伴应是志同道合的,有共同的或相似的价值追求和人生观。

(四)知己知彼,百战不殆

绝大多数创业团队的核心成员都很少,一般是三四人,多也不过十来人。如此少的团队成员从企业管理角度来看,实在是"小儿科",因为人数太少,几乎每个从事管理工作的人都觉得能够轻易驾驭。但实际上,这个创业团队成员虽少,但是都有自己的想法,有自己的观点,更有一股藏于内心的不服管的信念。因此,我们对创业团队中的每个成员都不能报以轻视的态度。

优秀的创业团队的所有成员都应该相互非常熟悉,知根知底。《孙子兵法》云:"知己知彼,百战不殆。"在创业团队中,团队成员都非常清醒地认识到自身的优劣势,同时对其他成员的长处和短处也一清二楚,这样可以很好地避免团队成员之间因为相互不熟悉而造成的各种矛盾、纠纷,迅速提高团队的向心力和凝聚力。

现在,国内许多大学生选择创业,他们选择的合作伙伴也多是同学、朋友、校友,但还是很快就失败了。为什么呢?因为他们选择的合作伙伴虽然都是他的"熟人",但是他的这些"熟人"之间缺乏交流、沟通,说到底团队成员之间还是陌生的。在许多校园 BBS 上,一些同学有一项新发明或好创意,立即广发"英雄帖",虽然都是同龄人,但毕竟没有共同经历过"血与火"的考验,这样的团队成员之间是缺乏凝聚力的。

所以,优秀的创业团队首先要确保自己的团队内所有核心成员都是相互非常熟悉的人。

【知识点滴】

创业团队组建的主要影响因素

创业团队的组建受多种因素的影响,这些因素相互作用,共同影响着创业团队的组建过程并进一步影响着团队建成后的运行效率。

1.创业者

创业者的能力和思想意识从根本上决定了是否要组建创业团队,以及团队组建的时间表和由哪些人组成团队。创业者只有在意识到组建团队可以弥补自身能力与创业目标之间存在的差距时,才有可能考虑是否需要组建创业团队,以及对什么时候需要引进什么样的人员才能和自己形成互补作出准确判断。

2.商机

不同类型的商机需要的创业团队的类型不同。创业者应根据创业者与商机之间的匹配程度,决定是否组建团队以及何时、如何组建团队。

3.团队目标与价值观

共同的价值观、统一的目标是组建创业团队的前提,团队成员若不认可团队目标,就不可能全心全意为实现此目标而与其他团队成员相互合作、共同奋斗。不同的价值观将直接导致团队成员在创业过程中脱离团队,进而削弱创业团队作用的发挥。没有一致的目标和共同的价值观,创业团队即使组建起来,也无法有效发挥协同作用。

4.团队成员

团队成员能力的总和决定了创业团队整体能力和发展潜力。创业团队成员的才能互补是组建创业团队的必要条件,团队成员间的互信是形成团队的基础。互信的缺乏,将直接导致团队成员间协作障碍的出现。

5.外部环境

创业团队的生存和发展直接受到制度性环境、基础设施服务、经济环境、社会环境、市场环境、资源环境等多种外部环境要素的影响,这些外部环境要素从宏观上间接影响着对创业团队组建类型的需求。

(五)相互补充,相得益彰

创业团队虽小,但是"五脏俱全"。创业团队成员不能是清一色的技术流成员,也不能全部是搞终端销售的,优秀的创业团队成员各有各的长处,大家结合在一起,正好相互补充,相得益彰。

相对来说,一个优秀的创业团队必须包括这样几种人:一个创新意识非常强的人,这个人可以决定公司未来发展方向,相当于公司战略决策者;一个策划能力极其强的人,这个人能够全面周到地分析整个公司面临的机遇与风险,考虑成本、投资、收益的来源及预期收益,甚至还包括公司管理规范章程、长远规划设计等工作;一个执行能力较强的成员,这个人具体负责下面的执行过程,包括联系客户、接触终端消费者、拓展市场等。此外,如果是一个技术类的创业公司,那么还应该有一个研究高手(甚至是研究领导型人物),当然,这个创业团队还需要有人掌握必要的财务、法律、审计等方面的专业知识。唯有这样,团队成员才能算是比较合格的。

需要补充的是,在一个创业团队中,不能出现两个核心成员位置重复的情况,也就是说,不能有两个人的主要能力完全一样,比如,两个都是出点子的人,两个都是做市场的等,出现这种情况是绝对不允许的。因为只要优势重复、职位重复,那么今后必然少不了有各种矛盾出现,最终甚至导致整个创业团队散伙。这样的例子举不胜举。

(六)心胸博大,宽厚待人,善于合作

选择好合伙人以后,就需要与合作者或合伙人很好地相处,这样才能够合作得长久。创业者应该有博大的心胸,能宽厚待人,懂得如何把握"合作",懂得什么是"合作"分寸的度,这样我们才能更多地体会"合作"带给我们的快乐、喜悦和丰收的硕果。

(七)摆正位置坦诚相待,互相尊重对方

作为合伙人,在平时的交往与合作中要坦诚,互相尊重对方,摆正自己的位置。遇到问

题和矛盾时应该向前看,向前看利益是一致的,因为成功会给大家带来更丰厚的收获。盯住眼前的事情不放,只能是越盯矛盾越多,越盯矛盾越复杂,最后裹足不前。只有向前看,成功的希望激励着合作的各方摒弃前嫌,勇往直前,抵达成功的彼岸。

世界上没有完美的个人,只有完美的团队。作为一个企业的老板,与其跟马赛跑,不如找一匹马骑在马上。团队成员就是所谓的"人才马"。老板只有组建最合适的创业团队,才能"马到成功"。

【案例精选】

从前,有两个饥饿的人得到了一位长者的恩赐:一根鱼竿和一篓鲜活硕大的鱼。其中,一个人要了一篓鱼,另一个人要了一根鱼竿,于是他们分道扬镳。得到鱼的人原地就用干柴生起篝火煮起了鱼,他狼吞虎咽,还没有品出鲜鱼的肉香,转瞬间,连鱼带汤被他吃了个精光,不久,他便饿死在空空的鱼篓旁。另一个人提着鱼竿继续忍饥挨饿,一步步艰难地向海边走去,可当他已经看到不远处那片蔚蓝色的海洋时,他浑身的最后一点儿力气也使完了,只能眼巴巴地带着无尽的遗憾撒手人间。

又有两个饥饿的人,他们同样得到了长者恩赐的一根鱼竿和一篓鱼。只是他们并没有各奔东西,而是商定共同去找寻大海,他俩每次只煮一条鱼,经过遥远的跋涉,他们来到了海边,从此,两人开始了捕鱼为生的日子。几年后,他们盖起了房子,有了各自的家庭、子女,有了自己建造的渔船,过上了幸福安康的生活。

一个人只顾眼前的利益,得到的终将是短暂的欢愉;一个人目标高远,但也要面对现实的生活。只有把理想和现实有机地结合起来,才有可能成为一个成功之人。有时候,一个简单的道理,却足以给人意味深长的生命启示。

四、创业团队构建的风险分析

【案例分析】

2016年网页游戏市场异常火热,小王在创业团队中负责技术开发,当这支新生创业团队被投资商看中时,团队负责人与小王分别找投资商沟通融资事宜,随后这个项目解体,投资商离去。

思考:他们的问题出在哪里? 创业团队容易产生的风险如何规避?

(一)创业团队构建的风险成因

1.盲目照搬成功的组建模式

创业团队的组建基本可以分成三种模式:关系驱动、要素驱动和价值驱动。

(1)关系驱动。关系驱动是指以创业领导者为核心的人际关系圈内成员构成团队。他们因为经验、友谊和共同兴趣结成合作伙伴,彼此发现商业机会后共同创业。

(2)要素驱动。要素驱动是指创业团队成员分别贡献创业所需的创意、资源和操作技能等要素。由于这些要素完全互补,团队成员之间处于相对平等的地位。

(3)价值驱动。价值驱动是指创业成员将创业视为一种实现自我价值的手段,他们的使命感很强,成功的冲动也很强。

不同的组建模式适用的条件不尽相同。如果盲目照搬套用某种组建模式,会给企业带来巨大的风险。现在应用最广泛的是关系驱动模式,它比较适合中国文化的特点,其团队的稳定性相对较高。但是,关系的远近亲疏经常会成为制约团队发展的瓶颈。要素驱动模式比较符合西方文化的特点,现在的互联网创业团队大多属于这种模式,如果成员之间磨合顺利,可以缩短企业成功所需的时间;但是如果磨合不顺利,就很容易发生解体风险。价值驱动模式中的团队成员虽然是为了追求自我实现组合在一起,但是一旦产生分歧,就是路线斗争,没有妥协的余地。

2.团队成员选择具有随意性和偶然性

创业团队是要将个体的力量整合为集体的攻击力,并保持这种攻击力的持久性。但是在团队组建初期,由于规模和人数的限制,创业团队在成员选择方面考虑不够全面,过于随意和偶然,甚至只是因为碰巧谈到创业问题而一拍即合,之后又没有进行及时的补充;或是在团队中承担某种角色的人才过多,团队成员之间角色和优势重复,这些都会引发各种矛盾,最终导致整个创业团队散伙。

3.缺乏明确和一致的团队目标

心理学家马斯洛指出:杰出团队的显著特征是具有共同的愿望与目标。凝聚人心的愿景与经营理念,是团队合作的基础。目标则是共同愿望在客观环境中的具体化,能够为团队成员指明方向,是团队运行的核心动力。

事实上,在创业初期,创业团队的目标一般并不十分清晰和明确,可能只是一个朦胧的发展方向,有些人甚至不明白自己为什么会走上创业的道路。而且即使创业领导者的目标明确,也不能保证其他成员都能够准确理解团队目标的含义。随着创业进程的推进以及外界环境的变化,团队成员可能会发现原先确定的目标和现实之间存在差距,必须对目标进行适当调整,此时如果团队成员之间意见难以调和,或是个人目标与组织目标出现较大的分歧,那么团队就会面临解散的风险。

4.激励机制尤其是利润分配方式不完善

有效激励是企业长期保持团队士气的关键。如果缺乏有效的激励,团队或者组织的生命都难以长久,有效激励的重点是给予团队成员合理的"利益补偿"。根据一项"创业管理调查"得知,影响中国现阶段创业团队散伙的前两个主要原因是团队矛盾和利益分配。团队矛盾的背后或多或少存在利益的影响,可以看出,利益分配对创业团队的持续长期发展有着重要的影响。

实际上,在团队组建初期,由于企业前途未卜,各成员在创业企业中的作用和贡献无法准确衡量,因此,团队无法给出一个明确的利润分配方案,可能只是简单地采取平均主义的做法。这样,随着企业的发展和利润的增加,团队成员在利润分配时就会出现争议,从而导致创业团队解散。

(二)创业团队的风险控制

1.选择合理的团队成员

建立优势互补的创业团队是保持创业团队稳定性的关键,也是规避和降低团队组建模式风险的有效手段。在团队创建初期,人数不宜过多,能满足基本的需求即可。在成员选择上,要综合考虑成员在能力和技术上的互补性,基本保证具备理想团队所需的各种角色。而且,成员的能力和技术应该处于同一等级,不宜差异过大。如果团队成员在对项目的理解能力、表达能力、执行能力、社会资源能力、思维创新能力等方面存在较大的差异性,就会产生严重的沟通和执行障碍。

此外,在选择成员时还要考虑创业激情的影响。在企业初创期,所有成员每天都需要超负荷工作,如果缺乏创业激情和对事业的信心,不管其专业水平多高,都可能成为团队中的消极因素,对其他成员产生一些负面影响。

2.确定清晰的创业目标

创业团队在实践中要不断总结和吸取教训,形成一致的创业思路,勾画出共同的目标,以此作为团队努力的目标和方向;鼓励团队成员积极掌握工作内容和职责,竭诚与他人合作得以贡献个人能力。

创业团队的目标必须清晰明确,能够集中体现出团队成员的利益,与团队成员的价值趋向一致,并保证所有团队成员都能正确理解,这样才能发挥鼓励和激励团队成员的作用。此外,创业团队的目标还必须切实可行,既不能太高,也不能太低,而且能够随着环境和组织的变化及时更新和调整。

3.制订有效的激励机制

正确判断团队成员的"利益需求"是有效激励的前提。实际上,不同类型的人员对于利益的需求并不完全一样,有些成员将物质追求放在第一位,而有些成员则是希望能够获得荣誉、发展机会、能力提高等其他利益。因此,创业团队的领导者必须加强与团队成员的交流,针对各成员的情况采取合理的激励措施。

创业团队的利润分配体系必须体现出个人贡献价值的差异,而且要以团队成员在整个创业过程中的表现为依据,而不仅是某一阶段的业绩。其具体分配方式要具有灵活性,既包括诸如股权、工资、奖金等物质利益,也包括个人成长机会和相关技能培训等内容,并且能够根据团队成员的期望进行适时调整。

【课程育人】

综合本章内容,可以看出创业者的综合素质与能力是推动新创企业成长的重要因素,创业成功离不开优秀团队。总结如下:

1.创业者需要有良好的思想道德素质,坚持把国家富强、民族振兴、人民幸福作为自己的毕生追求,自觉按党的路线、方针、政策办事,自觉维护人民利益、国家利益,创业者应旗帜鲜明,身体力行。

2.创业团队需要有共同的价值观、统一的目标,创业也要重视思想工作。

【案例精选】

QQ 是如何长大的

1998 年秋,马化腾与他的同窗张志东合资注册了深圳腾讯计算机系统有限公司。之后公司又吸纳了三位股东:曾李青、许晨晔和陈一丹。

为了避免彼此争权夺利,马化腾在创立腾讯之初就和四个伙伴将职责划分清楚,各展所长、各管一摊。马化腾是首席执行官 CEO、张志东是首席技术官 CTO、曾李青是首席营运官 COO、许晨晔是首席信息官 CIO、陈一丹是首席行政官 CAO。

虽然主资金都由马化腾出，但他却自愿把所占的股份降到一半以下——47.5%。"要他们的总和比我多一点点，不要形成一种垄断、独裁的局面。"而同时，他自己又要出主要资金，占大股。"如果没有一个主心骨，股份大家平分，到时候也肯定会出问题，同样完蛋。"

【能力训练】

一、简答题

1.简述创业者应具备的基本素质。
2.分别简述创业者及创业团队的类型。
3.良好的身体素质与创业有什么关联？
4.创业者应具备的思想素质有哪些？
5.创业者应具备的心理素质有哪些？
6.创业团队的意义有哪些？
7.如何建立一支优秀的创业团队？
8.创业团队组建的基本模式有哪几种？
9.如何进行创业团队风险控制？

二、案例分析题

小王创业记

某校机械专业小王，毕业后盲目创业，学着别人倒菜、倒水果、倒服装，几经波折，没有一件事干成功。正当小王垂头丧气时，恰好社区组织个体经营者进行自我创业资源分析。经过分析，小王发现自己最大的长处还是所学的专业。在这之后，小王开了一家汽车修理店，他感到一下子有了广阔的空间。

案例思考：小王的创业之路为何会几经波折？

"神驼"的团队合作

蒋大奎和陆谟经过三年苦读，获得了 MBA 学位。他俩想自己出去闯天下，自立门户，两人分析了自己的长处与不足，又做过初步市场调研后，决定涉足中、短途公路物资运输。经过筹备，办起了"神驼物资运输有限责任公司"，董事会决定，先小规模试探，买下三台旧卡车，择吉日开张。

刚开始，两人既兴奋又不安，他们学的是 MBA，对管理理论是熟悉的，知道应该先务虚，再务实，即先制订公司文化与战略这些"软件"，再搞运营、销售、公关等这些"硬件"。

他们观察本地公路运输服务业，觉得彼此差异不大，没有特色，这正犯了兵家之大忌。"神驼"必须创造自己独有的特色！他们经仔细推敲，决定"神驼"就是要在服务方面出类拔萃。但要做到这一点，需要适当的人选来保证。两人觉得在创业阶段，公司结构与人员都必须贯彻"少而精"的原则。为此,组织结构只设两层,他俩都不要助理和秘书,直接一抓到底。分配上基本是平均的,工资也属行业中等,但奖金与企业效益直接挂钩,部分奖金不发现金,改取优惠价折算的本企业股票。基层的职工只分内勤、外勤,外勤即司机和押送员,内勤则是分管职能工作的职员,他们的岗位职责并不太明确,而是编成自治小组,高度自主。有活一起干,有福一同享,分工含混可多学技能知识,锻炼成多面手。为此,他们在选聘职工时十分仔细,并轮流向他们介绍公司的宗旨和目标。

前半年确实很辛苦,但似乎是得大于失的。这种团结一致、拼命向前的气势和决心,确实使"神驼"服务质量在用户中首屈一指。一开始是派人上门招引用户,半年下来,反而是用户登门恳请提供服务,用户们还辗转相告、层层推荐。"神驼"的业务滚雪球似的增长,两人已有些应接不暇了。

案例思考:案例中的两人是如何进行团队合作的?

【拓展阅读】

黑熊和棕熊喜食蜂蜜,都以养蜂为生。它们各有一个蜂箱,养着同样多的蜜蜂。有一天它们决定比赛看谁的蜜蜂产的蜜多。

黑熊想,蜜的产量取决于蜜蜂每天对花的"访问量"。于是它买来了一套昂贵的测量蜜蜂访问量的绩效管理系统。同时,黑熊还设立了奖项,奖励访问量最高的蜜蜂。但它从不告诉蜜蜂们它是在与棕熊比赛,只是让它的蜜蜂比赛访问量。

棕熊与黑熊想得不一样。它认为蜜蜂能产多少蜂蜜,关键在于它们每天采回多少花蜜——花蜜越多,酿的蜂蜜也越多。于是它直截了当地告诉众蜜蜂:它在和黑熊比赛看谁产的蜜多。它花了不多的钱买了一套绩效管理系统,也设立了一套奖励制度,重奖当月采花蜜最多的蜜蜂。如果一个月的蜂蜜总产量高于上个月,那么所有蜜蜂都受到不同程度的奖励。

一年过去了,两只熊比赛的结果是:黑熊的蜂蜜产量不及棕熊的一半。

同样是采用了激励手段,两个团队也同样都尽力去做,但效果却差别很大。我们的日常工作中,是不是也会遇到同样的问题呢?比如,你对团队采用了不同的绩效考核手段和激励机制,收到的效果也是完全不同的。

黑熊花高价钱购买一套评估体系很对,但它的评估绩效没有与最终的绩效直接挂钩。黑熊的蜜蜂只为尽可能多地提高访问量,却不采太多的花蜜。因为,黑熊只强调"访问量"而不是采集量,所以,黑熊的蜜蜂采用的是蜻蜓点水式的采蜜,而实际工作成效并不大。

另外,由于奖励范围太小,蜜蜂们为搜集更多的信息,相互之间变成了竞争对手,相互封锁信息。因为相互之间竞争压力太大,一只蜜蜂在获得了很有价值的信息时,它会不告诉同伴,导致团队意识缺乏。

而棕熊就不一样,虽然它只是花了不多的价钱购买一套评估系统,但它能有效地带领团队,充分调动团队的积极性。首先,它的团队明白竞争对手是谁,这次比赛的方法,并被告之若一个月的花蜜产量高于前一个月,那么所有的蜜蜂都可以获得不同程度的奖励。这样,棕熊的团队在奖励范围上比较广,而为了采集到更多的花蜜,蜜蜂之间会进行分工,嗅觉灵敏、飞得特别快的蜜蜂负责打探哪儿的花最好最多,然后回来告诉力气大的蜜蜂一起到那儿去采蜜,剩下的负责将采集到的花蜜储藏,并将其酿成蜂蜜。虽然,采集花蜜多的蜜蜂可以获得更多的奖励,但其他蜜蜂同样可以捞到好处,因此蜜蜂之间远没有到相互拆台的地步,而是一个有着明确分工、相互协作的团队。

　　黑熊的蜜蜂由于都想领到奖励,于是将个人发现的信息进行封锁,是典型的个人作战。而棕熊的蜜蜂由于棕熊能事前作统一部署,安排飞得快的蜜蜂寻找花源,将力气大的蜜蜂安排去采集,部分留守在家制作蜂蜜,这就是一种典型的团队作战。它们都有一个明确的目标,成员间相互信赖、支持,每个人都能积极参与,不计较太多的个人利益,相互团结,整体运作。

第五章 创业计划书

【知识导航】

　　创业计划书是创业者在企业成立之前就某一项具有市场前景的新产品或服务,向潜在投资者、风险投资公司、合作伙伴等游说以取得合作支持或风险投资的可行性商业报告,用来描述创办一个新企业时所有的内部和外部要素(从企业内部的人员、制度、管理及企业的产品、营销、市场、财务等各个方面对即将展开的商业项目进行可行性分析)。一份详尽的创业计划书,就好像一份业务发展的指示图,它会时刻提醒创业者应该注意什么问题,规避什么风险,并最大限度地帮助创业者获得来自外界的帮助。因此,创业计划书对每一位创业者都有非常重要的作用。

　　如果创业计划中需要融资,创业计划书也就是商业计划书。创业计划书主要是为更好地理清创业思路而准备的,商业计划书则主要是为融资而准备的。

【学习目标】

　　1.了解创业计划书的概念与特征。

　　2.熟悉创业计划书的基本格式与基本内容。

　　3.了解编制创业计划书的基本要求与注意事项。

　　4.熟悉创业计划书的撰写原则。

　　5.理解创业计划书的作用和意义。

　　6.掌握创业计划书的编制内容。

　　7.熟悉项目路演需准备的资料。

　　8.掌握项目路演 PPT 内容提纲。

　　9.熟悉项目路演评委常提的问题及现场答辩注意事项。

【案例导入】

高中校园里组建便利店的胡乃丹凭创业计划书获实习机会

　　一份小小的创业计划书,从学校借来的3 300元钱,胡乃丹组建起了高中校园里的第一个"小海归便利店"。第一次自己进货,第一次学会讲价,第一次自己买冰柜……她凭着独特的商业视角,带着一拨志同道合的同学,在一年半的时间里,不仅还清了从学校借来的3 300元,还盈利10 000多元。

1.向学校借款3 300元建校园便利店

对于坚持"女生也要经济独立"理念的胡乃丹来说,商业头脑和商业视角是她最值得骄傲的地方。高中来到牛津国际公学成都学校不久,胡乃丹便发现校园中缺少一个很重要的生活站——校园便利店。

"以前学校每周还有两次机会,让学生出校门采购,但是考虑到安全问题就取消了。"胡乃丹说,一想到同学们都断了补给,自己开办便利店的想法一下就冒出来了,"首要的困难就是没钱,所以我们只好大胆向学校提出借款申请。"

没想到的是,校长不但没有拒绝胡乃丹和组员的要求,还欣然答应了下来,只是给同学们提出了一个要求——上交一份正式的创业计划书。"我当时都懵了,因为我根本不知道创业计划书怎么写,这完全是对大学生提出的要求。"

查资料、学写创业计划书、和组员讨论方案可行性、请教经济课老师……带着一份长达9页的全英文的创业计划书来到校长面前,做了关于项目可行性的精彩演讲,胡乃丹和组员们也成功拿到了3 300元的借款,开始筹备起校园里唯一一家"小海归便利店"。

2.第一次进货骑电动车跑了10多个批发点

款是批下来了,大家却又犯了愁,谁去进货?"我当时一心想把便利店做好,一有空闲时间就向老师申请出门条,骑着我的电动车往外跑。"胡乃丹说。

找不到批发点,胡乃丹把附近的超市问了个遍;不会讲价,胡乃丹在批发点里来回学。就这样,胡乃丹一个人来来回回跑了10多个批发点,为便利店进了二三十种商品。

"一开始只是试一试,想看看哪些商品好卖,哪些商品卖不动,因为要考虑资金占用成本、时间成本等一系列复杂的因素。"胡乃丹打趣地说,"经过一段时间的经营与账单报表分析,最后发现最好卖的还是速食品,比如橡皮擦就完全卖不动,成本又高,同学们买一块还要擦好久。"

就这样,"小海归便利店"的商品种类越来越丰富,胡乃丹的进货成本单也越来越详细。"以前单子上只有成本价、进货数量和卖出价,到后来我就开始计算利润率,哪个商品卖得最多,哪个商品最不好卖等,这些都可以在电子表格中看出来。"

便利店开办一年多,胡乃丹和组员们不仅还清了学校借给他们的3 300元,还额外盈利10 000多元,这些资金一部分用于便利店建设,一部分支持学生社团活动,还有一部分则作为善款捐出去了。

3.金融机构实习机会源于高中创业计划书

高三阶段,胡乃丹成功被美国布林茅尔学院录取,学习数学和经济双专业。来到大学的她也没闲着,参加了学校的金融社团。

与此同时,她还成功获得了位于美国华盛顿的一家风险投资金融机构的实习机会。"一般美国金融机构都会选择大二年级的同学,但是可能由于我高中就经过了语言过渡期,英语水平还不错,同时又有组建便利店的经历,所以才会大一就获得实习机会。"胡乃丹说,在面试的时候,面试官还特别看了她高中时的创业计划书和进货成本单,这才决定给她实习机会。同时她也获得在上海股权托管交易中心的实习机会。

另外,胡乃丹还担任了高中学校的校园文化大使,与美国高中学校洽谈建立交换生基地的事宜。"我现在感受到了高中国际教育的好处,我更希望我的学弟、学妹有更多的机会跟国际接轨,如果美国高中学校同意建立交换生基地,那对学弟、学妹的国际教育更是锦上添花。"

(资料来源:网易新闻)

分析:如果一个人在做一件事情之前能制订一个好计划,那么成功率就大了很多。同样,一份好的创业计划书能为一个企业带来意想不到的价值。只是,创业计划书的复杂程度和不可预见性以及周围的各项外界因素影响要比人们做一件事情大得多、难得多。因此,做一份好的创业计划书是必不可少的。

【课堂讨论】

"我家门口开了一个早餐店,他们没有做任何创业计划书,业务也经营得蛮好,为什么我们创业就非要写创业计划书,我又不要投资,写这些东西完全是搞形式主义! 创业需要的是实干,不是把时间浪费在写计划书上!"

讨论:以上这个说法你同意吗?

对于很多行业,没有一份细致的创业计划书,不要说外人难以明白,就是自己也未必能想清楚其中的风险,所以需要通过创业计划书帮助自己回答以下三个问题:①到底有没有市场? 如果是大学生,你还得回答为什么你了解这个市场? ②自己有没有优势? 如果是大学生,你还得回答为什么项目适合没经验的你们? ③赚钱有没有模式? 如果是大学生,你还得回答为什么没有融资支持你能撑住?

第一节　创业计划书的基本特征与基本格式

一、创业计划书的基本特征

面对同样的创业机会,不同的创业者制订的创业计划也不一样,但是成功的创业计划书却有一些相同的特征。成功的创业计划书是对一项新项目所带来的机遇和风险进行明确的综合评估。虽然对创意的描述和风险的评估有相当的难度,但这是一份成功的创业计划书所必备的。

微课　创业计划书的基本特征与格式

(一)清晰的结构

投资者应当能够在计划中找到他们所关注问题的答案,很容易找到他们特别感兴趣的话题,这就要求创业计划必须有一个清晰的结构,使读者能够灵活地选择他们想要阅读的部分。说服投资者不仅要靠分析和数据的罗列,还要靠论点和基本论据的组织结构。因此,对任何能使投资者感兴趣的话题,都应该进行充分而准确的论证。一般情况下,创业计划书的篇幅大约在40~60页(4万~6万字)。

投资者阅读创业计划书时,创业者并不在场,因此不能及时地回答问题并提供解释。考虑到这个因素,计划书的正文必须能够自圆其说。因此,可能的话,在提交给投资者之前,创业计划书应当先让一些人试读。例如,可以让你的朋友或同事,最好是那些对你的创意不了解的人,先阅读你的创业计划书,并提出问题。

(二)客观性说理

有些人在讲述他们的创意时会得意忘形。的确,有些事情需要以一种充满激情的方式讲述,但你应该尽量使自己的语气比较客观,使投资者有机会仔细地权衡你的论据是否有说服力。如果一份计划书写得像煽情的广告,那么它很可能会激怒而不是吸引投资者,结果导致投资者产生怀疑或者甚至拒绝接受。另一方面,因以前曾有过某种计算失误或错误,而对自己的项目过度批评也是同样危险的,这将使投资者对你的能力和动机产生怀疑。应当尽你所能,提供最准确的数据。如果提到弱点或不足,那么一定要同时指出弥补的方法或措施。这并不是说你应当隐瞒重大的弱点或不足,而是说在制订计划的时候,应当设计弥补这些不足的方案,并在计划中清楚地表达出来。

(三)让外行也能读懂

一些创业者相信,他们可以用丰富的技术细节、精心制作的蓝图,以及详细的分析给投资者留下深刻的印象。他们错了,只有极少数情况下,会有技术专家详细地评估这些数据。大多数情况下,简单的说明、草图和照片就足够了。如果计划中必须包括产品的技术细节和生产流程,你应当把它们放在附录中。

(四)前后写作风格一致

一般情况下,可以由几个人合作完成一份创业计划。最后,必须对这项工作进行整合,以避免整个计划风格不一、分析的深度不同,像一条打满补丁的破被子。考虑到这个因素,最好由一个人负责,由最后定稿的人做修改。

(五)版面格式统一

最后,你的创业计划应当有统一的版面格式。例如,字体应当与文章结构和内容保持一致,插入必要的图表时应力求简洁,而且,也可以考虑使用印有(未来的)公司徽标的文头纸。

二、创业计划书的基本格式

创业计划书通常包括封面、保密要求、目录、计划摘要、正文、附录几部分。

(一)封面

封面可以放一张企业的项目或产品彩图,但需留出足够的版面排列以下内容:创业计划书编号、公司名称、项目名称、项目单位、地址、电话、传真、电子邮件、联系人、公司主页、日期等。

(二)保密要求

保密要求可放在封面,也可放在次页,主要是要求投资方项目经理妥善保管创业计划书,未经融资企业同意,不得向第三方公开创业计划书涉及的商业秘密。

(三)目录

目录标明各部分内容及页码,要注意确认目录页码与内容的一致性。

(四)计划摘要

摘要是对整个创业计划书的概括,目的在于用最简练的语言将计划书的核心、要点、特色展现出来,吸引阅读者仔细读完全部文本,一定要简练,一般要求在两页纸内完成。摘要十分重要,它是出资者首先要看的内容,必须能让读者有兴趣并渴望得到更多的信息,将给读者留下长久的印象。计划摘要应从正文中摘录投资者最关心的问题,包括对公司内部的基本情况、公司的能力以及局限性、公司的竞争对手、营销和财务战略、公司的管理队伍等情况进行简明而生动的概括。

（五）正文

正文是创业计划书的主体部分,要分别从公司基本情况、经营管理团队、产品、服务、技术研究与开发、行业及市场预测、营销策略、产品制造、经营管理、融资计划、财务预测、风险控制等方面对投资者关心的问题进行介绍,要求既有丰富的数据资料,使人信服,又要突出重点,实事求是。

（六）附录

附录是对正文中涉及的相关数据、资料的补充,作为备查使用。

第二节　如何编制创业计划书

一、创业计划书的撰写原则和程序

（一）创业计划书的撰写原则

（1）目标性。创业的目的不仅是追求企业的发展,而且要有创造利润的可能,要突出经济效益。

（2）完整一致性。运营计划完整陈列,涵盖创业经营的各项功能要素,前后基本假设或预估相互呼应,逻辑合理。

（3）优势竞争性。呈现出资源、经验、产品、市场及经营管理能力的优势。

微课 创业
计划书撰写

（4）团队和谐性。展现组建经营团队的思路、人员的互补作用。尽可能突出专家的作用、高管人员的优势、专业人才队伍的水平,明确领军人物。

（5）市场导向性。明确市场导向的观点,明确指出企业的市场机会与竞争威胁,并充分显示对市场现状的掌握与未来发展预测的能力。

（6）客观实际性。一切数字尽量客观、实际,以具体资料为证,并尽量同时分析可能采用的解决方法。切勿凭主观意愿估计,高估市场潜力或报酬,低估经营成本。工作安排循序渐进,有条不紊,可操作性强。

（二）创业计划书的撰写程序

一份良好的创业计划书包括附录在内篇幅一般40~60页(4万~6万字)。整个创业计划书的编制是一个循序渐进的过程,可以分成五个阶段完成。

（1）第一阶段:计划构想。创业计划构想细化,初步提出计划的构想。

（2）第二阶段:市场调查。与行业内的企业和专业人士进行接触,了解整个行业的市场状况,如产品价格、销售渠道、客户分布以及市场发展变化的趋势等因素。可以自行进行一些问卷调查,在必要时也可以求助市场调查公司。

(3)第三阶段:竞争者调查。确定你的潜在竞争对手并分析本行业的竞争方向。诸如,分销问题如何、形成战略伙伴的可能性、谁是你的潜在盟友,准备一份1~2页的竞争者调查小结。

(4)第四阶段:财务分析。包括对公司的价值评估,必须保证所有的可能性都考虑到了。财务分析应量化本公司的收入目标和公司战略,要求详细而精确地考虑实现公司战略所需的资金。

(5)第五阶段:创业计划书的撰写与修改。利用所收集到的信息制订公司未来的发展战略,把相关的信息按照上面的结构进行调整,完成整个创业计划书的写作。在计划完成以后仍然可以进一步论证计划的可行性,并跟踪信息的积累和市场的变化不断完善整个计划。

二、撰写创业计划书需注意的方面

那些既不能给投资者以充分的信息也不能使投资者激动起来的创业计划书,其最终结果只能是被扔进垃圾箱里。为了确保创业计划书能"击中目标",创业者应做到以下几点。

(一)关注产品

在创业计划书中,应提供所有与企业的产品或服务有关的细节,包括企业所实施的所有调查。这些问题包括:产品正处于什么样的发展阶段?它的独特性怎样?企业分销产品的方法是什么?谁会使用企业的产品,为什么?产品的生产成本是多少?售价是多少?企业发展新的现代化产品的计划是什么?把出资者拉到企业的产品或服务中来,这样出资者就会和创业者一样对产品有兴趣。在创业计划书中,企业家应尽量用简单的词语来描述每件事。制订创业计划书的目的不仅是要出资者相信企业的产品会在世界上产生革命性的影响,同时也要使他们相信企业有证明自己实力的论据。

(二)敢于竞争

在创业计划书中,创业者应细致分析竞争对手的情况。竞争对手都是谁?竞争对手的产品与本企业的产品相比,有哪些相同点和不同点?竞争对手所采用的营销策略是什么?要明确每个竞争者的销售额、毛利润、收入以及市场份额,然后再讨论本企业相对于每个竞争者所具有的竞争优势。要向投资者展示,顾客偏爱本企业的原因是:本企业的产品质量好、送货迅速、定位适中、价格合适等。创业计划书要使它的读者相信,本企业不仅是行业中的有力竞争者,而且将来还会是确定行业标准的领头羊。在创业计划书中,企业家还应阐明竞争者给本企业带来的风险以及本企业所采取的对策。

(三)了解市场

创业计划书要给投资者提供企业对目标市场的深入分析和理解。要细致分析经济、地理、职业以及心理等因素对消费者选择购买本企业产品这一行为的影响,以及各个因素所起的作用。创业计划书中还应包括一个主要的营销计划,计划中应列出本企业打算开展广告、促销以及公共关系活动的地区,明确每一项活动的预算和收益。创业计划书中还应简述企业的销售战略:企业是使用外面的销售代表还是内部职员?企业是使用转卖商、分销商还是特许商?企业将提供何种类型的销售培训?此外,创业计划书还应特别关注销售中的细节问题。

（四）表明行动的方针

企业的行动计划应该是无懈可击的。创业计划书中应该明确下列问题：企业如何把产品推向市场？如何设计生产线？如何组装产品？企业生产需要哪些原料？企业拥有哪些生产资源，还需要什么生产资源？生产和设备的成本是多少？企业是买设备还是租设备？解释与产品组装、储存以及发送有关的固定成本和变动成本的情况。

（五）展示你的管理队伍

把一种思想融入一个成功的风险企业，其关键的因素就是要有一支强有力的管理队伍。这支队伍的成员必须有较高的专业技术知识、管理才能和多年工作经验，管理者的职能就是计划、组织、控制和指导公司实现目标。在创业计划书中，应首先描述整个管理队伍及其职责，然后再分别介绍每位管理人员的特殊才能、特点和造诣，细致描述每个管理者将对公司所做的贡献。创业计划书中还应明确管理目标以及组织机构图。

（六）出色的计划摘要

创业计划书中的计划摘要也十分重要。它必须能让读者有兴趣并渴望得到更多的信息，将给读者留下深刻的印象。计划摘要是创业者在正文前列出的最后一部分内容，但却是出资者首先要看的内容，是从计划中摘录出与筹集资金最相关的细节，包括对公司内部的基本情况、公司的能力以及局限性、公司的竞争对手、营销和财务战略、公司的管理队伍等情况简明而生动的概括。如果公司是一本书，它就像这本书的封面，做得好就可以把投资者吸引住。

三、编制内容

（一）计划摘要

计划摘要列在创业计划书的最前面，它是创业计划书的精华。计划摘要涵盖了计划的要点，以求一目了然，以便读者能在最短的时间内评审计划并做出判断。

计划摘要一般包括以下内容：公司介绍、主要产品和业务范围、市场概貌；营销策略、销售计划、生产管理计划、管理者及其组织、财务计划、资金需求状况等。

在介绍企业时，首先要说明创办新企业的思路、新思想的形成过程以及企业的目标和发展战略。其次，要交代企业的现状、企业的背景和企业的经营范围。在这一部分中，要对企业以往的情况作客观的评述，不回避失误。中肯的分析往往更能赢得信任，从而使人容易认同企业的创业计划书。最后，还要介绍创业者的背景、经历、经验和特长等。创业者的素质对企业的成功往往起关键性的作用。在这里，创业者应尽量突出自己的优点并表达自己强烈的进取精神，给投资者留下一个好印象。

在计划摘要中，企业还必须回答下列问题：如企业所处的行业，企业经营的性质和范围；企业主要产品的内容；企业的市场在哪里，谁是企业的顾客，他们有哪些需求；企业的合伙人、投资人是谁；企业的竞争对手是谁，竞争对手对企业的发展有何影响。构建企业核心竞争力的十个维度如表5-1所示。

表 5-1　构建企业核心竞争力的十个维度(创新十型)

序号	核心竞争力来源	描述核心竞争力的词汇
1	产品或服务优势	更稳定,更高效,更便宜,更专业
2	产品系统	插件多,捆绑其他产品
3	服务	个性化服务,本地化服务,实时性服务
4	品牌	权威认证,大品牌合作方
5	客户黏性	客户美誉度高,回购率高
6	生产流程	制造成本低,交付速度快
7	渠道推广	广告投入高,合作伙伴多
8	组织结构	信息化程度高,员工自主性高,管理水平高
9	网络规模	供应商整合到位,用户规模超过临界点,成长速度快
10	盈利模式	免费服务,增值收费,分期付费模式,按效果付费模式

构建企业核心竞争力的十个维度,要考虑多个维度优势:

(1)不可模仿性。这包括企业品牌、企业信用,也包括企业拥有的各类自主知识产权,还包括产品优势、产品链的优势、客户的美誉度等,不能自我设限在产品和服务的优势上。

(2)不可交易性。你的核心资源不能从市场上获得,在市场上有钱买不到。所有在市场上能得到的资源都不构成企业的核心竞争力。

(3)企业的资源和能力具有互补性。有了这个互补性,分开就不值钱,合起来才值钱,所以员工带走一部分资源也没有用。

【课堂讨论】

众所周知的可口可乐公司的浓缩液配方是花多少钱都买不来的。请用"创新十型"的表格分析一下,可口可乐的核心竞争力到底建立在哪些维度的领先优势之上?

(二)产品(服务)介绍

在进行投资项目评估时,投资人最关心的问题之一就是风险企业的产品、技术或服务能否以及在多大程度上解决现实生活中的问题,或者风险企业的产品(服务)能否帮助顾客节约开支,增加收入。因此,产品介绍是创业计划书中必不可少的一项内容。通常,产品介绍应包括以下内容:产品的概念、性能及特性;主要产品介绍;产品的市场竞争力;产品的研究和开发过程;发展新产品的计划和成本分析;产品的市场前景预测;产品的品牌和专利。

在产品(服务)介绍部分,创业者要对产品(服务)作出详细的说明。说明要准确,也要通俗易懂,使不是专业人员的投资者也能明白。产品介绍都要附上产品原型、照片或其他介绍。产品介绍通常要回答以下问题:顾客希望企业的产品能解决什么问题,顾客能从企业的产品中获得什么好处;企业的产品与竞争对手的产品相比有哪些优缺点,顾客为什么会选择本企业的产品;企业为自己的产品采取了何种保护措施,企业拥有哪些专利、许可证,或与已申请专利的厂家达成了哪些协议;为什么企业的产品定价可以使企业产生足够的利润,为什么用户会大批量地购买企业的产品;企业采用何种方式去改进产品的质量、性能,企业对发展新产品有哪些计划等。产品(服务)介绍的内容比较具体,因而写起来相对容易。虽然夸赞自己的产品是推销所必需的,但应该注意,企业所做的每一项承诺都是"一笔债",都要努力去兑现。要牢记,创业者和投资者所建立的是一种长期合作的伙伴关系,空口许诺,只能得意于一时。如果企业不能兑现承诺,不能偿还债务,企业的信誉必然要受到极大的损害。

如何写出产品或服务的卖点?

💡【案例分析】

王老吉的成功和找对卖点关系大不大

2002 年之前,王老吉是一种仅仅在广东等南方区域流行的凉茶,因为当地气温高,人容易上火,必须要喝凉茶来降火。当时的王老吉为了将市场从广东拓展到全国,巧妙地对"谁是我的客户"重新做了定位。

既然人们喝凉茶是为了降火,那么容易上火的原因是什么?

天气热,还要吃火锅、吃烧烤!

因为天气热只是南方地区的特点,而吃火锅和吃烧烤是全国人民都喜欢的事情,所以降火是全国人民的需求,于是"吃火锅、烧烤必配王老吉"。王老吉因此将自己的客户从天气热的南方地区拓展到全国甚至海外。

从宣传广告语来说,"怕上火喝王老吉",妙就妙在一个"怕"字! 因为吃火锅上火的人不是全部,但是几乎每一个人都怕上火。

分析:像王老吉这样,通过对客户需求更准确的分析和定位,调整客户画像,就有可能使得产品销量爆发性地增长。

要写好产品和服务的卖点,首先我们得尝试先用一句话把卖点讲出来。在商业场合,很多成功的创业公司已经创造了大量给人留下深刻印象的金句结构,下面的范例全部来自美国硅谷成功企业的初创产品介绍。

(1)这个世界有一群人,需要另一个＿＿＿＿＿＿。

范例:

Facebook:这个世界需要另一个 MySpace 或 Friendster。我们能做这事,我们只对那几千个总是在努力学习而不爱社交的常春藤学生开放。

LinkedIn:要不来一个专业化的社交网络? 我们主要目标人群是 30 多岁、40 多岁的人。他们每隔 5 年需要换工作的时候就会用一次。

(2)我们只做好一件事＿＿＿＿＿＿。

范例:

Dropbox:我们要建立一个文件共享和同步的工具。现在市场上有很多类似的工具,他们得到了像微软这样的大公司支持,却没什么人使用。这个工具只会做好这一件事,而你将会用它来同步或共享你所有的内容。

Twitter:这就像电子邮件、短信或 RSS 订阅一样,不过功能没这么多。最初可能大部分用户都是"技术怪咖",但之后就会有布兰妮·斯皮尔斯和查理·辛这样的名人了。

(3)我们通过移动互联网卖＿＿＿＿＿＿。

范例:

Amazon:我们在网上卖书。即使现在大部分人还是不敢在网上用信用卡,但是实体书店买书的成本会耗掉他们平常辛辛苦苦攒下来的钱。他们会选择在网上买书,因为很方便,即使他们要等上一周才能拿到书。

(4)我能(擅长)＿＿＿＿＿＿,只需要你＿＿＿＿＿＿。

范例:

Mint:我们管理你的财务。给我们你的所有银行卡、债券和信用卡信息,我们会给你漂亮的字体。为了让你觉得自己更有钱,我们会把这些字体变成绿色。

Palantir:我们会做情报分析软件,公司就设在加利福尼亚州,请一帮刚毕业的大学生做工程师,不请销售人员。我们要与在华盛顿特区的国防和情报机构达成巨大的交易。

(5)＿＿＿＿＿＿行业很酷,我们也能开一家!

范例:

Virgin Atlantic:航空公司好酷啊。我们也开一家吧。这能有多难呢？只要我们有个有趣的安全视频,不像别的航空公司那么可恶,我们就能引人注目了。

(6)这可能很＿＿＿＿＿＿(我们跟＿＿＿＿＿＿差不多),但它是免费的(更便宜)。

范例:

Craigslist:这可能很丑,但是它是免费的。

Paperless Post:我们就跟 Evite(可提供模板,在线发邀请函或书信的网站)差不多。不过我们是免费的。

SpaceX:如果 NASA 能做到,我们也可以! 这不是火箭科学。

(7)这是一个全新的＿＿＿＿＿＿。

范例:

iOS:这是一个全新的操作系统,它不运行那些为 Mac OS、Windows 或 Linux 开发的应用程序。只有苹果能为它开发 APP。它没有剪切和粘贴的功能。

(8)我们正在建设(致力成为)＿＿＿＿＿＿中的＿＿＿＿＿＿(领导者)。

范例:

Google:我们在建世界上第二十大的搜索引擎。现在大多数的搜索引擎都因为过分商业化而被弃用了,我们将去掉所有广告新闻和门户功能,这样在用这个免费搜索引擎的时候,你就不会被分散注意力了。

(9)＿＿＿＿＿＿会很乐意为我们的服务付费(使用我们的服务),因为＿＿＿＿＿＿。

范例:

GitHub:软件工程师会很乐意付月费,因为他们可以用这里免费的软件去开发其他免费的软件。

PayPal:人们会用不安全的 AOL 和雅虎电子邮件地址向对方支付真实的钱。这不是一个银行金融机构,它有个可爱的名字,由一群 20 多岁的年轻人运作。

（10）我们有＿＿＿＿＿＿＿！

范例：

Instagram：滤镜！对的,我们有滤镜！

（11）我们不仅做＿＿＿＿＿＿,我们还做＿＿＿＿＿＿！

范例：

Tesla：我们不仅做电池,卖到底特律去,在这种经济衰退和不看好清洁技术的环境下,我们还会做自己的汽车,建立自己的销售网络。

（12）我们要做一个更＿＿＿＿＿＿的＿＿＿＿＿＿。

范例：

Firefox：我们要做一个更好用的网络浏览器,尽管世界上 90% 的计算机都已经有一个免费的浏览器了。

如果我们注意搜集和观察,就会发现大量这样成功的广告语或宣传语,不断归纳这些框架,就可以极大地丰富你表现产品或服务卖点的能力,而且这些积累在你运营产品的过程中,会成为你营销策划的创意源。

【课堂讨论】

贝贝网提供的电子商务服务旨在帮助女性消费者更快地进行网上购物。

讨论：这句话是否生动写出了贝贝网的卖点？

如果作为公司介绍,这句话合格,但是作为产品卖点,显然缺乏吸引力,如果我们稍微做一下改动：电子商务网站贝贝网帮新手妈妈找到全网最低价抢购奶粉、尿不湿等婴儿用品。那么,这句产品介绍语是不是生动很多？这里使用的技巧就是场景化,把抽象的产品和服务放到生活化的场景中去表述,就容易激发出用户对痛点的联想,进而创造出消费欲望。能够激发出痛点联想的产品或服务介绍,也更容易激发投资人了解的欲望。

（三）人员及组织结构

有了产品之后,创业者第二步要做的就是组成一支有战斗力的管理队伍。企业管理的好坏,直接决定了企业经营风险的大小。而高素质的管理人员和良好的组织结构则是管理好企业的重要保证。因此,风险投资家会特别注重对管理队伍的评估。

企业的管理人员应该是互补型的,而且要具有团队合作精神。一个企业必须要具备负责产品设计与开发、市场营销、生产作业管理、企业理财等方面的专门人才。在创业计划书中,必须要对主要管理人员加以阐明,介绍他们所具有的能力。他们在本企业中的职务和责任、他们过去的详细经历及背景。此外,还应对公司结构做简要介绍,包括公司的组织机构图；各部门的功能与责任；各部门的负责人及主要成员；公司的报酬体系；公司的股东名单,包括认股权、比例和特权；公司的董事会成员；各位董事的背景资料。

大学生创业,一般情况下创业团队的实力很难比较,所以不需要刻意拉人头充面子,面对这样的创业计划书,投资人会问,如果项目失败了,哪几个会去"跳楼"？只有递交了"投名状"的人才能在创业计划书上介绍。所谓投名状,就是掏了真金白银的人或者全职入伙的人。而作为"资源型"的人,只能在创业计划书的"附件"部分做介绍,甚至不用介绍。

比较好的团队描述举例：

- 张××：董事长，占股51%，负责公司整体运营。

工作背景：清华大学MBA，曾任××公司总经理5年，系统管理过2 000人以上的团队，拥有丰富的企业管理经验，尤其对物流行业的理解很深。

- 李××：总经理，占股25%，负责系统和技术总策划。

工作背景：中国科技大学计算机系硕士，曾任××公司总工程师8年，技术功底深厚，其主导研发的××产品现在的市场占有率居国内第一。

- 王××：副总经理，占股15%，负责市场推广。

工作背景：重庆大学经济管理系硕士，曾任××公司市场总监，三年内将公司年销售额从200万元提升到5 000万元，市场渠道建设经验丰富。

- 附件：我们公司的外部顾问清单。

××院士、××校长、××博导。

（四）市场预测

当企业要开发一种新产品或向新的市场扩展时，首先就要进行市场预测。如果预测的结果并不乐观，或者预测的可信度让人怀疑，那么投资者就要承担更大的风险，这对多数风险投资家来说都是不可接受的。市场预测首先要对需求进行预测，比如市场是否存在对这种产品的需求？需求程度是否可以给企业带来所期望的利益？新的市场规模有多大？需求发展的未来趋向及其状态如何？需求影响都有哪些因素？其次，市场预测还包括对市场竞争的情况——企业所面对的竞争格局进行分析，比如市场中主要的竞争者有哪些？是否存在有利于本企业产品的市场空当？本企业预计的市场占有率是多少？本企业进入市场会引起竞争者怎样的反应，这些反应对企业会有什么影响？等等。

创业者应牢记的是，市场预测不是凭空想象出来的，对市场错误的认识是企业经营失败的最主要原因之一。

【案例分析】

这是一个有10亿规模的潜在市场吗

中国有14亿人口，年收入在20万以上的家庭即便按千分之一计算，也是130万人，这是一个很庞大的数字。

我们的产品定位是家庭集中空气净化循环系统，非常符合这一类人群对更好生活质量和空气质量的要求。只需要每年有5%的客户对我们的产品有需求，以产品2万元的单价，我们就创造了一个年产值超过10亿的潜在规模的市场，而且随着用户口碑扩散和产品生产规模扩大，我们还能进一步降低营销和生产成本，覆盖更多用户，做大市场容量。

讨论：这种市场容量分析的方法靠谱吗？

得出市场总容量，建议分四步走：第一步，通过行业调研报告数据了解同类产品在目标市场中销售的具体规模数字；第二步，了解当地市场有关产品的消费变化因素；主要是当地的工资收入水平变化、消费习惯的变化等；第三步，评估产品在未来市场处于生命周期的哪个阶段；第四步，建立市场细分的销售漏斗模型。

1.路演资料的准备

(1)Word 格式的创业计划书。

创业计划书(Word)是有一定框架的,你可以沿着以下逻辑思考你的整个商业模式。

* 一句话说明你创业的灵感或动机。(切入点)
* 一句话说明市场的潜力。(市场前景)
* 一句话说明你们满足了什么刚需。(产品或服务或解决方案)
* 一句话说明还有谁提供这些刚需。(竞争对手)
* 一句话说明你们提供的比他们的强在哪儿。(优势)
* 一句话说明你们如何保持优势。(核心竞争力)
* 一句话说明你们如何让客户知道你们的产品。(市场推广)
* 一句话说明你们在某个周期内能赚多少。(盈利能力)
* 一句话说明你们计划分多少股份,换多少投资,准备做什么。(融资需求)
* 一句话说明计划让投资人得到怎样的回报。(退出机制)
* 一句话介绍一下你们自己。(团队优势)

(2)PPT 格式的创业计划书。

PPT 整体风格清晰、突出;着色不能超过三种;字不如表,表不如图。

PPT 内容逻辑清晰。5 分钟的 PPT 项目展示,15~20 页为宜。PPT 内容提纲如下:

①封面(1 页):项目名称+一句话描述公司业务或创业项目(例如,慧淬:全球首创的钢轨延寿服务专家;粉丝网:打造第一粉丝社群媒体;罗小馒:目前云南最火的"罗三长红糖馒头")。一般项目名称不要直接用公司名字(尤其是对于尚未成立公司的项目);用一句话描述尽量体现项目定位和亮点;避免太过于技术化的题目。标明路演人姓名、身份。

②行业背景和市场现状(2~3 页):(用数据或案例)描述你发现目前客户的"切肤之痛"或市场的痛点(问题),简介目前客户是如何应对这些问题的。定义你的目标客户并描绘他们的特性,并测算市场规模。

③解决方案(2~3 页):你有什么解决方案,或者什么产品能够解决发现的这个痛点(市场需求点/机会点),简要描述产品的外形、功能、性能、结构、知识产权和开发计划;配上简单的产业链上下游图(或产品功能示意图、简要流程框图等),简要阐述产品的独特价值,如何解决客户的难题,说明产品价值具体在何处得到体现,提供一些产品使用的具体案例(场景)。注意发挥专业特长,有创新内涵,要专注聚焦,不追求大而全。

④目标客户(1~2 页):你的产品面对的用户是哪些? 明确产品将面对的用户群是谁(要有清晰的目标用户群定位)。

⑤核心竞争力/壁垒(1~2 页):为什么这个事情你能做,而别人做不了? 或者为什么你能比别人干得好? 你的核心竞争力是什么? (优势、竞争商品分析)列出现有的和潜在的竞争对手,分析各自的竞争优势,指出自己的竞争优势。

⑥项目发展/执行情况(2~3 页):你的市场有多大? 你们已经做出了哪些业绩? 截至目前,该项目的发展/执行情况(产品、研发、生产、市场拓展、业务发展、销售等核心环节的进展,尽量用数据进行总结,突出数据变化的趋势)。

⑦盈利模式/商业变现(1~2页):说明你如何实现盈利。收入模式,销售和渠道,定价从每个客户身上可获得的平均收入或其终身价值,现有客户和正在开发的客户清单。如果项目还处于雏形阶段,无须过多介绍盈利模式,把重点放在产品/解决方案的介绍上,让大家觉得确实有价值,并有机会做大。

⑧项目/公司团队(1~2页):你搭建了一个怎样的团队?团队的人员规模和组成,团队主要成员的分工、背景和特长,并说明个人能力与岗位的匹配度,团队的核心竞争优势。科技成果转化项目,需说明科技成果的专利权人、发明人与团队的关系。

⑨财务预测与融资计划(2~3页):你未来1年的财务收支预估(收入模式)。不必写未来3年甚至5年的财务预测,除非是已经非常成熟的项目。未来6个月或1年的融资计划(需要多少资金,释放多少股份,用这些资金干什么,达成什么目标)估值逻辑需要提前思考,但一般不用写在创业计划书上。

⑩展示愿景,发起号召(1页)。

(3)视频。一般时长1分钟。配字幕以方便理解,与PPT内容互补,参考优质视频的叙事结构和手法拍摄,主题突出、画面清晰。

2.现场路演策略

(1)熟悉舞台、遥控器和PPT内容。

(2)衣着打扮不要过于"乔布斯"式。

(3)语速不能过快,不要有蔑视竞争对手的言语。

(4)创业不是儿戏。不要过于激情洋溢,需要的是情商和智商。

(5)把握好时间,不要讲太多专业用语,通俗易懂。

(6)要清楚路演的目的和对象。不同的投资者有不同的关注点。比如,财务投资者关心财务和盈利,产业资本关心技术和研发能力等。

(7)讲解不要超时,避免逐字逐句读幻灯片。根据PPT拟写逐字演讲稿并独立背诵到纯熟,高频演练、优化风格。

(8)要讲一个真实好听的故事。用投资人喜欢的概念包装自己。在讲述创业计划的时候,一个好故事的确能打动很多投资人。所以现在很多人花费大量时间准备一个有情怀的创业故事,谈自己创业的初心、梦想、情怀。

【案例精选】

如何讲一个动人的创业故事:
你能通过电梯测验做一次自我介绍吗

电梯测验是指"在乘电梯的30秒内清晰准确地向客户解释清楚解决方案"。这是麦肯锡公司检验其陈述咨询报告的方法之一。

CTR风险投资公司的罗杰·布瓦斯韦特对电梯法则的价值作出了最好的总结:"在进行商业汇报时,尤其就我本人而言,如果不能通过电梯测试,就不应与任何人讨论。"

如果你无法简明扼要、准确无误地阐述自己的想法,要么你没有充分理解资料,需要再熟悉熟悉,要么就是你的故事结构不够清晰、准确,需要再考虑考虑。

【课堂练习】

组织一下语言,看看能否在 30 秒内向你的同学介绍你是一个怎样的人?

在_____领域,用户普遍的痛点是_____。为了解决这个痛点,市场上已经有的产品是_____。我们的项目和市场上的东西的区别:(1)_____;(2)_____;(3)_____。我们之所以能凭借这个项目赢得市场,是因为我们拥有别人不具备的 3 个优势:(1)_____;(2)_____;(3)_____。我们已经在_____个月内做到了_____的规模,我们相信这是一个能快速发展到_____年收入规模的市场,我们有希望成为这个领域的一只独角兽,我们希望能得到投资人_____,换取_____的股份。

【课堂练习】

讲一个故事,证明你是一个有毅力的人。

现在各种创业路演很多,很可能投资人当时觉得某位创业者讲得很有道理,但到了第二天,根本想不起创业者讲过什么。而另一位创业者,可能在他的 PPT 中有不少很酷的照片,他讲了一个很有趣的故事,或者很酷的观点——也许你也不一定记得他讲的所有东西,但至少记得他讲的故事。

3.现场答辩

(1)投资人常问的问题:

①关于公司整体运营方面的提问:

- 你们公司为什么叫这个名字?
- 你们公司为什么要在××注册,而不是选择××?
- 你们的注册资本是真实的吗? 你们公司的股权结构是什么?
- 你们股东参与公司运营吗? 你在项目中投入了多少?
- 你们的团队构成是怎样的?
- 作为大学生,你有时间和精力兼顾这个公司的运营吗?
- 你们如何保证创业团队的稳定性?
- 如果学校不提供场地优惠或无法取得融资,你们还能生存吗?
- 你们目前的真实业绩如何?
- 你们提出××目标如果不能达到会怎样?
- 你们公司发展过程中最大的风险是什么? 你们有什么准备?
- 你们公司的发展战略是什么?

②关于产品或服务方面的提问:

- 你们的产品最大的卖点是什么?(能带给客户的价值是什么?)

- 你们凭什么打败对手或者替换现有的产品？（核心竞争力是什么？）
- 你们的技术真的投入商业化使用了吗？
- 项目有成功案例吗？
- 你们的产品质量靠什么保证？
- 你们的服务成本如何得到控制？
- 你们最大的竞争对手是谁？
- 如果 BAT 推出和你们一样的产品，你们有什么办法应对？

③关于市场和推广方面的提问：

- 你们要进入的市场规模到底有多大？是怎样判断出来的？
- 你们对未来市场乐观判断的依据是什么？
- 为什么××渠道会选择与你们合作？
- 除了××，你们还有哪些销售渠道？
- 你们的××销售渠道具体运营措施是什么？
- 为什么你能做成这件事情（技术、团队、市场营销、销售、竞争）？

④关于财务方面的提问：

- 你们对未来收入的预期是基于怎样的分析得到的？
- 你们提到的政府扶持或者免税政策真的能争取到吗？
- 创始资本里的银行贷款部分如何确保能申请到？
- 什么时候公司账上开始有收入进来？什么时候公司达到盈亏持平？
- 你们项目的投资回报周期是怎样的？什么时候能收回投入？
- 为什么你们需要投资？投资进入后你们准备怎样花这笔钱？
- 你们计划如何让风险投资退出？
- 目前你们每个月的运营成本是多少？

【案例精选】

如果是你，下面的 10 个问答，你觉得还能如何改进？评委可能会继续问什么问题？问答样例来自大学生在线教育创业项目——武汉幻方科技有限公司。

（1）你们公司为什么叫这个名字？

答：公司的全称为"武汉幻方科技有限公司"，"幻方"的含义就是用幻灯片破解在线教育的魔方。

（2）为什么你们公司要在武汉光谷注册，而不是选择北京这种更有互联网氛围的城市？

答：我们选择武汉是因为武汉光谷的创业政策越来越好，而创业成本显著低于北上广深，我们公司的成本主要是人力成本，选择武汉是非常有竞争力的。

（3）你们要进入的市场规模到底有多大？

答：Office 软件是职场人的标配，职场新人和大学生群体就是我们的主要市场。现在 5 年以下工龄白领和在读大学生人数约为 1 亿人，这些人每天会有超过 2 小时使用 Office 软件，但是大多数人却只知道简单的基础操作，并不会熟练有效运用。所以这个市场发展空间很大。

（4）你们对未来市场乐观判断的依据是什么？

答：现在各大高校都有开设 Office 相关课程，这已经很好地说明了其市场前景。但目前对 Office 软件的使用，大多数人还处于简单基础操作阶段，我们调查过 Office 线下内训市场每年就超过 2 亿人，市场足够容纳我们的课程发展。

（5）为什么有经验的老师要选择与你们合作？

答：大部分有经验的老师最擅长的是课程开发，可是还有三方面的不足：不知道怎么开发课程才能使用互联网，不会利用新媒体去推广课程，没有那么多时间答疑。但我们有能力整合大学生，提供低成本、标准化服务。

这三方面正是我们这群"90 后"大学生擅长的，并且付诸实践、已有成效的东西，所以我们和很多老师是一拍即合的。

（6）作为大学生，你们有时间和精力兼顾公司运营吗？

答：作为大学生创业者，这也是我们曾头痛过的问题，所以，我们一开始就非常注意把课程开发、运营、服务的经验梳理出来，把整个开发推广运营的流程规范化，外包给更多大学生来执行。其实，我们几个核心成员主要的工作是负责各种工作、活动的策划、组织，考虑整个公司发展的大方向，而整个课程开发、推广以及运营都是由我们的小伙伴来执行的，所以学员的增加、公司的扩大不会是我们的负担，反而会因为现金流丰富，让我们更加从容做事。

（7）如果你们的老师不准备提供技术支持或场地优惠给你们，你们还能生存吗？

答：我们是一家轻公司，提供的是线上服务。我们所有的工作人员都是利用自己的资源工作的，所以对场地并没有太高要求，只需要月租三四千的办公场所，如果合适，即使选择在家办公也不会影响业务开展。

（8）你们如何保证创业团队的稳定性？

答：我们其实本身工资并不高，但是核心成员都有股份，所以我们的利益是与整个公司的利益挂钩的。另外，我们核心团队成员很少，彼此很熟悉，价值观也一致，也不会因为股权分红而闹矛盾。

（9）你们的产品最大的卖点是什么？（核心竞争力是什么？）

答：我们的课程体系真正适应了在线学习；我们把课程服务成本变成了课程口碑推广的机会；我们充分利用"90 后"大学生熟悉新媒体和低成本优势，打通各类社交口碑传播渠道。

（10）如果竞争对手推出和你们一样的产品，你们有什么办法应对？

答：这个问题正是线下培训的一个症结，因为在同等条件下，大家更可能以就近原则来选择培训班。但线上就不存在这个问题了。网上学习就没有地点和时间的限制，大家可以像按照客户口碑选择淘宝店买东西一样去选择课程。而我们有先入优势，现在已经有了4 000 多位学员的口碑——我们不担心竞争对手的产品，只要我们进化速度和他们一样快，他们就很难超越了。

（2）现场答辩注意事项：
①创业者要敏锐预见问题，做好准备。根据投资人常问的问题，拟写答辩稿，高频演练。

②回答问题阶段是非常重要的,此时投资者往往考查创业者是否挖掘到问题的本质,以及对新创企业了解多少。

③注意事项:

- 准确理解问题要点,回答具有针对性而不是泛泛而谈;
- 迅速作出回答,回答内容连贯、条理清楚;
- 回答准确可信:建立在事实和可信的逻辑推理上;
- 特定方面的充分阐述;
- 整体答辩的逻辑性要求:陈述和回答整体一致;
- 团队成员有较好的配合,能协调合作,彼此互补。

【课程育人】

综合本章内容,可以看出创业计划书是创业活动开展的蓝图,指导创业行为,为融资做好准备。总结如下:

1.完成一项复杂工程需要系统的、深入的思考,大学生创业前应该沉下心多思考,创业时应脚踏实地。

2.创业计划书的撰写是个逻辑严密、客观理性的思考过程,大学生应本着科学严谨的态度对待创业活动。

3.项目路演是创业者综合素质的集中体现,需要在平时打好基本功,大学生应注重自己综合素质能力的提升,通过各类活动锻炼自己。

【能力训练】

一、简答题

1.简述创业计划书的概念、特征与作用。

2.创业计划书的基本格式是什么?

3.编制创业计划书的基本要求是什么?

4.创业计划书的撰写原则有哪些?

5.创业计划书的基本内容有哪些?

6.编制创业计划书的注意事项有哪些?

7.项目路演需准备哪些资料?

8.简述项目路演 PPT 内容提纲。

9.简述项目路演评委常提的问题及现场答辩注意事项。

二、案例分析题

大学毕业后的小李一直想做老板。经过几年的努力工作和省吃俭用积蓄了一笔资金,其中 10 万元做了注册资金,5 万元用于流动资金。他认为,个人创业必须有丰富的工作经验、吃苦耐劳的精神。所以在过去的工作中,无论分内分外的事,他总是抢着干,从不计报酬,尤其是经营方面的事,他更是认真请教他人,目的就是多学点儿本事,为自己开公司做准备。开办自己的公司后,他勤勤恳恳努力工作,但他怎么也没想到,最初的 3 个月几乎没有生意,直到第 6 个月才稍有收入,可生意很不稳定,半年来,他赔了 3 万元。他开始动摇了,觉得自己是在靠天吃饭、靠运气吃饭。他认为做生意不应该是赌博,肯定是哪儿弄错了。他不想再这样干下去了,认为不能等到这 15 万元都赔光的时候才行动,他要去弄明白问题到底出在哪里。第 7 个月他关掉了公司。

问题:导致小李失败的原因是什么?

【拓展阅读】

创业计划书(范例)

项目名称:项目名称+一句话描述(例如,粉丝网——打造第一粉丝社群媒体)。建议:①项目名称不要直接用公司名字(尤其是对于尚未成立公司的项目);②用一句话描述尽量体现项目定位和亮点;③避免太过于技术化的题目。

*企业的宗旨(200 字左右,我们是做什么的)

(一)项目摘要(1 200 字左右,摘要是全部计划书的核心所在,要提炼要点、引人入胜)

*项目概念与概貌

*市场机遇与前景

*项目的产品概述

*项目的竞争优势

*项目的市场策略

*项目营收与盈利

*项目的核心团队

*项目股权与融资

*其他需要着重说明的情况或数据(可以与下文重复,本概要将作为项目摘要由投资人浏览)

(二)市场分析

*商机分析(通过实例与数字论证)

*行业分析,应该回答以下问题:

1.该行业发展程度如何?

2.现在发展现状如何?

3.该行业的市场容量多大? 扩张趋势怎样?

4.该行业有哪些主要企业? 竞争态势如何?

5.政策因素对该行业的影响程度如何?

6.经济发展对该行业的影响程度如何?

7.其他影响该行业的核心因素有哪些?

*主要业务与阶段战略

（三）产品概况

*关键技术介绍。主要包括以下内容：

1.产品技术概况。

2.产品技术优势分析：国外研究情况，国内研究情况。

3.产品的名称、原理、特征及性能用途；介绍企业的产品或服务及对客户的价值。

4.产品的开发过程，同样的产品是否还没有在市场上出现？为什么？

5.产品处于生命周期的哪一段？

6.产品的市场前景和竞争力如何？

7.产品的技术改进和更新换代计划及成本，利润的来源及持续营利的商业模式。

*生产经营计划。主要包括以下内容：

1.产品的生产经营计划：生产产品的原料如何采购、供应商的有关情况，劳动力和雇员的情况，生产资金的安排以及厂房、土地等。

2.企业的生产技术能力。

3.品质控制和质量改进能力。

4.将要购置的生产设备。

5.生产工艺流程。

（四）市场营销

*介绍企业所针对的市场、营销战略、竞争环境、竞争优势与不足，主要产品的销售金额、增长率和产品或服务所拥有的核心技术、拟投资的核心产品的总需求等。

*目标市场，应解决以下问题：

1.你的细分市场是什么？

2.你的目标顾客群是什么？

3.你拥有多大的市场？你的目标市场份额为多大？

*竞争分析，要回答如下问题：

1.你的主要竞争对手有哪些？

2.你的竞争对手所占的市场份额和市场策略是什么？

3.你的策略是什么？

4.在竞争中你的发展、市场和地理位置的优势体现在哪些方面？

5.产品的价格、性能、质量在市场竞争中所具备的优势是什么？

*市场营销，你的市场营销策略应该说明以下问题：

1.营销渠道的选择和营销网络的建设。

2.广告策略和促销策略。

3.价格策略。

4.市场渗透与开拓计划。

5.市场营销中意外情况的应急对策。

（五）创业团队

*全面介绍企业管理团队情况，主要包括：

1.公司的管理人员及机构,主要股东、董事、关键的雇员、薪金、股票期权、劳工协议、奖惩制度及各部门的构成等情况都要以明晰的形式展示出来。

2.展示企业管理团队的战斗力和独特性及与众不同的凝聚力和团结战斗精神。

＊列出企业的关键人物(含创建者、董事、经理和主要雇员等)。

关键人物之一

姓名			
角色			
专业职称			
任务			
专长			
主要经历			
时间	单位	职务	业绩
所受教育			
时间	学校	专业	学历

＊企业共有多少全职员工？（填数字）

＊企业共有多少兼职员工？（填数字）

＊尚未有合适人选的关键职位。

＊管理团队优势与不足之处。

＊人才战略与激励制度。

＊外部支持:公司聘请的法律顾问、投资顾问、投发顾问、会计师事务所等中介机构名称。

(六)财务预测

＊财务分析包括以下三方面的内容:

1.过去1~3年的历史数据(创意组项目不需提供。主要提供过去1~3年现金流量表、资产负债表、损益表,以及年度的财务总结报告书);今后1~3年的发展预测。

2.投资计划:

(1)预计的风险投资数额。

(2)投资收益和再投资的安排。

(3)风险投资者投资后双方股权的比例安排。

(4)投资资金的收支安排及财务报告编制。

(5)投资者介入公司经营管理的程度。

3.融资需求:

创业所需要的资金额,团队出资情况,资金需求计划,为实现公司发展计划所需要的资金额,资金需求的时间性,资金用途(详细说明资金用途,并列表说明)。

融资方案:公司所希望的投资人及所占股份的说明,资金其他来源,如银行贷款等。

*完成研发所需投入?

*达到盈亏平衡所需投入?

*达到盈亏平衡的时间?

项目实施的计划进度及相应的资金配置、进度表。

*投资与收益

单位:万元

	第一年	第二年	第三年
年收入			
销售成本			
运营成本			
净收入			
实际投资			
资本支出			
年终现金余额			

*简述本期风险投资的数额、退出策略、预计回报数额和时间表

(七)资本结构

迄今为止有多少资金投入贵企业?	
您目前正在筹集多少资金?	
假如筹集成功,企业可持续经营多久?	
下一轮投资打算筹集多少?	
企业可以向投资人提供的权益有	□股权　□可转换债　□普通债权　□不确定

*目前资本结构表

股东成分	已投入资金	股权比例

*本期资金到位后的资本结构表

股东成分	投入资金	股权比例

*请说明你们希望寻求什么样的投资者?(包括投资者对行业的了解,资金上、管理上的支持程度等)

(八)投资者退出方式

*股票上市:依照本创业计划的分析,对公司上市的可能性作出分析,对上市的前提条件作出说明。

*股权转让:投资商可以通过股权转让的方式收回投资。

*股权回购:依照本创业计划的分析,公司实施股权回购计划应向投资者说明。

*利润分红:投资商可以通过公司利润分红达到收回投资的目的,按照本创业计划的分析,公司实施股权利润分红计划应向投资者说明。

(九)风险分析

*企业面临的风险及对策

详细说明项目实施过程中可能遇到的风险,提出有效的风险控制和防范手段,包括技术风险、市场风险、管理风险、财务风险及其他不可预见的风险。

(十)其他说明

*您认为企业成功的关键因素是什么?

*请说明为什么投资人应该投资贵企业而不是别的企业?

*关于项目承担团队的主要负责人或公司总经理详细的个人简历及证明人。

*媒介关于产品的报道;公司产品的样品、图片及说明;有关公司及产品的其他资料(组织机构代码扫描件、专利证书、著作、政府批文、鉴定材料、营业执照复印件)。

*创业计划书内容真实性承诺。

编制创业计划书的注意事项

通常,创业融资用的计划书"七分策划,三分包装",是技术和艺术的统一体,应尽量精练,突出重点。

编制创业计划书的目的是让投资者了解商业计划,其内容必须紧紧围绕这一主题,开门见山,使投资者在最短时间内了解更多的关于商业计划的内容。如要第一时间让读者知道公司的业务类型,避免在最后一页才提及经营性质;要阐明公司的目标及为达到目标所制订的策略与战术;陈述公司需要多少资金以及时间用途,并给出一个清晰和符合逻辑的让投资者投资的策略。

1.换位思考

编制创业计划书的一个重要方法就是换位思考,即融资者要设身处地,假设自己是一位战略合伙人或风险投资人,自己最关心的问题是什么,自己判断的标准是什么。就是说,要按照阅读创业计划书的读者的思路去写作创业计划书,这样就会弄清哪些是重点,应该具体描述,哪些可以简单描述,哪些是不必要的东西,从而获取投资者的青睐。

就此来说,编制创业计划书应忌讳用过于技术化的词语来形容产品或生产营运过程,而尽可能用通俗易懂的条款,使读者容易理解。

2.以充分的调查、数据、信息为基础

市场销售是投资获利的基础,对此,创业者要充分考察市场的现实情况,广泛收集有关市场现有的产品、现有竞争、潜在市场、潜在消费者等具体信息,使市场预测建立在扎实的调查、数据之上,否则后面的生产、财务、投资回报预测就都成了空中楼阁。为此,创业计划书中忌用含糊不清或无事实根据的陈述或结算表。

同时,在搜集资料时,一定要做到客观公正,避免只搜集对自己有利的信息,而不去搜集或者故意忽略对自己不利的信息。一般来说,战略投资者或风险投资家都是一些非常专业的人士,提出的问题会非常尖锐,如果只搜集对自己有利的信息,在遇到问题时就会显得欠考虑和准备不充分。

3.实事求是,适度包装

创业计划书的作用固然重要,但它仍然只是一块敲门砖。过度包装是无益的,企业应该在盈利模式打造、现场管理、企业市场开拓、技术研发等方面下硬功夫,否则,即使有了机会也把握不住。

4.不过分拘泥于格式

创业计划书固然有很多约定俗成的格式,但很多资金供给方在实际运作中正在忽略这种格式,直接关注几个关键点,关注他们想看到的东西。因此,企业在组织、编制创业计划书的过程中,不要过分拘泥于固定的格式,把企业的优势、劣势都告诉别人,才可能是最后的赢家。

"互联网+"大学生创新创业大赛商业计划书撰写注意事项

(一)高教主赛道创意组商业计划书撰写注意事项

1.展现教育引领(30分)

(1)项目应弘扬正确的价值观,体现家国情怀,恪守伦理规范,有助于培育创新创业精神。

(2)项目符合将专业知识与商业知识有效结合并转化为商业价值或社会价值的创新创业基本过程和基本逻辑,展现创新创业教育对创业者基本素养和认知的塑造力。

(3)体现团队对创新创业所需知识(专业知识、商业知识、行业知识等)与技能(计划、组织、领导、控制、创新等)的娴熟掌握与应用,展现创新创业教育提升创业者综合能力的效力。

(4)项目充分体现团队解决复杂问题的综合能力和高级思维;体现项目成长对团队成员创新创业精神、意识、能力的锻炼和提升作用。

(5)项目能充分体现院校在新工科、新医科、新农科、新文科建设方面取得的成果;体现院校在项目的培育、孵化等方面的支持情况;体现多学科交叉、专创融合、产学研协同创新、产教融合等模式在项目的产生与执行中的重要作用。

2.体现创新性(20分)

(1)项目遵循从创意到研发、试制、生产、进入市场的创新一般过程,进而实现从创意向实践、从基础研发向应用研发的跨越。

(2)团队能够基于学科专业知识并运用各类创新的理念和范式,解决社会和市场的实际需求。

(3)项目能够从产品创新、工艺流程创新、服务创新、商业模式创新等方面着手开展创新创业实践,并产生一定数量和质量的创新成果以体现团队的创新力。

3.重视团队建设(20分)

(1)团队的组成原则与过程是否科学合理;团队是否具有支撑项目成长的知识、技术和经验;是否有明确的使命愿景。

（2）团队的组织构架、人员配置、分工协作、能力结构、专业结构、合作机制、激励制度等的合理性情况。

（3）团队与项目关系的真实性、紧密性情况；对项目的各项投入情况；创立创业企业的可能性情况。

（4）支撑项目发展的合作伙伴等外部资源的使用以及与项目关系的情况。

4.明确商业模式（20分）

（1）充分了解所在产业（行业）的产业规模、增长速度、竞争格局、产业趋势、产业政策等情况，形成完备、深刻的产业认知。

（2）项目具有明确的目标市场定位，对目标市场的特征、需求等情况有清晰的了解，并据此制订合理的营销、运营、财务等计划，设计出完整、创新、可行的商业模式，展现团队的商业思维。

（3）项目落地执行情况；项目对促进区域经济发展、产业转型升级的情况；已有盈利能力或盈利潜力情况。

5.展示社会价值（10分）

（1）项目直接提供就业岗位的数量和质量。

（2）项目间接带动就业的能力和规模。

（3）项目对社会文明、生态文明、民生福祉等方面的积极推动作用。

（二）高教主赛道初创组、成长组商业计划书撰写注意事项

1.展现教育引领（20分）

（1）项目应弘扬正确的价值观，体现家国情怀，恪守伦理规范，有助于培育创新创业精神。

（2）项目符合将专业知识与商业知识有效结合并转化为商业价值或社会价值的创新创业基本过程和基本逻辑，展现创新创业教育对创业者基本素养和认知的塑造力。

（3）体现团队对创新创业所需知识（专业知识、商业知识、行业知识等）与技能（计划、组织、领导、控制、创新等）的娴熟掌握与应用，展现创新创业教育提升创业者综合能力的效力。

（4）项目充分体现团队解决复杂问题的综合能力和高级思维；体现项目成长对团队成员创新创业精神、意识、能力的锻炼和提升作用。

（5）项目能充分体现院校在新工科、新医科、新农科、新文科建设方面取得的成果；体现院校在项目的培育、孵化等方面的支持情况；体现多学科交叉、专创融合、产学研协同创新、产教融合等模式在项目的产生与执行中的重要作用。

2.明确商业模式（30分）

（1）充分掌握所在产业（行业）的产业规模、增长速度、竞争格局、产业趋势、产业政策等情况；具有明确的目标市场定位，充分掌握目标市场的特征、需求等情况；具有完整、创新、可行的商业模式。

（2）经营绩效方面，重点考察项目存续时间、营业收入（合同订单）现状、企业利润、持续盈利能力、市场份额、客户（用户）情况、税收上缴、投入与产出比等情况。

（3）经营管理方面，是否有清晰的企业发展目标；是否有完备的研发、生产、运营、营销等制度和体系；是否采用先进、科学的管理方法，以确保企业具有较强的竞争力。

（4）成长性方面，是否有清晰、有效、全方位的企业发展战略，并拥有可靠的内外部资源

(人才、资金、技术等方面)实现企业战略,以建立企业的持续竞争优势。

(5)现金流及融资方面,关注项目融资情况、获取资金渠道情况、企业经营的现金流情况、融资需求及资金使用情况是否合理。

(6)项目对促进区域经济发展、产业转型升级的情况。

3.重视团队建设(20分)

(1)团队的组成原则与过程是否科学合理;团队是否具有独特的支撑项目成长的知识、技能、经验以及成熟的外部资源网络;是否有明确的使命愿景。

(2)公司是否具有合理的组织构架、清晰的指挥链、科学的决策机制;是否有合理的岗位设置、分工协作、专业能力结构;是否有良好的内部沟通机制;是否有合理的股权结构、激励制度等。

(3)团队对项目的各项投入情况及团队成员的稳定性情况。

(4)支撑公司发展的合作伙伴等外部资源的使用以及与公司关系的情况。

4.体现创新性(20分)

(1)项目遵循从创意到研发、试制、生产、进入市场的创新一般过程,进而实现从创意向实践、从基础研发向应用研发的跨越。

(2)团队能够基于专业知识并运用各类创新的理念和范式,解决社会和市场的实际需求。

(3)项目能够从产品创新、工艺流程创新、服务创新、商业模式创新等方面着手开展创新实践,产生一定数量和质量的创新成果,获得相应的市场回报。

(4)项目能够从创新战略、创新流程、创新组织、创新制度与文化等方面进行设计协同,对创新进行有效管理,进而保持公司的竞争力。

5.展示社会价值(10分)

(1)项目直接提供就业岗位的数量和质量。

(2)项目间接带动就业的能力和规模。

(3)项目对社会文明、生态文明、民生福祉等方面的积极推动作用。

(三)"青年红色筑梦之旅"赛道公益组商业计划书撰写注意事项

1.展现教育引领(30分)

(1)项目应弘扬正确的价值观,体现家国情怀,恪守伦理规范,有助于培育创新创业精神。

(2)项目体现团队扎根中国大地了解国情民情,遵循发现问题、分析问题、解决问题的基本规律,将所学专业知识、技能和方法应用于解决各类社会问题,展现创新创业教育对创业者基本素养和认知的塑造力和提升创业者综合能力的效力。

(3)项目充分体现团队解决复杂问题的综合能力和高级思维;体现项目成长对团队成员创新创业精神、意识、能力的锻炼和提升作用。

(4)项目能充分体现院校在新工科、新医科、新农科、新文科建设方面取得的成果;项目充分体现专业教育、思政教育、创新创业教育的有机融合;体现院校在项目的培育、孵化等方面的支持情况。

2.体现公益性(10分)

(1)项目以社会价值为导向,以谋求公共利益为目的,以解决社会问题为使命,不以营利为目标,有一定公益成果。

(2)在公益服务领域具有较好的创意、产品或服务模式的创业计划和实践,追求社会效益的最大化。

3.重视团队建设(20分)

(1)团队的组成原则与过程是否科学合理;是否具有从事公益创业所需的知识、技术和经验;是否有明确的使命愿景。

(2)团队内部的组织构架、人员配置、分工协作、能力结构、专业结构、激励制度的合理性情况;团队外部服务支撑体系完备(如志愿者团队等)、具有一定规模、实施有效管理使其发挥重要作用的情况。

(3)团队与项目关系的真实性、紧密性情况;团队对项目的各项投入情况;团队的延续性或接替性情况。

(4)支撑项目发展的合作伙伴等外部资源的使用以及与项目关系的情况。

4.展示发展性(20分)

(1)项目通过吸纳捐赠、获取政府资助、自营收等方式确保持续生存能力情况。

(2)团队基于一定的产品、服务、模式,通过高效管理、资源整合、活动策划等运营手段,确保项目影响力与实效性。

(3)项目对促进就业、教育、医疗、养老、环境保护与生态建设等方面的效果。

(4)项目的模式可复制、可推广、具有示范效应。

(5)项目对带动大学生到农村、城乡社区从事社会服务就业创业的情况。

5.体现创新性(20分)

(1)团队能够基于科学严谨的创新过程,遵循创新规律,运用各类创新的理念和范式,解决社会实际需求。

(2)项目能够从产品创新、服务创新等方面着手开展公益创业实践,并产生一定数量和质量的创新成果。

(3)鼓励将高校科研成果运用到公益创业中,以解决相应的社会问题。

必要条件:参加由学校、省市或全国组织的"青年红色筑梦之旅"活动。

(四)"青年红色筑梦之旅"赛道创意组商业计划书撰写注意事项

1.展现教育引领(30分)

(1)项目应弘扬正确的价值观,体现家国情怀,恪守伦理规范,有助于培育创新创业精神。

(2)项目体现团队扎根中国大地了解国情民情,遵循发现问题、分析问题、解决问题的基本规律,将所学专业知识、技能和方法应用于乡村振兴和农业农村现代化、城乡社区发展,展现创新创业教育对创业者基本素养和认知的塑造力和提升创业者综合能力的效力。

(3)项目充分体现团队解决复杂问题的综合能力和高级思维,体现项目成长对团队成员创新创业精神、意识、能力的锻炼和提升作用。

(4)项目能充分体现院校在新工科、新医科、新农科、新文科建设方面取得的成果;项目充分体现专业教育、思政教育、创新创业教育的有机融合;体现院校在项目的培育、孵化等方面的支持情况。

2. 重视团队建设(20分)

(1)团队的组成原则与过程是否科学合理;团队是否具有支撑项目成长的知识、技术和经验;是否有明确的使命愿景。

(2)团队的组织构架、人员配置、分工协作、能力结构、专业结构、合作机制、激励制度等的合理性情况。

(3)团队与项目关系的真实性、紧密性情况;对项目的各项投入情况;创立创业企业的可能性情况。

(4)支撑项目发展的合作伙伴等外部资源的使用以及与项目关系的情况。

3. 展示发展性(20分)

(1)充分了解乡村振兴、农业农村现代化、城乡社区发展的内容和要求,了解其中的痛点、难点,进而形成对所要解决问题完备的认知。

(2)在服务乡村振兴、农业农村现代化、城乡社区发展等方面有较好的创意、产品或服务模式,追求经济效益和社会效益的平衡。

(3)项目对推动乡村振兴、农业农村现代化、城乡社区发展等方面的贡献度。

(4)项目的持续生存能力,模式可复制、可推广、具有示范效应等。

4. 体现创新性(20分)

(1)团队能够基于科学严谨的创新过程,遵循创新规律,运用各类创新的理念和范式,解决乡村振兴、农业农村现代化、城乡社区发展中遇到的各类问题。

(2)项目能够从产品创新、服务创新等方面着手开展创新创业实践,并产生一定数量和质量的创新成果。

(3)鼓励院校科研成果和文创成果在乡村或社区进行产业转化落地与实践应用。

(4)鼓励组织模式或商业模式创新,鼓励资源整合优化创新。

5. 展示社会价值(10分)

(1)项目直接提供就业岗位的数量和质量。

(2)项目间接带动就业的能力和规模。

(3)项目对社会文明、生态文明、民生福祉等方面的积极推动作用。

必要条件:参加由学校、省市或全国组织的"青年红色筑梦之旅"活动。

(五)"青年红色筑梦之旅"赛道创业组商业计划书撰写注意事项

1. 展现教育引领(20分)

(1)项目应弘扬正确的价值观,体现家国情怀,恪守伦理规范,有助于培育创新创业精神。

(2)项目体现团队扎根中国大地了解国情民情,遵循发现问题、分析问题、解决问题的基本规律,将所学专业知识、技能和方法应用于乡村振兴和农业农村现代化实践,展现创新创业教育对创业者基本素养和认知的塑造力和提升创业者综合能力的效力。

(3)项目充分体现团队解决复杂问题的综合能力和高级思维,体现项目成长对团队成员创新创业精神、意识、能力的锻炼和提升作用。

(4)项目能充分体现院校在新工科、新医科、新农科、新文科建设方面取得的成果;项目充分体现专业教育、思政教育、创新创业教育的有机融合;体现院校在项目的培育、孵化等方面的支持情况。

2.重视团队建设(20分)

(1)团队的组成原则与过程是否科学合理,团队成员的教育和工作背景、创新能力、价值观念、分工协作和能力互补情况,是否有明确的使命愿景。

(2)公司是否具有合理的组织构架、清晰的指挥链、科学的决策机制;是否有合理的岗位设置、分工协作、专业能力结构;是否有良好的内部沟通机制;是否有合理的股权结构、激励制度。

(3)团队对项目的各项投入情况及团队成员的稳定性情况。

(4)支撑公司发展的合作伙伴等外部资源的使用以及与公司关系的情况。

3.展示发展性(30分)

(1)充分了解乡村振兴、农业农村现代化、城乡社区发展的内容和要求,了解其中的痛点、难点,进而形成对所要解决问题完备的认知。

(2)在服务乡村振兴、农业农村现代化、城乡社区发展等方面有较好的产品或服务模式,追求经济效益和社会效益的平衡。

(3)项目通过商业方式推动乡村振兴、农业农村现代化、城乡社区发展等方面的贡献度。

(4)项目的持续生存能力,模式可复制、可推广、具有示范效应等。

4.体现创新性(20分)

(1)团队能够基于科学严谨的创新过程,遵循创新规律,运用各类创新的理念和范式,解决乡村振兴、农业农村现代化、城乡社区发展中遇到的各类问题。

(2)项目能够从产品创新、服务创新、组织创新等方面着手开展创新创业实践,并产生一定数量和质量的创新成果,获得相应的市场回报。

(3)鼓励院校科研成果和文创成果在乡村或社区进行产业转化落地与实践应用。

5.展示社会价值(10分)

(1)项目直接提供就业岗位的数量和质量。

(2)项目间接带动就业的能力和规模。

(3)项目对社会文明、生态文明、民生福祉等方面的积极推动作用。

必要条件:参加由学校、省市或全国组织的"青年红色筑梦之旅"活动。

(六)职教赛道创意组商业计划书撰写注意事项

1.展现教育引领(30分)

(1)项目应弘扬正确的价值观,体现家国情怀,恪守伦理规范,有助于培育创新创业精神。

(2)项目符合将专业知识与商业知识有效结合并转化为商业价值或社会价值的创新创业基本过程和基本逻辑,展现创新创业教育对创业者基本素养和认知的塑造力。

(3)体现团队对创新创业所需知识(专业知识、商业知识、行业知识等)与技能(计划、组织、领导、控制、创新等)的娴熟掌握与应用,展现创新创业教育提升创业者综合能力的效力。

(4)项目充分体现团队解决复杂问题的综合能力和高级思维;体现项目成长对团队成员创新创业精神、意识、能力的锻炼和提升作用。

(5)项目能充分体现院校在职业教育建设方面取得的成果;体现院校在项目的培育、孵化等方面的支持情况;体现多学科交叉、专创融合、产学研协同创新、产教融合等模式在项目的产生与执行中的重要作用。

2.体现创新性(20分)

(1)具有原始创意、创造。

(2)具有面向培养"大国工匠"与能工巧匠的创意与创新。

(3)项目体现产教融合模式创新、校企合作模式创新、工学一体模式创新。

(4)鼓励面向职业和岗位的创意及创新,侧重于加工工艺创新、实用技术创新、产品(技术)改良、应用性优化、民生类创意等。

3.重视团队建设(20分)

(1)团队的组成原则与过程是否科学合理;团队是否具有支撑项目成长的知识、技术和经验;是否有明确的使命愿景。

(2)团队的组织构架、人员配置、分工协作、能力结构、专业结构、合作机制、激励制度等的合理性情况。

(3)团队与项目关系的真实性、紧密性情况;对项目的各项投入情况;创立创业企业的可能性情况。

(4)支撑项目发展的合作伙伴等外部资源的使用以及与项目关系的情况。

4.明确商业模式(20分)

(1)充分了解所在产业(行业)的产业规模、增长速度、竞争格局、产业趋势、产业政策等情况,形成完备、深刻的产业认知。

(2)项目具有明确的目标市场定位,对目标市场的特征、需求等情况有清晰的了解,并据此制订合理的营销、运营、财务等计划,设计出完整、创新、可行的商业模式,展现团队的商业思维。

(3)其他:项目落地执行情况;项目对促进区域经济发展、产业转型升级的情况;已有盈利能力或盈利潜力情况。

5.展示社会价值(10分)

(1)项目直接提供就业岗位的数量和质量。

(2)项目间接带动就业的能力和规模。

(3)项目对社会文明、生态文明、民生福祉等方面的积极推动作用。

(七)职教赛道创业组商业计划书撰写注意事项

1.展现教育引领(20分)

(1)项目应弘扬正确的价值观,体现家国情怀,恪守伦理规范,有助于培育创新创业精神。

(2)项目符合将专业知识与商业知识有效结合并转化为商业价值或社会价值的创新创业基本过程和基本逻辑,展现创新创业教育对创业者基本素养和认知的塑造力。

(3)体现团队对创新创业所需知识(专业知识、商业知识、行业知识等)与技能(计划、组织、领导、控制、创新等)的娴熟掌握与应用,展现创新创业教育提升创业者综合能力的效力。

(4)项目充分体现团队解决复杂问题的综合能力和高级思维;体现项目成长对团队成员创新创业精神、意识、能力的锻炼和提升作用。

(5)项目能充分体现院校在职业教育建设方面取得的成果;体现院校在项目的培育、孵化等方面的支持情况;体现多学科交叉、专创融合、产学研协同创新、产教融合等模式在项目的产生与执行中的重要作用。

2.明确商业模式(30分)

(1)充分掌握所在产业(行业)的产业规模、增长速度、竞争格局、产业趋势、产业政策等情况;具有明确的目标市场定位,充分掌握目标市场的特征、需求等情况;具有完整、创新、可行的商业模式。

(2)经营绩效方面,重点考察项目存续时间、营业收入(合同订单)现状、企业利润、持续盈利能力、市场份额、客户(用户)情况、税收上缴、投入与产出比等情况。

(3)经营管理方面,是否有清晰的企业发展目标;是否有完备的研发、生产、运营、营销等制度和体系;是否采用先进、科学的管理方法,以确保企业具有较强的竞争力。

(4)成长性方面,是否有清晰、有效、全方位的企业发展战略,并拥有可靠的内外部资源(人才、资金、技术等方面)实现企业战略,以建立企业的持续竞争优势。

(5)现金流及融资方面,关注项目融资情况、获取资金渠道情况、企业经营的现金流情况、融资需求及资金使用情况是否合理。

(6)项目对促进区域经济发展、产业转型升级的情况。

3.重视团队建设(20分)

(1)团队的组成原则与过程是否科学合理;团队是否具有独特的支撑项目成长的知识、技能、经验以及成熟的外部资源网络;是否有明确的使命愿景。

(2)公司是否具有合理的组织构架、清晰的指挥链、科学的决策机制;是否有合理的岗位设置、分工协作、专业能力结构;是否有良好的内部沟通机制;是否有合理的股权结构、激励制度等。

(3)团队对项目的各项投入情况及团队成员的稳定性情况。

(4)支撑公司发展的合作伙伴等外部资源的使用以及与公司关系的情况。

4.体现创新性(20分)

(1)具有原始创意、创造。

(2)具有面向培养"大国工匠"与能工巧匠的创意与创新。

(3)项目体现产教融合模式创新、校企合作模式创新、工学一体模式创新。

(4)鼓励面向职业和岗位的创意及创新,侧重于加工工艺创新、实用技术创新、产品(技术)改良、应用性优化、民生类创意等。

5.展示社会价值(10分)

(1)项目直接提供就业岗位的数量和质量。

(2)项目间接带动就业的能力和规模。

(3)项目对社会文明、生态文明、民生福祉等方面的积极推动作用。

(八)产业赛道商业计划书撰写注意事项

1.展现教育引领(30分)

(1)项目应弘扬正确的价值观,体现家国情怀,恪守伦理规范,有助于培育创新创业精神。

(2)项目符合将专业知识与产业实际问题有效结合,并转化为商业价值或社会价值,展现创新创业教育对创业者基本素养和认知的塑造力和提升创业者综合能力的效力。

(3)项目充分体现团队解决复杂问题的综合能力和高级思维,体现项目成长对团队成员创新创业精神、意识、能力的锻炼和提升作用。

（4）项目能充分体现院校在新工科、新医科、新农科、新文科建设方面取得的成果；体现院校在项目的培育、孵化等方面的支持情况；体现多学科交叉、专创融合、产学研协同创新等模式在项目的产生与执行中的重要作用。

2.命题分析角度（10分）

（1）全方位开展与所选命题相关的产业（行业）的产业规模、增长速度、竞争格局、产业趋势、产业政策以及市场的定位、特征、需求等方面的调研，形成一手资料。

（2）系统、深入了解企业（机构）内外部环境情况，通过与企业对接，准确把握其实际需求与痛点，明确解决该命题所需的各类资源。

（3）结合企业（机构）的产品、技术、模式、管理、制度等现实情况与本团队的创意、技术、方案、人才等实际情况，展开解题可行性和匹配度分析，为形成解决方案奠定基础。

3.体现创新性（20分）

（1）用于解决命题的创意、技术、方案、模式等的先进性情况。

（2）团队基于科学严谨的创新过程，遵循创新规律，运用各类创新的理念和范式解决命题。

（3）基于产业命题赛道开放创新的内在要求，促进企业（机构）将内外部资源有机整合，提高其创新效率的情况。

4.重视团队建设（20分）

（1）团队的组成原则与过程是否科学合理，是否具有支撑解决命题的知识、技术和经验。

（2）团队的组织构架、人员配置、分工协作、能力互补、专业结构的合理性情况。

（3）团队与项目关系的真实性、紧密性情况，团队对项目的各项投入情况，团队与企业（机构）持续合作的可能性情况。

（4）支撑项目发展的合作伙伴等外部资源的使用以及与项目关系的情况。

5.实现维度（20分）

（1）解决命题过程的规划和工作进度安排合理，在各阶段工作目标清晰，难点明确，重点突出，并能兼顾目标与资源配置。

（2）解决方案匹配企业（机构）命题要求，解决方案具备先进性、现实性、经济性、高完成度等特点。

（3）命题解决方案是否解决企业（机构）命题中涉及的问题，以及为企业（机构）带来经济效益、社会效益的潜力情况。

第六章　创新创业融资

【知识导航】

　　自 2015 年以来,国内掀起了新一轮的创新创业热潮。众多企业家瞅准这一良好的机遇,开启了自己的创业梦想,融入"大众创业、万众创新"洪流中。尽管各级政府对创新创业者给予了很多优惠的政策性支持、帮扶,但对大多数创业者来讲,资金来源仍然是一道难以逾越的门槛,尤其是对于没有资金积累的青年创业者,情况更是如此。通过本章的学习,可以让我们更深入地了解和掌握创业融资的含义、特点及相关融资渠道。

【学习目标】

　　1.了解融资及创业融资的概念。
　　2.了解大学生创业融资的特点。
　　3.了解融资渠道的概念及创业融资的主要渠道。
　　4.了解众筹融资。

【案例导入】

青海青年创业项目"极地青稞茶饮"项目获千万元风投融资

　　2015 年 11 月 22 日,青海青年创业项目"极地青稞茶饮"项目获得 A 轮 1 000 万元人民币风投融资,用于极地青稞茶饮项目的生产加工、销售及衍生产品研发。

　　青稞主产于中国西藏、青海、四川、云南等地,在青藏高原有 3 500 年的种植历史,从物质文化领域延伸到精神文化领域,已在青藏高原上形成了内涵丰富、极富民族特色的青稞文化。青稞有着广泛的药用和食用价值,现在已有多种青稞深加工产品上市。

　　"极地青稞茶饮"项目发起人、大内追风实业有限公司总经理刘大为介绍,2012 年起,该公司就开始将气压定量萃取技术应用于茶叶方面的研究,并针对青海省所产的青稞作物进行衍生技术开发,最终成功研发变压式破壁技术和青稞低温膨发技术。

　　青稞低温膨发技术填补了青海省内青稞作物精深加工技术空白,丰富了青稞作物的食用方式,并可有效带动青海省内农牧、旅游、文化、创业创新、特色旅游产品等方面的发展。据了解,"极地青稞茶饮"项目将青稞与茶叶通过一套独创的新型技术有效结合,最大限度地促进了各类茶叶芳香物质的挥发,并在最大程度上保存了青稞作物中的β-葡聚糖、膳食纤维等营养物质。

(资料来源:中国新闻网)

思考:结合案例谈谈融资对创业的重要性。

第一节 创业融资概述

一、融资与创业融资的概念

融资是指为支付超过现金的购货款而采取的货币交易手段,或为取得资产集资而采取的货币手段,货币资金的持有者和需求者之间,直接或间接地进行资金融通的活动。企业要发展,要扩张,就必须依靠融资;部分公司在需要清还欠款时,也会选择融资;还有部分企业存在混合动机。

微课　融资和
融资渠道形式

广义的融资是指资金在持有者之间流动以余补缺的一种经济行为,这是资金双向互动的过程,包括资金的融入(资金的来源)和融出(资金的运用)。狭义的融资仅指资金的融入。

对企业而言,创业融资是指企业从自身生产经营及资金运作情况出发,根据未来经营发展的需要,通过一定的渠道和方式筹集资金,以满足后续发展需要的一种经济行为。对个人而言,创业融资是指创业者为了将创意转化为现实,通过不同的渠道,采用不同的方式筹集资金以建立企业的过程。

每一个创业者都会面临的问题:我的项目需不需要融资？何时需要融资？需要融多少资？找谁融资？融资之后干什么？

创业所需资金的测算:创业到底需要多少资金？这个问题主要根据选择项目的种类、规模大小、经营地点等情况而定。以小本投资项目为例,所需的资金主要由以下几个部分组成:

- 项目本身的费用。这里是指付给所选定项目的直接费用。
- 经营设备、工具等购置费用。主要是指项目在经营过程中所需的辅助设备和工具。
- 房租、房屋装修费用及流动资金(房租至少要计算3个月的费用)。
- 营业执照及其他类似的费用(注册公司、办理印章等约3 000元)。
- 经营周转所需的资金(至少要准备能支付三四个月的经营周转资金)。

二、大学生创业融资的特点

(一)融资方式单一

根据对多所不同高校、不同专业的大学生进行的问卷调查,以及对200多名有创业经历或正在进行创业的大学生(包括在校和离校学生)进行的个人访谈,我们了解到大学生创业资金的来源主要是通过父母提供和向亲朋好友借款,渠道单一。

(二)对相关规范性文件了解少

根据相关调查,一些大学生对和个人创业融资相关的政策、法律和法规不了解,并在不十分了解这些规范性文件的同时,对其表现出没有信心或疑虑态度。在已经创业的大学生中,多数想过试图利用这些规范性文件中的优惠条件进行创业融资,但是对相关的法律、法规及操作程序不熟悉,不知道如何入手。

(三)过分强调资金和社会关系的重要性

当前很多大学生对创业条件的理解仅仅停留在物质层面,而忽视了自身素质与能力的培养,这样,即便拿到了资金,创业失败率也会很高。

(四)创业准备不足

尽管大学生有独立创业的愿望与热情,但真正面对激烈的市场竞争时,还是会因自身底气不足而却步。针对大学生创业融资准备的不足,创业者在融资的过程中需要做好以下工作:

第一,在制订大学生融资方案之前要准确评估自己的有形和无形资产的价值,千万不要妄自菲薄,低估了自己的价值。

第二,在融资过程中要做好大学生融资方案的选择,多渠道融资的比较与选择可以有效降低融资成本,提高效率。如果采用出让股权的方式进行融资,则必须做好投资人的选择。只有与自己经营理念相近,其业务或能力能够为投资项目提供渠道或指导的投资才能有效支撑企业的成长。

第三,创业不仅是实现理想的过程,更是使投资者的投资保值增值的过程。创业者和投资者是一个事物的两个方面,只有通过企业这个载体才能达到双赢的目标。"烧投资者的钱圆自己的梦"说到底是企业家的信用问题,怀有这种思想的人不会成为一个成功的创业者。能为投资者创造价值的企业家才能得到更多的融资机会和成长机会。因此,创业者不仅要加强自身的技术能力,还需要具备企业家的道德风范。

【案例精选】

滴滴宣布完成 30 亿美元融资 软件更名"滴滴出行"

在互联网打车软件"滴滴打车"上线 3 周年纪念日当天,滴滴公司宣布了其新一轮的融资金额,"滴滴打车"更名为"滴滴出行"以适应公司新的战略升级。

2015 年 9 月 9 日,滴滴公司宣布,已经结束新一轮总计 30 亿美元的融资,这距离该公司此前公布的 20 亿美元融资不到两个月时间。据相关消息,新一轮融资后滴滴的估值将攀升到 165 亿美元。

在 2015 年 9 月召开的夏季达沃斯论坛上,滴滴创始人程维正式确认了公司融资完成的相关信息,并首次公布了以中投和平安为代表的投资方信息。

滴滴并没有披露更多投资者名单,仅表示"更多引入了具备中资背景的战略股东以及对未来业务拓展和布局有帮助的投资者"。知情人士提供的投资人名单显示,此轮投资包括软银、平安保险集团、北京汽车集团、中国投资公司等,还有两位互联网巨头阿里和腾讯的继续跟进。

本轮融资创造了全球未上市公司融资的最高纪录。本轮融资完成后,滴滴将拥有近 40

亿美元的现金储备,这也是迄今为止中国移动互联网公司最高的现金储备。

滴滴此前表示,本轮融资资金将用于巩固公司现有市场地位、进一步拓展和做深国内市场和新业务,用于公司平台技术升级、大数据的研发和运营以及提升用户体验效率等,公司致力于三年内成为全球最大的一站式出行平台。

程维表示,未来的出行将不只是出行,此轮中投、平安等参与投资,也预示了滴滴的商业模式将与更多业态产生关联。

"未来三年,滴滴致力于把交通工具整合在一起。"程维表示,大众性的出行需求,滴滴通过预约方式实现,小众性的出行需求,滴滴通过快车、专车等更贵的一些方式来提供个性化和定制化服务。

同日,滴滴也正式公布了新的品牌升级和标识,"滴滴打车"更名为"滴滴出行",并启用新 Logo。滴滴总裁柳青称,滴滴旨在做"移动出行的综合性入口",不仅包括现有的专车、出租车、顺风车、巴士业务,还有专车、出租车等多种服务的拼车业务。

滴滴公司提供的数据显示,公司已占据国内出租车叫车软件市场 99% 的份额,而 2015年第二季度在中国专车市场占有率也高达 82%。

(资料来源:腾讯财经)

三、我国中小微企业融资现状

我国的中小微企业主要通过内源融资、直接融资、间接融资和民间借贷等形式募集企业发展所需的资金,从目前的实际情况看不容乐观,"闹钱荒"是当下众多中小微企业共同面临的问题。

(一)内源融资

内源融资是中小微企业创业之初的首选模式。由于缺乏抵押和尚未建立起诚信度,私营业主很难从银行等金融机构获取贷款,因而只能利用自有资金、寻找合伙人或向家人、朋友借款来进行生产经营,并将企业经营的收益部分拿出来进行扩大再生产。这种融资模式的好处在于融资成本低、风险相对较小,但由于其获取的资金量有限和资金来源不稳定,对企业的快速成长十分不利。

(二)直接融资

直接融资包括发行股票、债券和吸引风险投资等形式,是一种新兴的融资方式,它的优点在于企业可以募集到足够的资金来发展壮大。但由于股票、债券市场进入的门槛过高以及风险投资者基于自身追求利润等因素,这种融资方式偏重国有或大型企业,创业板块和中小企业板块规模还很小。当前,我国只有极少数的前端行业、高科技含量的中小微企业才能够通过这种方式获取资金,并不是数以千万计的中小微企业的主流融资渠道。

(三)间接融资

通过抵押、担保和信用贷款从银行获取所需资金,是当前我国中小微企业的主要融资方式,而缺乏可抵押物和诚信不足,一直是多年来困扰许多中小微企业难以从银行获取贷款的主要原因。虽然近年来国家和各级监管部门要求银行加大对中小微企业的信贷投入,但是针对中小微企业的信贷规模的增速仍远低于当前企业不断增长的资金需求。同时,由于金融监管部门对商业银行信贷规模设定了诸多的限制,也使它们不能很好地为中小微企业提供更多优质的融资产品。

（四）民间借贷

随着市场的日趋成熟，企业产品的利润率已经越来越低，很多中小微企业资金压力日益增大。同时，由于银行在贷款审核方面对这些企业过于苛刻，近年来越来越多的中小微企业选择民间借贷的方式，并以此缓解融资难的问题。民间借贷有着手续简便、放款快捷等优势，但利率较高。随着中小微企业资金缺口的增大，民间借贷的利率不断攀高，一旦企业经营出现状况，就很难偿还高额的利息。

四、我国大学生创业融资存在的问题及基本对策

（一）我国大学生创业融资存在的问题

1.国家政策法规没有得到有效执行

近年来，国家颁布了一系列支持大学生创业的政策，但这些政策在执行过程中往往会遇到一系列难题。政策执行单位大多还不具备解决这些问题的实际经验，具体如何操作，政策也没有进行明确规定。

2.我国风险投资事业仍不够发达

虽然最近几年我国的风险投资事业已经有了深化发展的趋势，但无论是规模还是发展程度都受外国机构的影响。可见，我国风险投资事业发展还不成熟，这必将影响我国的中小微企业发展，制约我国建设创新型社会的目标。

3.大学生自身创业能力不强

大学生自身创业能力不强是制约大学生获得创业资金的重大障碍。近年来，我国高校实现跨越式发展，招生规模一再扩大，高校毕业生数量年年大幅度增长，伴随而来的是社会各界对一些大学生综合能力的评价越来越差。在强调团队合作的今天，创业者想靠单枪匹马获得成功的概率正大大降低。受家庭因素的影响，一些大学生具有独立的个性，在创业中常常自以为是、刚愎自用。缺乏经验也是大学生创业问题中关键的因素之一，没有经验的大学生创业者还没有具备对市场事先调查的习惯，相反却进行理想的推断。这种缺乏实际经验的思维方式，往往是大学生创业失败的关键。这些素质缺陷，大大降低了大学生创业成功的概率，也大大降低了其获得资金青睐的可能性。

（二）解决我国大学生创业融资问题的基本对策

1.创造良好的宏观调控环境

国家和政府为支持大学生创业融资，为其提供了良好的宏观环境，具体体现在各种有关法律法规的颁布。所以当务之急，我们要做的就是建立一个长效约束机制，督促银行等金融机构落实对大学生创业的小额信贷。政府应建立相应的配套机制，对银行等金融机构发放的创业贷款进行适当比例的补贴，以促使这种政策能够得到长期有效的贯彻执行；同时，把对大学生创业贷款的支持，纳入对银行各级从业人员的业绩考评体系，从行政和经济上对大学生创业融资进行相应的法律支持。

2.大力发展风险投资事业

风险投资是推动自主创业的有效途径,这一理论得到了西方发达国家的实践证明。对创业者来说,尤其是对高科技领域的创业者,寻求风险投资商的帮助是一个合理、有效的途径。风险资金的融入,在给企业带来丰富现金流的同时,也带来了先进的管理理念,这对初出茅庐的大学生来说是至关重要的。因此,应该充分发挥风险投资在大学生自主创业中的支撑作用。

3.开展大学生创业教育

我们在分析支持大学生自主创业遇到困难的同时,往往忽视了大学生自身综合素质的提高。创业教育在我国许多高校尚未开展起来,远远落后于西方发达国家。其原因是各高校近年来持续扩大招生规模,导致学校师资力量不足,从而忽视了创业教育。在市场经济条件下,资本是逐利的,如果投资大学生的收益率很高,资金必然会大量涌入这一行业,商业银行自然也无法拒绝这一"诱惑"。所以,开展大学生创业教育,提高大学生的综合素质和创业能力,是解决大学生融资难的内部动力。

【知识点滴】

融资创新有助于解决小微企业"融资难"

据中国小额贷款公司协会统计,截至2015年年末,我国小微企业贷款余额已突破20万亿元。随着社会投融资手段日趋多元化,应收账款融资、融资租赁融资等新手段或有助于解决小微企业"融资难"。

银监会及中国小贷协会数据显示,截至2014年年末,用于小微企业的贷款(包括小微型企业贷款、个体工商户贷款和小微企业主贷款)余额为23.5万亿元,同比增长13.3%。"特别是国务院日前印发的《推进普惠金融发展规划(2016—2020年)》(国发〔2015〕74号)明确要求,拓宽小额贷款公司和典当行融资渠道,鼓励金融租赁公司和融资租赁公司更好地满足小微企业等融资需求。"上海快鹿投资集团相关负责人说。

据了解,包括银行业机构、小额贷款公司等金融类机构均在2015年加大服务小微企业力度。上海快鹿投资集团旗下的上海长宁东虹桥小额贷款股份有限公司,目前是长三角地区最大的民营小额贷款公司之一。"截至目前,共发放贷款万余笔,累计金额近160亿元,支持中小微企业破万家,实现利润总额逾6.6亿元,上缴税收近3.2亿元,信贷实现良性循环。"

此外,随着实体经济进入转型阶段,商事纠纷频发也带来中小企业的涉讼担保业务需求。上海东虹桥融资担保股份有限公司已成为全国民营企业中投资规模最大的融资性担保公司之一,迄今为止,仅诉讼保全业务已累计实现担保额146亿元,在上海市担保行业中名列第一,业务覆盖范围全国第一。

"推进供给侧结构性改革过程中,就是要更好地减轻负担,降低企业成本,让未来更多小微企业切实地享受到政策的实惠。"全国政协委员、民建中央调研部部长蔡玲说。

(资料来源:新华网)

第二节 创新创业融资渠道

一、融资渠道概述

融资渠道是指协助企业的资金来源,主要包括内源融资和外源融资。其中,内源融资主要是指企业的自有资金和在生产经营过程中的资金积累部分;外源融资即企业的外部资金来源部分,主要包括直接融资和间接融资。直接融资和间接融资的区别主要在于是否存在融资中介。间接融资是指企业的融资通过银行或非银行金融机构渠道获取,而直接融资即企业直接从市场或投资方获取资金。

随着技术的进步和生产规模的扩大,单纯依靠内部协助企业融资已经很难满足企业的资金需求。外部协助企业融资成为企业获取资金的重要方式。

创业是一个过程,不同阶段自然会有所差异。如图 6-1 所示,将不同阶段获取创业资金的难易程度做了一个梳理与对比,能让创业者们更清晰地了解努力的方向,"正确的思路加一流的执行"才更有利于创业项目的积极成长。

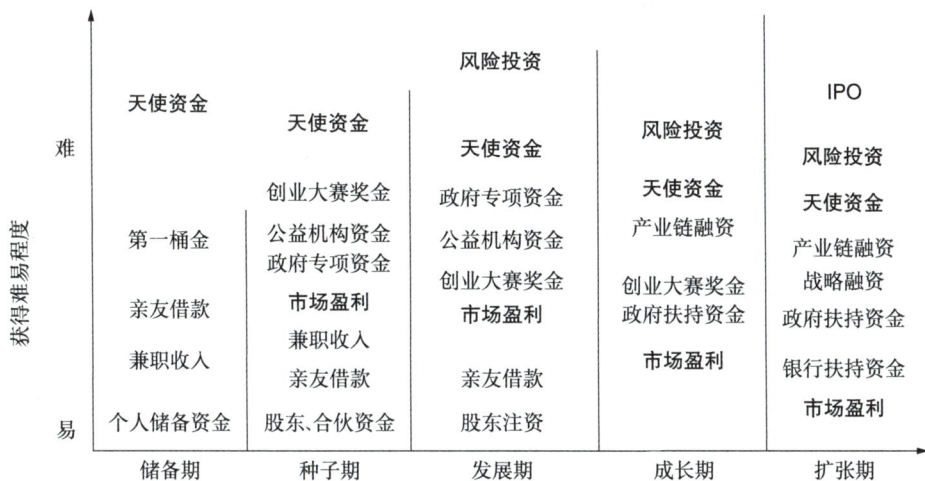

图 6-1 不同阶段创业资金获取方式模型

主要的创业融资渠道如下所述:

（1）自筹资金

创业初期,团队成员依靠自身的筹资,往往具备了初期项目启动的能力。同时,自筹资金也是一种自我承诺,极大地坚定与鼓舞了团队士气。

（2）向亲朋好友融资

向亲朋好友融资有利的一面是较容易获得信任,不利的一面是容易出现纠纷。因此,向亲朋好友融资时,应避免日后可能出现的纠纷。

（3）股东融资

共同参与的所有股东,合伙凑集启动资金。优势:容易共同前进,达成统一利益共识;劣势:如出现亏损,股东易承受不住压力而撤资,影响士气。

（4）创业政策资金申请

创业者应针对每年的扶持创业政策进行申请,以获得当地政策与资金的扶持。优势:扶持政策资金使用压力较小,有贴息、免息等政策;劣势:获得扶持难度较大,申请数量较多。

（5）社会公益创业扶持机构申请

每年有大量社会公益机构会针对创业者开展大赛、论坛,经过评委评定,发放部分资金帮助创业者。优势:获得的扶持资金可免偿或免息;劣势:公益机构创业扶持评审周期长。

（6）天使投资

天使投资起源于纽约百老汇,是指自由投资者或非正式机构对有创意的创业项目或小型初创企业进行的一次性的前期投资,是一种非组织化的创业投资形式。特征:一是直接向企业进行权益投资;二是不仅提供现金,还提供专业知识和社会资源方面的支持;三是程序简单,短时期内资金就可到位。我国天使投资的现状有待成长,获得投资较难。

（7）产业链融资

与所在创业行业内的产业链上下游沟通,达到战略合作,换取部分流动资金。优势:行业内较熟悉创业企业的价值,容易获得支持;劣势:新企业没有业绩,获得信任较难。

（8）风险投资

投资商对创业项目进行评估,投入部分资金换取未来收益。目前,国内投资机构数千家,且多在一线城市。优势:资金额度大,可提供资源、信息、人才等支持;劣势:考察期长,考察苛刻,投入概率非常低。

（9）商业银行贷款

商业银行贷款分为个人生产经营贷款、个人创业贷款、个人助业贷款、个人小型设备贷款、个人周转性流动资金贷款、下岗失业人员小额担保贷款和个人临时贷款等类型。目前,各类银行都有针对中小企业的贷款政策,可帮助初创企业短期借贷使用。

（10）担保机构融资（信用担保）

从20世纪20年代起,许多国家为了支持本国中小企业的发展,先后成立了为中小企业提供融资担保的信用机构。意义:解决了银行贷款难的问题。

（11）其他融资渠道

国家和地方有关创新创业融资的支持有创新基金和创业基金,其他融资方式有典当融资、设备融资租赁、孵化器融资、集群融资、供应链融资等。

在创业初期,考虑更多的是创业者的自力更生,把精力放在快速做出市场业绩上。项目在不同阶段的融资特点如表6-1所示。

表6-1　项目在不同阶段的融资特点对比

项目阶段	个人创意	3人小团队	小微企业	小型公司	中型公司	大型公司
融资性质	种子轮/天使轮	天使轮	天使轮/A轮	A轮	B轮	C轮

续表

项目阶段	个人创意	3人小团队	小微企业	小型公司	中型公司	大型公司
投资方看重	人和创意	团队和项目	团队和运营	企业规模、公司财务、产品成熟度、用户量、市场占有率、销售额等		
融资时需要提供	项目的简要说明	成型的创业计划书		创业计划书、财务报表、运营数据		
参考融资金额	10万~20万元	20万~200万元	200万~2 000万元	1 000万~5 000万元	5 000万~3亿元	3亿元以上
融资来源	自筹/天使投资	天使投资		相关的投资人、投资机构、上市公司等		
投资和运营的目的	创意验证与可行性测试,找到市场切入点	深耕市场切入点,形成商业模式	将商业模式向陌生市场快速复制	迅速扩张、为上市做准备	完成上市前的准备	

在创业计划书里谈项目融资,给投资人设计合理回报的退出方式。关于投资人退出机制一般有上市、公司并购、管理层回购、股权转让四种。上市是最满意的退出方式。卖给别的公司就是公司并购。管理层回购是公司管理层购买本公司的股份,从而使企业的原经营者变成企业的所有者。股权转让是公司股东依法将自己的股东权益有偿转让给他人,使他人取得股权的民事法律行为。

(一)内部筹资渠道

内部筹资渠道是指从企业内部开辟资金来源。从企业内部开辟资金来源有三种方式:企业自有资金、企业应付税款和利息、企业未使用或未分配的专项基金。一般在企业并购中,企业都尽可能选择这一渠道,因为这种方式保密性好,企业不必向外支付借款成本,所以风险较小,但资金来源数额与企业利润有关。

(二)外部筹资渠道

外部筹资渠道是指从企业外部开辟的资金来源,主要包括:专业银行信贷资金、非银行金融机构资金、其他企业资金、民间资金和外资。从企业外部筹资具有速度快、弹性大、资金量大的优点,因此,并购一般是筹集资金的主要来源。但其缺点是保密性差,企业需要负担高额成本,因此产生较高的风险,在使用过程中应当注意。

借款筹资方式主要是指向金融机构(如银行)进行融资,其成本主要是利息负债。向银行的借款利息一般可以在税前冲减企业利润,从而减少企业所得税。向非金融机构及企业筹资操作余地很大,但由于透明度相对较低,国家对此有限额控制。若从纳税筹划角度而言,企业借款即企业之间拆借资金效果最佳。

向社会发行债券和股票属于直接融资,避开了中间商的利息支出。由于借款利息及债券利息可以作为财务费用,即企业成本的一部分在税前冲抵利润,减少所得税税基,而股息的分配应在企业完税后进行,股利支付没有费用冲减问题,这相对增加了纳税成本。因此,一般情况下,企业以发行普通股票方式筹资所承担的税负重于向银行借款所承担的税负,而借款筹资所承担的税负重于向社会发行债券所承担的税负。企业内部集资入股筹资方式可以不用缴纳个人所得税。从一般意义上讲,企业以自我积累方式筹资所承担的税负重于向金融机构贷款所承担的税负,而贷款融资方式所承担的税负重于企业借款等筹资方式所承担的税负,企业间拆借资金方式所承担的税负又重于企业内部集资入股所承担的税负。

二、积极稳妥发展众筹,拓展创新创业融资新渠道

众筹是随着互联网技术发展出现的一种新的融资方式。为支持"大众创业、万众创新",我国政府号召通过众筹这样的互联网金融方式来服务广大创业者,帮助解决小微企业,特别是创业企业融资难的问题,从而对传统金融服务起到一定的补充支持作用。所谓众筹,是指通过网络平台发起项目向大众筹集资金,并由项目发起人为投资人提供一定回报的融资模式。

2015 年 9 月,国务院印发《关于加快构建大众创业万众创新支撑平台的指导意见》(国发〔2015〕53 号)(以下简称《指导意见》)。其中明确指出,众筹,汇众资促发展,通过互联网平台向社会募集资金,更灵活高效满足产品开发、企业成长和个人创业的融资需求,有效增加传统金融体系服务小微企业和创业者的新功能,拓展创业创新投融资新渠道。

(一)我国众筹发展蓬勃兴起

众筹通过互联网平台向社会募集资金,其方式更加灵活、运作更为高效、服务更加便捷,为企业产品研发、个人创业融资都提供了巨大便利,是众多中小微企业早期发展、募集资金的重要融资途径。众筹在我国经过多年发展,形成了捐赠众筹、实物众筹、股权众筹和网络借贷等业务模式。从回报方式区分,依次为无须回报、实物奖励、公司股权与债权。具体来看,捐赠众筹是指投资者以捐款、慈善、赞助等方式为具有特殊意义的项目或企业提供财务资助,不求实质性回报;实物众筹是指投资者对项目或者公司进行投资,获取产品或相应服务作为回报;股权众筹是指投资者对创新创业公司进行股权投资,并分享随着公司成长带来的回报;网络借贷(即债权众筹)是指投资者对个人、企业融资资金需求进行投资,双方形成借贷关系,未来获取利息收益并收回本金的方式。

1.实物众筹规模扩大

2015 年,在淘宝、京东等电商龙头企业的引领下,实物众筹规模迅速扩大,仅上半年,成功的实物众筹项目总数就超过 1.2 万个,累计筹款金额达 8 亿元,同比增长超过 300%,覆盖消费电子、智能家居、健康设备、艺术出版、影视娱乐等多个领域,助力一批极具发展前景的创新创业企业脱颖而出,实现梦想。如小牛机车、三个爸爸净化器等实物众筹项目纷纷融资超过千万元。

2.股权众筹探索前行

股权融资是创新创业企业发展初期重要的募集资金方式,其中公募股权众筹影响较大,但发展却一直处于探索阶段,"草根"崛起、监管不足,突破现有法律法规等问题突出。2015年 7 月,中国人民银行等十部委联合发布银发〔2015〕221 号《关于促进互联网金融健康发展的指导意见》,指出股权众筹要以公开、小额、大众作为发展基本原则。从目前我国企业在该领域的探索与实践看,大多数股权融资平台开展的业务是私募股权融资,与真正意义上大众化、开放式股权众筹业务模式相差甚远。

3.网络借贷爆发增长

我国网络借贷交易连续翻倍式增长。行业整体规模 4 年增长 81 倍,平台数量增长超过

30倍。2015年上半年,我国网络借贷运营平台数量超过2 000家,累计成交量突破6 835亿元,贷款规模全球第一,其综合影响力、用户接受度快速提高,成为我国金融小额借贷业务体系中重要的补充。

(二)发展众筹具有积极意义

众筹本身拥有巨大的市场价值、融资价值和营销价值,打破了传统的融资模式,使大众天使投资深入人心,其快速发展带来了四个方面的积极意义:一是拓宽个人和中小微企业的直接融资渠道。有利于缓解中小微企业融资难问题,优化社会融资结构,提升金融服务的覆盖面,为个人和中小微创新创业企业提供快速、便捷、普惠的直接融资服务。二是健全多层次资本市场体系。促进市场分层有序、功能互补,推动金融市场、产品、投资者及融资中介的多元化,满足发展处于不同阶段的个人和企业的融资需求。三是有利于分散融资风险,增强金融体系的弹性和稳定性。四是加强市场化运营机制。提高金融资本市场运行透明度,鼓励更多群众关注、参与、支持创新创意项目的投融资活动,让"人人投""大众天使"成为大众创业万众创新的又一新常态。

(三)众筹发展中遇到的问题与挑战

众筹像任何新兴行业起初发展一样,犹如一枚硬币的两面,既有正面也有反面,行业在快速发展过程中,也存在一些不容忽视的问题与挑战。

1.股权众筹突破我国现有法律法规

股权众筹通过互联网形式进行公开小额股权融资活动,类证券发行,违背了《证券法》第10条关于公开发行的禁止性规定,即未经国务院证券监督管理机构批准,任何单位和个人不得公开发行证券。又如,利用互联网进行公开宣传及募资对象人数突破200人,与《公司法》第78条规定即向特定对象发行证券累计不得超过200人及非公开发行证券不得采用广告、公开劝诱和变相公开方式相悖。再如,我国《刑法》第176条、《公司法》第141条和《证券法》第39条,也分别对股权众筹运作过程中的集资行为、中途股权转让和退出进行限制。最后,我国法律法规尚未明确规定股权众筹是否拥有公开向公众发行,而不被视为公开发行的豁免权(类似美国在《创业投资Jobs法案》中的相关表述)。

2.业务模式不成熟存在不确定性风险

发展至今,很多众筹平台依然处于找方向和试错阶段。平台整体缺乏持续性盈利模式,优秀项目的持续存在和发现存在一定困难,导致众筹平台很难获得持续性的收入增长。另外,众筹企业摸着石头过河的发展方式与平台自身风险管理能力不匹配,潜在的资金欺诈道德风险不容忽视。2015年上半年,国内累计上线的众筹平台超过190家,其中35家已倒闭或无运营迹象,11家发生业务转型,二者合计超过平台总数的1/5。

3.投资者教育与实践经验相对匮乏

对于几乎同步于美国建立起的国内众筹投资领域,行业整体发展并无太多国外经验可循。从投资者角度看,投资众筹面临项目风险、平台风险、估值风险以及后续资金退出等多重风险。从众筹平台角度看,国内大多数众筹平台在开展众筹业务过程中,在投资者风险教育、合格投入制度建立、企业信息披露范畴、项目筛选等多个方面都存在诸多不完善的地方,运营实践经验十分匮乏。

（四）分类推进众筹发展重点方向

《指导意见》针对众筹提出了"稳健发展众筹，拓展创业创新融资"的总体方向和目标。同时，根据不同众筹类型及发展所处的不同阶段和实际情况与问题，选取了实物众筹、股权众筹和网络借贷三类典型模式，提出了适当的相应推进策略。

1.积极开展实物众筹

实物众筹相比股权众筹、网络借贷发展较为成熟，在电商龙头企业的引领下，逐步建立了规范的实物众筹业务发展模式和及时的投资者保护机制，发展趋于稳健。《指导意见》提出要积极鼓励其发展，更好地发挥实物众筹资金筹集、创意展示、价值发现、检验市场接受度等功能，不仅能够帮助创新创业企业融资，还为企业带来了发展初期所急需的外部资源，弥补了技术和管理经验上的不足，促进创意创新产品更好地适应市场需求，帮助企业发展壮大。

2.稳步推进股权众筹

目前，股权众筹发展还存在较多难以在短时间内解决的问题，如法律法规方面的立、改、废、释工作。《指导意见》提出要进一步通过试点示范方式，稳步推进股权众筹发展，引导企业加快完善运营机制。这既是针对现实情况和问题提出相对稳妥的推进方式，也体现出政府在创新业态的监管理念上，秉持包容发展态度及防范风险、管控风险的整体思路。同时，也更有利于企业在试点范围内积极创新，深入探索股权众筹未来发展方向，进而丰富多层次资本融资市场体系建设，完善信息披露规则，切实保护投资者合法权益，防范金融风险。

3.规范发展网络借贷

长期以来，我国中小微企业贷款难的问题在一定程度上限制了实体经济发展，网络借贷的兴起以其贷款额度较小、期限灵活、无须抵押担保等突出特点，开辟了在传统借贷方式以外，解决个人、小微企业融资难问题的另一条路径，行业发展获得了巨大增长空间。例如，网信理财网络借贷平台提供的"三农"借贷服务，有效将普惠金融服务带到全国各地县乡镇村，覆盖传统金融服务体系的薄弱环节，通过互联网体系实现了生产者和资金需求的对接，解决农业生产者的资金难题。但是，在网络借贷快速发展的同时，也需要看到存在的诸多风险与隐忧，例如关门跑路现象接连出现，自融自贷资金池等问题屡禁不止，都亟须进一步进行规范。《指导意见》提出，一方面要继续鼓励互联网企业依法合规设立网络借贷平台，另一方面也要积极运用互联网技术优势构建风险控制体系，降低信息不对称，防范风险，规范发展。

风物长宜放眼量。目前，国家对众筹领域的发展与创新秉持鼓励和包容的态度。可以预见，在《指导意见》的指引和规范下，众筹将在探索中不断前行，迈向健康发展的道路，各类众筹模式都有望蓬勃发展，进一步激发众筹创业热情，点燃大众参与创新创业项目投资的激情。

【课程育人】

综合本章内容，可以看出创业融资是大学生创业过程中最难的关卡，直接关乎创业成败。总结如下：

　　1.创业融资需要熟知国家、地方政策、法规,大学生应提前了解相关大学生创业优惠扶持政策,时刻关注国家时政,顺应时势。

　　2.创业融资需要遵守法律,不能践踏法律红线,大学生应增强法律意识。

【能力训练】

一、简答题

1.融资与创业融资的概念分别是什么?

2.大学生创业融资的特点有哪些?

3.解决我国大学生创业融资问题的基本对策有哪些?

4.简述融资渠道的概念及创业融资的主要渠道。

5.众筹融资的概念是什么?

6.发展众筹融资的意义是什么?

二、案例分析题

浙江"90后"小伙创业3年获风投估值3.5亿元

　　日前,"空中濮院"获Founder's Found基金首轮联合风投,估值3.5亿元。一家由"90后"青年创立的公司凭什么能获得基金公司青睐,在创立3年后就被估值3.5亿元?完成首轮融资后,"空中濮院"有何新的发展抱负?

　　2013年5月,1992年出生的张成超在浙江桐乡濮院创办了一家通过互联网平台充分整合濮院毛衫产业以及衍生资源的公司——空中濮院,立足濮院这一强大的市场资源,发展服装行业的B2B。

　　在首届世界互联网大会·乌镇峰会上,张成超向马化腾、李彦宏赠送了一份"百度查不到、微信朋友圈看不到"的礼物——一件全球仅有的"无缝立体数码印花"毛衣,厚度仅0.5毫米,重量才70克。这些工艺和原料均来自他公司平台上的供应商。大会后,"空中濮院"的平台价值就吸引了众多风投的关注。

　　在张成超看来,在世界互联网大会·乌镇峰会上向"BAT"巨头送礼物只是吸引了风投的关注,而真正吸引风投进行投资的最重要原因是自己沉淀了3年的资源、团队和B2B的行业前景。

　　短短3年间,"空中濮院"在中国最大羊毛衫集散中心、中国毛衫名镇、中国毛衫第一市的濮院不断发展壮大,在中国羊毛针织行业领域占有强势的市场份额与话语权。张成超说:"截至目前,我们平台已经拥有上游工厂、门市资源7 000多家,拥有移动端客户5万多人。"据介绍,"空中濮院"现在的团队已经积累了服装B2B行业丰富的实战经验,这些自身优势加上目前整个B2B行业的发展前景,成为基金选择"空中濮院"的主要原因。

　　"这次融资带来的资源价值超过资金本身价值。"在对比数十家基金公司后,张成超选择了他认为最适合"空中濮院"未来发展的Founder's Found基金,"这只基金是由一批优秀的企业家和投资人组成的,他们各自都掌握了很多资源,这是我最看重的。"

　　完成首轮融资后,"空中濮院"有什么打算?张成超表示,接下来的这段时间,他将静下心来积极加强团队建设,一方面对外招募管理型人才,另一方面加大内部人才培养,目前已有一批"BAT"前高级技术专家和管理人才确定加盟"空中濮院"。此外,他还将对整个公司的技术进行大幅革新,提升技术研发能力,将原来仅仅停留在交易层面的技术上升到对产品和产品供应链的技术研发上。最后,"空中濮院"将加大宣传推广力度,并不断扩充产业项目,从毛衫产业逐步扩展至服装产业。

（资料来源:《嘉兴日报》）

问题:谈谈浙江"90后"小伙张成超的成功之道。

💡【拓展阅读】

难以进行差异化竞争　海归创业融资难

"目前,中国经济已经开始进入创业创新的繁荣时期。"近日,中国国家工商总局局长张茅在国务院新闻发布会上说了这样一句话。张茅表示,中国人力资本进入收获期,海归人才、企业精英蕴藏着巨大的创造力。然而,不少海归却被融资问题难住了。

《人民日报》海外版报道,"同质化产品太多,难以进行差异化竞争。到后期,资金就跟不上了"。2014年年底,徐巍从美国归来。2015年,他尝试创业。他自己投资了200万元,天使轮融资500万元,虽然起初融资的情况比想象中要好,但是项目上线6个月,O2O模式下盈利困难,最终因为难以继续融资而导致项目关停。金融活则全盘活,充足的资金保障是创业创新成功的必要条件。在没有资金保障的情况下,创业项目就会变成"一潭死水",很难绝地反击。徐巍表示,他正在筹划新项目。

从英国留学归来的吕麦可现在从事教育方面的创业。他愁眉苦脸地说:"融资问题一直让我很烦恼,投资不是一次就能谈成的。本来谈妥的500万元,随时可能改变,也许就变成了200万元。"

在第十届中国留学人员创新创业论坛上,清华大学公共管理学院院长薛澜表示,对海归创业来说,首先是融资难。创业不仅需要资金的支持,更需要良好的商业模式给予支撑。

融资难,是产品自身说服力不够吗?当然有一部分原因。但是海归对国内金融环境不够熟悉、产品定位不够准确、非高新技术又无法申请有关项目支持、民间资本信心不足等都可能导致融资出现一定的问题。海归必须端正心态,在融资遇到问题时,努力寻找解决办法。

"之前有预期,但是真正创业时才发现和自己的想象有些出入。"徐巍是清华大学自动化系2004级毕业生,在美国俄亥俄州立大学修读计算机专业。他在美国有过两次创业经历。起初,他在手游领域创业失败。之后,他创办了一个日韩化妆品电商平台,服务于美国的华人留学生群体,取得了一定的成功。"化妆品行业有一定的门槛,我的合伙人非常懂化妆品,我们在一定程度上占据了主导权。创业需要懂行的人。"徐巍感慨道。

"最大的困难就是各方面经验不足,虽然专业不对口,但是我坚持了下来。"语言学专业出身的程煜从英国兰卡斯特大学毕业后,回到家乡办起了餐饮业。起初的创业资金是他的存款和家里的援助,后期主要依靠公司盈利。他表示,虽然工作与专业有差距,但是扎实的文字功底对公司文案写作有极大的帮助。

（资料来源:欧洲时报)

第七章　创业风险

【知识导航】

　　创业风险是指在企业创业过程中存在的风险,即由于创业环境的不确定性,创业机会与创业企业的复杂性,创业者、创业团队与创业投资者的能力与实力的有限性导致创业活动偏离预期目标的可能性。创业有风险,每一个想要创业的人都要了解创业风险,学会评估创业风险,正确识别并有效防范创业风险。

【学习目标】

　　1.了解创业风险的概念、分类及来源。

　　2.了解创业风险的评估、识别与防范。

　　3.了解大学生创业风险成因及管理。

【案例导入】

没有实战经验不要轻易创业

　　杨同学从吉林市某高校英语专业毕业,先是在一所外语学校当英语老师,后来又出国深造了3年。回国后,自己在吉林市经营一家少儿培训机构。现经营状况不错,每年的纯利润为20余万元。

　　回顾创业来时路,杨同学认为,如果没有任何社会实践经验,千万不要轻易创业。"对于刚刚走出校门的大学生来说,我不建议他们一毕业就创业。因为没有当过员工的老板,是不可能成为一名好老板的。应积累一定的社会实战经验和人、财、物的资源,这些是初创业者必备的素质。"杨同学说。

　　杨同学还提到,创业团队的选择,对青年创业者来说也是个相当大的问题。他说:"我身边就有很多因团队不和谐而导致创业失败的例子,大多是因为年轻气盛,当团队意见发生分歧时,一吵架就退股,团队也就散了,企业也就不了了之了。所以,青年创业者应意识到创业不是'过家家',要有责任感和团队意识,并且团队成员要学会坦诚相待、以理服人,为大局着想。"

　　如今,越来越多的大学生在毕业后选择创业。这群刚刚走出校园的年轻学子,怀揣着满腔的创业热情和对未来生活的美好憧憬走向社会,开始打拼属于自己的创业新天地。但创业有风险,创业不是买彩票,光凭运气不行;创业不是儿戏,只有热情靠不住。自主创业之路并非一帆风顺。成功不一定可以复制,但成功的经验可以借鉴。

第一节　创业风险的概念、来源与分类

一、创业风险的概念

创业风险是指企业在创业过程中存在的风险,即由于创业环境的不确定性,创业机会与创业企业的复杂性,创业者、创业团队与创业投资者的能力与实力的有限性导致创业活动偏离预期目标的可能性。

二、创业风险的来源

微课　创业风险的概念、来源与分类

创业环境的不确定性,创业机会与创业企业的复杂性,创业者、创业团队与创业投资者的能力与实力的有限性,是创业风险的根本来源。研究表明,由于创业的过程往往是将某一构想或技术转化为具体的产品或服务的过程,在这一过程中,存在着几个基本的、相互联系的缺口,它们是上述不确定性、复杂性和有限性的主要来源。也就是说,创业风险在给定的宏观条件下,往往就直接来源于这些缺口。

(一)融资缺口

融资缺口存在于学术支持和商业支持之间,是研究基金和投资基金之间存在的断层。其中,研究基金通常来自个人、政府机构或公司研究机构,它既支持概念的创建,还支持概念可行性的最初证实;投资基金则将概念转化为有市场的产品原型(这种产品原型有令人满意的性能,对其生产成本有足够的了解并且能够识别其是否有足够的市场)。创业者可以证明其构想的可行性,但往往没有足够的资金将其实现商品化,给创业带来一定的风险。通常,只有极少数基金愿意鼓励创业者跨越这个缺口。

(二)研究缺口

研究缺口主要存在于仅凭个人兴趣所做的研究判断和基于市场潜力的商业判断之间。当一个创业者最初证明一个特定的科学突破或技术突破可能成为商业产品基础时,他仅仅停留在自己满意的论证程度上。然而,这种程度的论证后来不可行了,在将预想的产品真正转化为商业化产品(大量生产的产品)的过程中,需要大量复杂而且可能耗资巨大的研究工作(有时需要几年时间),从而形成创业风险。

(三)信息和信任缺口

信息和信任缺口存在于技术专家和管理者(投资者)之间。也就是说,在创业中,存在两种不同类型的人:一是技术专家;二是管理者(投资者)。这两种人接受不同的教育,对创业有不同的预期、信息来源和表达方式。技术专家知道哪些内容在科学上是有趣的,哪些内容在技术层面上是可行的,哪些内容根本就是无法实现的。在失败类案例中,技术专家要承担的风险一般表现在学术上、声誉上受到影响,以及没有金钱上的回报。管理者(投资者)通常比较了解将新产品引进市场的程序,但当涉及具体项目的技术部分时,他们不得不相信技术专家,可以说管理者(投资者)是在拿别人的钱冒险。如果技术专家和管理者(投资者)不能充分信任对方,或者不能够进行有效的交流,那么这一缺口将会变得更深,带来更大的风险。

(四)资源缺口

资源与创业者之间的关系就如颜料和画笔与艺术家之间的关系。没有了颜料和画笔,艺术家即使有了构思也无从实现。创业也是如此。没有所需的资源,创业者将一筹莫展,创业也就无从谈起。在大多数情况下,创业者不一定也不可能拥有所需的全部资源,这就形成了资源缺口。如果创业者没有能力弥补相应的资源缺口,要么创业无法起步,要么在创业中受制于人。

(五)管理缺口

管理缺口指创业者并不一定是出色的企业家,不一定具备出色的管理才能。创业活动主要有两种:一是创业者利用某一新技术进行创业,他可能是技术方面的专业人才,但却不一定具备专业的管理才能,从而形成管理缺口;二是创业者往往有某种"奇思妙想",可能是新的商业点子,但在战略规划上不具备出色的才能,或不擅长管理具体的事务,从而形成管理缺口。

三、创业风险的分类

(一)按风险来源的主客观性划分

按风险来源的主客观性划分,创业风险可分为主观创业风险和客观创业风险。主观创业风险是指在创业阶段,由于创业者的身体与心理素质等主观方面的因素导致创业失败的可能性。客观创业风险是指在创业阶段,由于客观因素导致创业失败的可能性,如市场的变动、政策的变化、竞争对手的出现、创业资金的缺乏等。

(二)按创业风险的内容划分

按创业风险的内容划分,创业风险可分为技术风险、市场风险、政治风险、管理风险、生产风险和经济风险。技术风险,是指由于技术方面的因素及其变化的不确定性而导致创业失败的可能性。市场风险,是指由于市场情况的不确定性导致创业者或创业企业损失的可能性。政治风险,是指由于战争、国际关系变化或有关国家政权更迭、政策改变而导致创业者或企业蒙受损失的可能性。管理风险,是指因创业企业管理不善产生的风险。生产风险,是指创业企业提供的产品或服务从小批试制到大批生产的风险。经济风险,是指由于宏观经济环境发生大幅度波动或调整而使创业者或创业投资者蒙受损失的风险。

(三)按风险对所投入资金(创业投资)的影响程度划分

按风险对所投入资金(创业投资)的影响程度划分,创业风险可分为安全性风险、收益性风险和流动性风险。创业投资的投资方包括专业投资者与投入自身财产的创业者。安全性风险,是指从创业投资的安全性角度来看,不仅预期实际收益有损失的可能,而且专业投资者与创业者自身投入的其他财产也可能蒙受损失,即投资方财产的安全存在危险。收益性风险,是指创业投资的投资方的资本和其他财产不会蒙受损失,但预期实际收益有损失的可能性。流动性风险,是指投资方的资本、其他财产以及预期实际收益不会蒙受损失,但资金有可能不能按期转移或支付,造成资金运营的停滞,使投资方蒙受损失的可能性。

(四)按创业过程划分

按创业过程划分,创业风险可分为机会的识别与评估风险、准备与撰写创业计划风险、确定并获取创业资源风险和新创企业管理风险。机会的识别与评估风险,是指在机会的识别与评估过程中,由于各种主客观因素,如信息获取量不足、把握不准确或推理偏误等使创业一开始就面临方向错误的风险。另外,机会风险的存在,即由于创业而放弃了原有的职业所面临的机会成本风险,也是该阶段存在的风险之一。准备与撰写创业计划风险,是指创业计划的准备与撰写过程带来的风险。创业计划往往是创业投资者决定是否投资的依据,因此创业计划是否合适将对具体的创业产生影响。创业计划制订过程中各种不确定性因素与制订者自身能力的限制,也会给创业活动带来风险。确定并获取创业资源风险,是指由于存在资源缺口,无法获得所需的关键资源,或即使可获得,但获得的成本较高,从而给创业活动带来一定风险。新创企业管理风险,主要包括管理方式,企业文化的选取与创建,发展战略的制订、组织、技术、营销等各方面管理中存在的风险。

第二节　创业风险的评估、识别与防范

一、创业不能盲目,要进行风险评估

很多同学都是从大学时代就开始在淘宝开网店创业了,虽然大学生创业前期赚不了什么钱,但是经过几年的经验积累,很多同学都有不错的收入,有部分人还全职做淘宝赚钱。现在,很多大学生或应届毕业生不想找工作,想一毕业就自己创业,其实这是有很大风险的,如果非要创业,那么就应该在网上创业。为什么呢? 分析如下所述。

微课　创业风险的识别与防范

首先,盲目创业风险评估除了创业资金的问题,还包括四个风险:

1.不会选项目

大学生有着满腔的热情,他们会想着用自己的激情去创业,但缺少的就是经验;他们容易冲动,缺少理性,对项目的选择也比较盲目,尤其在开展项目之前不进行分析和市场调研,只是凭借自己的一时兴起和兴趣选择项目,而不考量这个项目是否真正有前景、有发展空间。

2.资源缺乏

创业的过程其实就是不断地将资源再利用的过程。中年人创业的优势在于有良好的人脉,他们甚至不需要做任何努力,只要将自己在工作中的人脉都利用起来就有大把的金钱可以赚,而大学生正缺少这些,因为他们没有那么强的人脉,只有通过广泛的交际来改善这种局面。

3.缺乏专业技能

眼高手低是大学生创业者的通病。往往纸上谈兵很不错,实际操作起来却存在这样那样的问题,专业技能的缺乏是导致他们创业受阻的关键因素。只有具有专业技能,了解行业信息,才能具备解决问题的能力。

4.管理漏洞

创业管理上比较随意。尤其一些大学生都是合伙创业,更是无序管理,这些都造成了管理障碍,对企业的发展有很多的阻力。只有加强管理,才能具备足够的凝聚力。如果不具有管理能力,可以聘请职业经理人来协助管理。

如果不选择在网上创业,而是选择线下开公司创业,就要面临以上四个风险,只要在创业过程中具备其中一个风险,就很容易创业失败。那么,大学生网上创业就没风险了吗?其实不然,只是相对来说风险比较低,而且最重要的是不会造成巨大损失。

网上创业因为启动资金少、创业成本低、交易快捷等特点,成了大学毕业生创业首选的"试验田",吸引着越来越多的大学生抢搭"网店创业"快车。据统计,淘宝网上新开店铺每个月近20万家,其中大学生掌柜约占60%。可见,网络创业热潮汹涌,已成为不少大学生就业的新风向。

另外,开网店能赚钱吗?大学生从网民、到网络购物、再到网上创业的角色转变,让他们比其他人群更了解网络,更熟悉网络。"90后"充沛的课余时间,以及网络市场独立、自由的运营模式等因素与大学生的生活规律相吻合,使得大学生网店创业的成活率比平均值要高8个百分点。对此,大学生良好的文化素养为他们创业成功打下了坚实的基础。所以,大学生开网店赚钱的成功率比较高。

最后,再次建议大学生创业应该首选网上创业,最简单的方式就是在淘宝、eBay等平台开网店,比如开个网上化妆品店等。起步阶段,不能浮躁,不能跟风,不能急于求成,多学习一些网络营销技巧,只有这样一步一个脚印,才能稳中求胜。

二、正确识别创业风险,认真落实防范措施

风险识别是指在风险出现或出现之前就予以识别,以有效把握各种风险信号及其产生的原因。企业经营者如不能正确、全面地认识企业可能面临的所有潜在损失,就不可能及时发现和预防风险,难以选择最佳处理方法。因此,风险管理的第一步就是要正确、全面地认识可能面临的各种潜在损失。

风险识别的具体方法主要有以下几种:

(1)业务流程法。以业务流程图的方式,将企业从原材料采购直至送到顾客手中的全部业务经营过程划分为若干环节,每一环节再配以更为详尽的作业流程图,据此确定每一环节来进行重点预防和处置。

(2)咨询法。以一定的代价委托咨询公司或保险代理人进行风险调查和识别,并提出风险管理方案,供经营决策者参考。

(3)现场观察法。通过直接观察企业的各种生产经营设施和具体业务活动,具体了解和掌握企业面临的各种风险。

(4)财务报表法。通过分析资产负债表、损益表和现金流量表等报表中的每一个会计科目,确定某一特定企业在何种情况下会有什么样的潜在损失及其成因。由于每个企业的经

营活动最终都会涉及商品和资金,所以这种方法比较直观、客观和准确。

为避免造成重大经济损失和不良社会影响,每个创业者都应花大力气进行风险预防。创业者应选择那些发生概率大、后果严重的事件进行重点防范。对防范、降低风险而言,有以下措施:

①对现金风险的防范。防范现金风险的对策有:向有经验的专家请教;经常评估现金状况;理解利润与现金以及现金与资产的区别,经常分析它们之间的差额;节约使用现金。现金管理上应注意:接受订货任务要与现金能力相适应;不将用于原材料、在制品、成品和清偿债务的短期资金移作固定资产投资。

②对开业风险的防范。防范开业风险的对策有:在你最熟悉的行业办企业;制订符合实际的,而不是过分乐观的计划;在预测资金流动时,对收入要谨慎一点,对支出要留有余地,一般要留出所需资金10%的准备金,以应付意外情况;没有足够资金不要勉强上项目,发现问题时要立即调整。

③对市场风险的防范。防范市场风险的对策有:以市场及消费者的需求为生产的出发点;时刻关注市场变化,善于抓住机会;广泛收集市场情报,并加以分析比较,制订有效的市场营销策略;摸清竞争对手底细,发现其创业思路与弱点;对各种成本精打细算,杜绝不必要费用;健全符合自身产品特点的销售渠道网络;充分了解各主管机关职能及人员构成情况;以良好、诚信的售后服务赢得顾客青睐。

④对人员风险的防范。防范人员风险的对策有:建立完善的雇员选择标准,综合考虑技术能力和合作能力两个因素;建立合理的信息沟通及汇报制度,使创业者能充分掌握员工及企业动态;制订有效的投资力度,从长计议,加强员工内部凝聚力;无论人员来源,寻找最胜任工作的人选;记录并跟踪新雇员情况,熟悉各个职员素质及发展,做到人尽其才;友好对待并鼓励新雇员,使其早日适应新环境,进入工作角色。

⑤对财务风险的防范。防范财务风险的对策有:为了应付财务风险,领导班子要有适当分工,密切监控和防范财务风险;请专家和银行咨询,选择最佳的资金来源以及最合适的时机和方式筹措资金。

⑥对技术风险的防范。防范技术风险的对策有:综合考虑企业自身技术能力、资金量和所需时间,选择技术获得途径;若选择引进技术,则要在引进技术前对所引进技术的先进性、经济性和适用性进行评价;加强对职工的技术培训,提高员工对高科技设备的操作熟练度,减少不必要的风险损失。

第三节　当代大学生创业风险分析与管理

一、大学生创业风险分析

大学生在自主创业中主要遇到的创业风险有以下几方面:

(一)项目选择风险

创业项目选择风险是指在创业初期因选择的创业项目不当,导致企业无法盈利而难以生存的风险。目前,大学生创业的项目选择多集中在高科技领域和智力服务领域,如软件开发、网络服务、家教中介、设计工作室等。此外,快餐、零售等连锁加盟店也是大学生青睐的创业项目。大学生创业时如果缺乏前期市场调研和论证,不去了解市场,只是凭自己的兴趣和想象来决定创业项目,甚至仅凭一时心血来潮做决定,不去做大量细致的市场调研与论证,不结合自身掌握的资源状况作出决定,那么其在创业过程中一定会碰得头破血流,走得非常艰苦甚至走向失败。

(二)技能不足风险

大学生从象牙塔走出来就开始创业,其间还未实现由学校人向社会人的完全转变,其年龄、阅历、心理等与有社会经验的人相比处于劣势,眼高手低是对当代大学生的综合评价。创业本身是一个复杂的系统工程,市场不会因为创业者是学生就网开一面。在单纯的校园环境中成长起来的大学生,面对社会和市场时,比有社会经验的人更容易迷失和迷茫,思考问题理想化,对困难估计不足。另外,大学生还缺乏创业必备的知识和能力,不了解创业的相关政策法规,也没有在相关企业的工作、实践经历,缺乏能力和经验。同时,这种缺乏不仅仅表现在职业技能、技术、管理等方面,还表现在人生阅历、心理承受能力等方面。所以,我国大学生创业成功的概率并不高,其技能不足是影响他们创业成功的主要因素。

(三)环境风险

创业环境与创业活动是相互作用的,对创业的成败起着决定作用。不管是企业还是个人都处于一定的环境之中,如社会环境、政治环境等。这些环境的变化,都会对大学生的创业造成较大的影响,这种影响尤其表现在创业的中后期,一旦发生,对企业的危害都是致命的。尤其是高技术产品的创新活动以及一些敏感性产业。在我国,对大学生创业带来较大影响的还有政治环境,我国政治环境以及由此引起的法律环境的变化,对任何一家企业的影响都很大,更为深远的是,这种变化往往是大学生创业者自身无法预料和改变的。

(四)资源风险

这里所说的资源风险主要是因社会资源贫乏而产生的风险。社会资源是企业以及个人在社会上获得成功的重要因素之一,越是社会资源广泛,其获得成功的可能性就越大。企业作为社会企业类公民,需要与各方进行沟通和联系,如政府、社会团体、供应商、销售商等,企业的所有工作都需要调动足够多的社会资源。毫无疑问,初入社会的大学生的社会资源相对较少,尽管有老师和同学的帮助,在一些地方也有政府创业机构的支持,但这些帮助对大学生的创业尤其是企业的持续经营而言,可以说是杯水车薪。所以,当大学生走入社会实施创业时,在宣传广告、市场营销、工商税务等方面将会遇到很多挫折和困难。在面对这些困难时,大学生往往显得一筹莫展,并会为此耗费大量精力、物力以及人力,之后又不得不怀着受挫的复杂心情离开。

(五)财务风险

财务风险是指因资金不能适时地筹集和供应而导致创业失败的可能性。可以说,财务风险贯穿创业活动的整个过程。足够的资本规模,可以保证企业投资的需要;合理的资本结构,可以降低和规避融资风险;融资方式的妥善搭配,可以降低资本成本。我国大学生自主创业资金主要来源于家庭支持、银行贷款、风险投资、典当融资、股权融资和融资租赁等渠道。其中,除去家庭支持外,其他资金来源渠道的获得途径都需要一定的资质和担保,这对于刚进行创业的大学生而言是非常困难的,因为不管是银行,还是风险投资担保机构,都需要有实业或者其他企业机构的担保。当今社会,白手起家的创业奇迹越来越少,如果没有广泛的融资渠道,创业计划无从谈起;如果没有足够的流动资金,很可能会导致在创业初期就遭遇失败。因此,财务风险普遍是创业前期的命门。

(六)管理风险

创业管理风险是指在创业管理运作过程中因信息不对称、管理不善、判断失误等影响管理的水平,而导致创业失败的风险。企业的管理不仅需要知识,还需要阅历,需要在平常的工作中日积月累而形成的经验。一些大学生创业者虽然可能接受过创业方面的培训,但大部分是来自书本,过于理想化。他们怀揣着一腔热情和抱负纸上谈兵,造成经营理念淡薄、产品营销方式呆滞、信息闭塞等,特别是大学生知识单一、经验不足、资金实力和心理素质明显不足,更会增加管理上的风险。

【知识点滴】

雷军:大学生不要借钱创业,失败率很高

2015年3月,全国人大代表、小米科技CEO雷军在接受媒体采访时说,"创客"写入2015年中国政府工作报告让他很兴奋:"这几年我们创业环境有了巨大的变化,我个人希望能够进一步解决创业环境中存在的一些问题,使得创业环境达到发达国家水平。"

至于如何看待大学生创业,雷军说,大学生创业是值得社会爱护的一件事情,年轻人有想法、有梦想,没有拘束,更容易做出一些伟大的东西。但他建议大学生把创业当成一种历练和学习的过程,不要借钱去创业,因为大学生创业失败率是非常高的。

(资料来源:新浪网)

二、大学生创业风险成因分析

大学生创业之所以存在上述诸多风险,不仅与大学生自身有密切关系,也与大学生生活和创业的外部环境有密切关系。

(一)自身原因

内因是主因,是决定大学生创业成败的根本原因。从大学生创业者自身来看,大学生创业中容易出现以下情况:第一,眼高手低,盲目乐观。比尔·盖茨的神话,使IT业、高科技业成为大学生眼中的创业金矿,以至于不少学生不屑于从事服务业或技术含量较低的行业。大学生如果对自身经验和能力认识不足,对创业的期望值过高,一开始起点就较高,很容易失败。第二,纸上谈兵,经验不足。缺乏经验是目前大学生创业中普遍存在的问题,不少大学生创业者不习惯对其产品或项目做市场调查,而是进行理想化的推断。第三,单打独斗,缺乏合作。在强调团队合作的今天,创业者想靠单打独斗获得成功的概率正大大降低。团队精神已成为不可或缺的创业素质,风险投资商在投资时更看重有合作能力的创业团队。如今大学生一般都有个性,自信心较强,在创业中常常自以为是、刚愎自用,这些都影响了创业的成功率。另外,大学生创业时资金准备不足、市场应变不灵、法律意识淡薄,同时缺乏对

创业项目的深度审视和市场前景的理性评估以及良好的创业心态,都是造成创业风险的重要原因。

(二)外部因素

外部因素也是让大学生创业有诸多风险的重要原因。这些外部因素较多:一是我国高校的教育体制。我国的高校往往重视理论而轻视实践,重视个人而忽视团队,这种教育体制带来的直接后果就是让大学生在自我创业过程中表现出惯常毛病,从而影响其发展。二是社会机制。尽管政府以及社会都在鼓励大学生创业,但事实上,这种鼓励往往是为解决大学毕业生就业压力而作出的无奈应对之策,在其创业的配套上没有太大举动,如完善法律、鼓励性政策的制定等。尤其是在一些职业精神和道德秩序的培养上更是缺乏,职业精神和道德秩序的缺失是形成创业风险的前提。一个成熟的、健康的竞争生态圈,不是简单地在政府所提供的若干法律、法规的框架内追求利益,而是体现为法律与道义、社会行为规范的整体协调。目前,对中国的创业者而言,要想事业成功并成为这个社会和时代的主流,最重要的工作是塑造中国企业家的职业精神和重建中国企业的道德秩序。

三、大学生创业风险管理

风险管理的目的并不是消灭风险,而是要求大学生有准备地、理性地进行创业,从而减少风险的损失。

(一)创业能力和风险意识教育

在高校教育中可以开设大学生创业教育课程和讲座,通过教育培养适应和引领社会需要的创业型人才;通过教育激发大学生的创业意识,丰富其创业知识,增强其创业能力;通过教育,使大学生理性认识到创业历程的艰辛、创业过程的复杂性、创业风险的不确定性。通过实际案例理性分析创业活动的复杂性,让大学生能够清醒地认识到创业历程中存在的风险,以及如何防范和应对创业过程危机,指导大学生在创业前期、创业中如何对待和化解创业风险,促进大学生创业能力的自我培养和技能的提高。

(二)创业能力和风险意识培养

创业能力是指在创业实践活动中的自我生存、自我发展能力。加强培养大学生创业能力,提高大学生防范和应对危机与风险的能力,是进行大学生创业教育的任务之一。大学生增强创业风险意识、金融危机意识、市场竞争意识,是促使大学生创业能力自觉提高的动力。风险意识的培养和提高需要教育大学生学会调研、分析、捕捉市场信息与掌握市场新动态,包括宏观经济、微观经济、产业调整、消费结构等信息研究工作。市场是瞬息万变和残酷的,时刻都有风险,只能靠增强自己的本领,预防和应对市场存在的各种风险。因此,创业能力与创业风险意识的提高对大学生创业成功极为重要。同时,应教育大学生学习掌握经济法律基础知识,提高大学生的法律意识,运用法律维护自己创业的合法权益。

(三)创业风险管理

1.谨慎选择创业项目

大学生创业者在创业初期一定要做好市场调研,在了解市场的基础上创业。一般来说,大学生创业者资金实力较弱,选择启动资金不多、人手配备要求不高的项目,从小本经营做起比较适宜。

大学毕业的小张和几个同学决定自主创业。经过市场分析,他们认为郑州的家政服务行业利润空间大,决定代理上海某环保科技有限公司销售的木质精油,用于家具、石材、皮革和汽车的保养。他们接受了上海公司的建议,做起了二级代理。

但是,上海公司并没有兑现当初的承诺,广告、人力支持、员工培训等都不到位。小张发现,他们用现金进的 10 万元产品,足够整个郑州市地板保养使用两年。随后,他还发现自己拥有的授权期限仅有 5 个月。他和伙伴们想尽办法却收效甚微。合作伙伴看不到光明,先后离去,内忧外患中,小张的创业梦破灭了。

2.提升大学生自身素质

大学生创业存在的风险往往是由大学生这个特殊的群体在创业过程中具有的劣势造成的,想要规避风险,就必须从实际出发,提升大学生自身能力,具备各项创业所需的技能与素质。例如,策划能力、创新能力、组织能力、管理能力以及公关能力,只有这几方面的能力同时具备,大学生在创业中才能技高一筹,使企业立于竞争的不败之地。

3.准备好创业必备的硬件

俗话说,巧妇难为无米之炊,没有充分的硬件准备,再好的创意也难以转化为现实的生产力,再优秀的人才也没有用武之地。大学生创业需要具备的硬件主要是经验、资本和技术。经验的积累可以使大学生创业者避免陷入眼高手低、纸上谈兵的误区;资金为成功创业建立物质基础;技术则是大学生想要在高科技领域占有一方天地的王牌。

4.打造核心团队

团队力量的发挥是组织赢得竞争的必要条件,企业团队应有动态的发展观,团队组成应随着成员实际贡献的变化而变化。具有发展观念的团队才有可能建立一套完善的内部调节机制,从而形成团队成员的向心力、凝聚力及核心力。在创业时,用科学手段构建和谐团队,打造核心团队,可以保证组织的高效率运转。同时,团队在核心成员的影响下勤奋工作,可以使整体组织保持活力。

5.健全管理制度

制度建设是企业建设的基本要求,要打造一支企业员工队伍,必须明确岗位职责。不以规矩无以成方圆,制度对创业者而言是一种激励,也是一种鞭策。企业管理分为人力资源管理、营销管理、生产管理、财务管理,任何一个环节出现问题都可能导致企业混乱以至于瘫痪。因此,完善的管理制度必不可少,同时还必须严格执行,奖惩分明,否则再好的管理制度也会成为摆设。

总之,创业是有风险的。创业教育不仅为学生个人的发展提供了成功的垫脚石,而且为社会的经济发展提供了大批的新生力量。目前,我国的创业教育还处在初级阶段,我们需要转变观念,继续加强对创业教育理论的研究,使创业教育理论能够真正服务于高校教育,最大限度地减少创业的不利影响。同时,加强对大学生创业风险意识的教育、培养和管理,为社会培养出更多更具创新能力的创业型人才。

💡【课程育人】

综合本章内容,可以看出创业有风险,创业者应有风险意识,正确识别和有效防范创业风险。总结如下:

1.创业风险来源多样,创业者应有全局意识,具体问题具体分析,从实际问题出发,不能犯经验主义和教条主义错误。

2.防范风险应做好信息研究工作,大学生应学会调研、分析、捕捉市场信息,掌握市场新动态,掌握经济、法律基础知识。

💡【能力训练】

一、简答题

1.什么是创业风险?

2.创业风险的分类有哪些?

3.创业风险的来源是什么?

4.如何识别并有效防范创业风险?

5.大学生创业中的管理风险指的是什么?

6.大学生创业存在风险的原因有哪些?

7.大学生如何才能做到有准备地、理性地创业,从而减少风险的损失?

二、案例分析题

小徐是"倒霉"的青年创业者之一。她去年毕业于四平市某普通大学,因为没有找到适合自己的工作,所以决定创业——在长春市某繁华商业街区开一家砂锅粉店。"因为缺乏资金,我和合伙人各向家里借了 1 万元钱。这 1 万元对别人来说不算什么,却是我东拼西凑才弄到的!"小徐说。

因为租金较高,小徐为降低运营成本,只请了一名厨师,自己和合伙人又当老板又当伙计。一个月经营下来,生意一般,收支刚好平衡。小徐没有想到的是,后来物价上涨,砂锅粉店运营成本加大。为了维持生计,她决定涨价。可涨价后,客人减少很多,不到半年砂锅粉店就经营不下去了。小徐一算账,发现还亏了 5 000 多元钱。

就这样,小徐结束了她短暂的如同"噩梦"般的创业生活。"父母辛苦供我念完大学,不能再让他们操心了。所以我决定找一份工作,打工赚钱把欠家里的钱还上。"小徐说。

问题:小徐的创业失败给了我们什么启示?

💡【拓展阅读】

创业圈掀起创业门诊热潮

前不久,位于杭州未来科技城的梦想小镇举行了一场特殊的门诊,特别的是,前来就诊的是各行各业的创业者。这场专为企业"问诊把脉"的门诊,专治创业者在创业过程中遇到的各种"病症",吸引了不少创业者前来就诊。

据悉,这场特殊门诊的发起方,是一个打破传统"跑断腿"咨询方式窘境的线上咨询平台——"我懂"App。

1.律师界大咖现身说"法",为创业者答疑解惑

创业路上的法律风险如何控制,如何能得到专业的法律顾问的指导?

昨天,"我懂"App平台法律专家——杭州市律师协会副会长、浙江智仁律师事务所合伙人、会议主席刘恩跟在场的创业者们分享了自己的经验。

"创业最怕的就是法律风险,经营风险创业者自己可以控制,但是法律风险还是需要专业的法律顾问来支持。"刘恩说道,"现在客户对专业度的要求越来越高,所以对我们专业领域的研究、深挖也提出了更高要求。企业方面的需求不光是知识产权、IPO证券投融资,还包括合同、劳动用工、股权分割、新三板挂牌等众多问题。"

从业三十余年的刘恩表示,在为企业服务过程中处理比较多的就是债务纠纷、股权纠纷、投资收购、兼并之类的法律问题,创业企业对法律的需求面非常大。

2.创业门诊第二期将登陆楼友会,黄金搭档为企业义诊

除了法律方面的问题,创业者关心的融资、管理、营销、产品等方面,创业门诊都设置了对口的"医生"来解答。

据了解,"我懂"App现已入驻海创园、楼友会、梦想小镇、颐居草堂、腾讯创业基地(杭州)、沃创空间、泰豪创空间、万创空间、188茶楼等数十家创业园区和孵化器。

3.共享经济下的创业咨询新模式,大佬面对面

目前,"我懂"App平台已经吸引了不少创业专家和律师前来入驻。

"一方面,它在人与人之间提供了一个很好的平台,把你擅长的领域的专业知识与社会共享,提供给有需求的人;另一方面,你也可以在这个平台实现自己的价值,更可以使你的需求与客户发挥各方的优势。"已入驻"我懂"App的创业专家刘恩表示。

而这种新兴的咨询方式、及时有效的交互体系、完全开放的交流模式、紧贴"互联网+"的共享经济特性,正是吸引刘恩和团队入驻"我懂"的磁石。

"我懂"App创始人刘纯杰表示,"我懂"将逐步建立起一个变革咨询行业模式、开拓共享经济格局的最强"智囊王国"——让需求与困境在这里柳暗花明,让专业与经验在这里披荆斩棘。

(资料来源:浙江企业网)

第八章　新企业的开办

企业是从事生产、流通、服务等经济活动,以生产或服务满足社会需要,实行自主经营、独立核算、依法设立的一种营利性的经济组织。企业主要指独立的营利性组织。企业具有经济性、营利性、自主性和合法性四个特征。

企业是一个抽象的概念,在经济生活中有不同的组织形式:个体工商户、个人独资企业、合伙企业、有限责任公司、股份有限公司等。

依照中国法律规定,公司是指有限责任公司和股份有限公司,具有企业的所有属性。因此,凡公司均为企业,但企业未必都是公司。公司只是企业的一种组织形态。

企业创办基本完成之后,就需要根据企业计划,建立相应的组织机构,逐步建立和完善一系列的企业内部制度,这样才能使企业尽快投入运营并进行有效的管理,使企业获得效益。初创阶段,企业内部建设主要抓制度建设、员工培训以及企业文化建设等工作。

【学习目标】

1.了解创办企业的含义和具体程序。

2.了解新企业注册登记的步骤。

3.了解小微企业常见的四种组织形式及其特点、优缺点。

4.了解大学生创业的扶持政策。

5.掌握新形势下大学生新创办企业的注意事项。

6.熟悉企业制度建设和文化建设的基础知识。

【案例导入】

小剪刀,大财富

小李是个"80后",仅用了短短4年时间,就从默默无闻的大学生,一跃成为人人美慕的百万富翁。

小李的母亲是一个剪纸高手,受母亲的影响,小李从小就酷爱剪纸艺术,并梦想有朝一日将母亲的剪纸艺术变成商品,推向全世界。

为了这个目标,小李一直在默默地努力着。2009年,小李大学毕业了,可她并没有像其他人一样去找工作,而是向母亲借来3万元钱,成立了一家文化艺术品公司。公司成立之初,小李开发的第一款产品,就是剪纸贺卡。为了推广产品,小李天天带着产品跑单位、进会场。可是,一段时间下来,她贺卡没卖出多少,白眼和奚落倒"收获"了很多。更让她焦虑的是,她之前向母亲借来的那点钱快花光了。幸好朋友小郭及时给她带回了4万元钱,才算解了她的燃眉之急。

为尽快打开销路,小李推广贺卡就更加勤奋了。终于,她的努力有了回报。第一笔订单是300多张贺卡,要求一星期内交货。可是,当时小李的公司,因之前没有生意,一直都没有请工人。情急之下,小李就拉来妈妈、妹妹和小姨一起上阵。可一家人用小剪刀没日没夜地忙活了4天,也只完成了贺卡的剪纸部分。剩下的印刷部分,本想请印刷厂做,但由于印数太少,印刷厂都不愿意接活。无奈之下,小李只好窝在办公室里,用打印机来打印。数九寒天,她一边打印,一边将贺卡晾在地上。可偏偏在这个节骨眼上,打印机又出了故障。等最后完成贺卡时,她已是24小时都没合过眼了。

这笔订单做完后,小李也陆续接到了一些订单,但由于传统的剪纸作品大多用白纸装裱,不仅显得档次低,而且时间一久,还会褪色,市场空间不大。在第一年,他们制作的剪纸贺卡,仅卖出了3 000多张,收入还不到1万元。照这样下去,不但公司的租金付不起,就连生活费都成问题。小李再次陷入了困境。

"这个传统的剪纸市场,任凭自己再怎么努力,目前也就只能做到这么大了。要想突破,就必须进行创新!"想到这里,从不轻言放弃的小李决定到外面的市场转一转,寻找剪纸市场的突破口。在一次去杭州考察的途中,质地轻软、色彩绮丽的杭州丝绸一下子吸引了小李的目光。"丝绸档次高,耐保存,我何不尝试做丝绸剪纸画呢?"

打定主意后,小李咬咬牙,一口气批发了4 000多元的丝绸,在家里进行试验。由于没有经验,她失败了,4 000多元就这样打了水漂,自己也一下子消瘦了许多。看到她累成这样,家人很是心疼,劝她说:"咱们还是放弃吧!毕竟,这个事情从老祖宗到现在,都没有人去做过。"面对家人的规劝,小李不但没有放弃,还说服家人,同意了自己再追加几万元投资的建议。经过无数次的试验,小李终于成功地将剪纸艺术与丝绸和谐地融合在了一起。

融合后的丝绸剪纸画不仅档次高、耐保存,而且还具有国画的韵味和浓郁的回乡民俗味,因此,小李的这种新产品一经推出便大受欢迎。到2011年,公司的总销售额已达到370万元,2012年则突破了500万元。

如今,小李的公司拥有联盟艺术家3人,专业技术人员50多人,签约妇女手工制作者200多人,其创立的"伏兆娥剪纸"和"回乡剪纸"两个剪纸品牌更是名扬海内外。

小剪刀,大财富。只要心中有梦,坚持梦想,勇于尝试,大胆创新,不怕失败,你就是下一个成功者!

第一节　新企业的创办

新企业在开办之时,首先要取得一个明确的法律地位,确定企业的组织形式(即企业法律形态)。根据法律程序的规定,开办新企业必须经工商行政管理部门核准登记,获得正式颁发的营业执照以及有关部门颁发的经营许可证,取得合法身份,并刻制印章,进行税务登记,开设银行账户后方可开展经营等业务活动。

微课　新企业的
开办

新企业注册登记的具体程序包括:确定企业组织形式,名称预核,前置审批(文化、卫生、交通、环保、公安等),选址租房(商用注册地址),编写公司章程或合伙协议,办理企业登记注册,办理印章(负责人私章、公章、财务章、发票专用章、合同专用章),去银行开基本户,办理税务登记和购税控盘,申请领购发票和购置发票专用打印机,办理社会保险。企业注册登记的办理地点:企业注册地的区县行政服务中心。

一、新企业的组织形式选择

企业组织形式,即企业的法律形态,是指国家法律规定的企业在市场环境中存在的合法身份。

我国企业的主要组织形式:股份有限公司、有限责任公司、外资企业、中外合资企业、中外合作企业、乡镇企业、股份合作制企业、合伙企业、个人独资企业、个体工商户、农村承包经营户、农村专业合作社等。

小微企业最常见的组织形式有个体工商户、个人独资企业、合伙企业和公司制企业。

不同的企业组织形式有不同的要求,会对企业产生诸多影响,这些影响包括:开办和注册企业的成本;开办企业手续的难易程度;业主的风险责任;寻求贷款的难易程度;寻求合伙人的可能性;企业的决策程序;企业利润及利润分配。

(一)个体工商户

个体工商户是指生产资料归劳动者个人所有,以自己个人的劳动为基础,劳动成果由劳动者个人占有和支配的市场经营主体。

1.个体工商户的特点

个体工商户的特点如表8-1所示。

表8-1　个体工商户的特点

业主数量和注册资本	成立条件	经营特征	利润分配和债务责任
业主是一个人或家庭;无注册资本限制	成立条件简单,业主只要有相应的经营资金和经营场所就可以了;个体工商户可以起字号	资产属于私人所有,自己既是所有者,又是劳动者和管理者	利润归个人或家庭所有;由个人或家庭经营的,以个人或家庭资产对企业债务承担无限责任

2.个体工商户的优点

对注册资金实行申报制,没有最低限额基本要求;注册手续简单,费用低;税收负担轻。

3.个体工商户的缺点

信誉较低,很难获得银行大额贷款;经营规模小,发展速度慢;管理不规范,有的个体工商户甚至对经营所得和工资所得都不加以区分。

(二)个人独资企业

个人独资企业是最简单的企业组织形式,是指依照《中华人民共和国个人独资企业法》在中国境内设立的,由一个自然人投资,财产为投资人个人所有,投资人以其个人财产对企业债务承担无限责任的经营实体。该种法律形式主要适用于零售业、服务业、手工业、家庭农场等小型企业。

1.个人独资企业的特点

个人独资企业的特点如表8-2所示。

表8-2 个人独资企业的特点

业主数量和注册资本	成立条件	经营特征	利润分配和债务责任
业主是一个人;无注册资本限制	投资人是一个自然人;有合法的企业名称;有固定的经营场所和必要的生产经营条件;有必要的从业人员	财产为投资人个人所有,业主既是投资者,又是经营管理者	利润归个人所有;投资人以其个人资产对企业债务承担无限责任

2.个人独资企业的优点

注册手续简单;利润独享;决策自主;保密性好;税收负担较轻;注册资金随意。

3.个人独资企业的缺点

承担无限责任,经营风险较大;受个人出资的限制,企业规模往往较小;组织机构不健全;企业经营水平受企业主素质的制约,企业的连续性往往较差。

(三)合伙企业

合伙企业是指按照《中华人民共和国合伙企业法》在中国境内设立的,由各合伙人订立合伙协议,共同出资、合伙经营、共享收益、共担风险,并对合伙企业债务承担无限连带责任的营利性组织。

1.合伙企业的特点

合伙企业的特点如表8-3所示。

2.合伙企业的优点

扩大了资金来源,扩大了企业规模,提高了竞争能力;注册手续简便,费用低;税收较低。

3.合伙企业的缺点

决策协商一致比较困难,易内耗;普通合伙企业承担无限连带责任,承担较大的债务风险;企业规模和业务范围受到限制;合伙人财产转让困难。

表 8-3 合伙企业的特点

业主数量和注册资本	成立条件	经营特征	利润分配和债务责任
普通合伙企业由 2 个以上普通合伙人组成,无注册资本限制;有限合伙企业由 2 个以上 5 个以下合伙人设立,其中至少有 1 个普通合伙人,无注册资本限制	合伙人是自然人的,应当具有完全民事行为能力;有书面合伙协议;有合伙人认缴或实缴的出资;有合伙的企业名称和生产经营场所	按照合伙协议的约定或经合伙人决定,可委托一个或数个合伙人对外代表合伙企业执行合伙事务	合伙企业的利润分配、亏损分担,按照合伙协议的约定执行;合伙企业不能清偿到期债务的,合伙人承担无限连带责任
		由普通合伙人执行合伙事务;有限合伙人不执行合伙事务,不得对外代表有限合伙企业	普通合伙人对合伙企业债务承担无限连带责任,有限合伙人以其任缴的出资额为限对合伙企业债务承担责任

(四)公司制企业

公司制企业又称公司,是依照严格的法定程序成立、由数人出资兴办、以营利为目的的企业法人。公司制企业不同于前两种形式的企业,公司制企业与个人独资企业、合伙企业的主要区别是:公司制企业是法人企业,对债务承担有限责任;公司是企业法人,有独立的民事行为能力,对债务承担有限责任;公司是依法设立的。公司的设立在发起人资格、最低资本额、公司章程和公司的组织机构等方面均有一定的要求。

1.公司制企业的特点

公司制企业的特点如表 8-4 所示。

表 8-4 公司制企业的特点

业主数量和注册资本	成立条件	经营特征	利润分配和债务责任
股东在 1 人及以上 50 人以下,无最低注册资本限制,注册资本由过去的实缴改为认缴,认缴金额及认缴方式由股东在公司章程中约定	股东符合法定人数;股东出资达到法定资本最低额;股东共同制订章程;有公司的名称,建立符合有限责任公司要求的组织机构;固定的生产经营场所和必要的生产经营条件	公司设立股东会、董事会(执行董事)和监事会,并由董事会聘请职业经理管理公司经营业务	按照股东实缴的出资比例分配利润;股东以其认缴的出资额为限对公司债务承担有限责任;股东不能证明公司财产独立于股东自己的财产的,应当对公司债务承担连带责任
	允许成立只有一个自然人股东或一个法人股东的有限责任公司	不设董事会,可以设一名执行董事,应当在每个会计年度终了时编制财务会计报告,并经会计师事务所审计	投资人不能证明公司财产独立于自己的财产的,应当对公司债务承担连带责任

2.公司的分类及其设立条件说明

我国《公司法》所指的公司是指有限责任公司和股份有限公司。

　　有限责任公司(含一人有限公司),是指由法律规定的一定数量的股东所组成,股东以其出资额为限对公司承担责任;公司以其全部资产为限对公司债务承担责任的企业法人。

　　股份有限公司,是指将全部资本划分为若干等份,可以向社会公开发行股票,股东以其认购的股份为限对公司承担责任;公司以其全部资产为限对公司债务承担责任的企业法人。股份公司是典型的合资公司,各国公司法都承认其法人地位。

　　虽然有限责任公司与股份有限公司均是企业法人,但是对股份有限公司的要求比较严格,对最低注册资本也有较严格的限制,对组织机构的要求也比较严。因此,投资者选择投资方式时要慎重。

　　总之,由于股份有限公司注册资本要求较高,组织机构要求比较复杂,不为一般的创业者所采用。合伙和个人独资因创业者须承担无限责任,选择这两种企业形式的也相对较少。有限责任公司是绝大多数创业者乐于采用的组织形式。具体选择企业形式时要综合考虑相关情况,作出明智的选择。

　　2014年实施的新《公司法》规定:

　　● 公司设立"门槛"降低。除法律、法规另有规定外,取消有限责任公司最低注册资本3万元、股份有限公司最低注册资本500万元的限制;不再限制公司设立时股东(发起人)的首次出资比例和缴足出资的期限。公司实收资本不再作为工商登记事项。

　　关于公司注册费用("0元注册公司")的说明:

　　自2014年2月28日以后,公司注册资本实行"认缴制+实缴制"并存的形式。以往在工商部门登记的时候,工商局要求企业在核名之后开立验资账户,进行注册资本金实到,这一门槛使得很多年轻创业者没有资金无法创业,也就达不到国家号召的"大众创业、万众创新"的目的。现在只要跟工商部门约定,在企业的营业期限内将注册资本到位就可以了。也就是说,一开始注册企业的时候,可以不拿钱,只要年满18周岁,凭一张有效合法的身份证就可以注册公司,这就是"0元注册公司"的样本,这里的0元指的是注册资本实缴为0,而非注册费用为0。

　　注册资本认缴制说到底只是暂缓,缓解创业人的压力,追根究底还是要货真价实地实缴进去的,而且有的企业是需要实缴才能办理相关的资质跟业务的。比如劳务派遣、文化传媒、金融类等,注册资本一般都是1.5‰~2‰,假设注册资本是1 000万元,要花2万元的费用。企业实缴有利于企业的信用,在后续经营中也是益处多多。

　　● 允许一"人"成立有限责任公司。旧《公司法》规定:有限责任公司由2个以上50个以下股东共同出资设立。新《公司法》规定:有限责任公司由50个以下股东出资成立。

　　● 确立公司法人否认制度。新《公司法》规定:公司股东滥用公司法人独立地位和股东有限责任,逃避债务,严重损害债权人利益的,应当对公司承担连带责任。

　　3.公司制企业的优点

　　第一,降低了经营风险,承担有限责任。股东以其出资为限对公司承担责任,公司以其全部资产为限对公司债务承担责任。股东的风险可控。

　　第二,集资范围较广,有利于募集资本,扩大生产经营规模。

　　第三,有利于法人资本的稳定(出资人一经出资便不能抽回,只能转让股份和出售股票,从而使公司有数量比较稳定的法人财产)和优化资本组合。

第四,所有权与经营权分离,专家管理,提高效率,企业生命力更持久。

4.公司制企业的缺点

第一,组建困难,组建成本较高,政府有较多的限制(注册资本、产业政策)。

第二,有些需要审批。

第三,税负相对较重,往往需要交纳双重所得税。

第四,组织相对复杂,协调成本高,定期公布财务信息,保密性较差。

(五)选择合适的企业组织形式(企业法律形态)

为保证企业稳定经营和持续发展,新办企业必须选择一种合适的企业组织形式。表8-5列出了四种企业组织形式优劣比较,表8-6列出了常见企业组织形式比较。

表8-5 四种企业组织形式优劣比较

	优势	劣势
个人独资企业	企业设立手续非常简单,且费用低 所有者拥有企业控制权 可以迅速对市场变化做出反应 无须缴纳个人所得税,无须双重课税 在技术和经营方面容易保密	创业者承担无限责任 企业成功过多依靠创业者个人能力 筹资困难 企业随着创业者退出而消亡,寿命有限 创业者投资的流动性低
合伙企业	创办比较简单,费用低 经营上比较灵活 企业拥有更多人的技能和能力 资金来源较广,信用度较高	合伙创业者承担无限连带责任 依赖合伙人的能力,企业规模受限 易因关键合伙人退出而解散 合伙人的投资流动性低,产权转让困难
有限责任公司	创业股东承担有限责任,风险小 公司具有独立寿命,易于存续 可以吸纳多个投资人,促进资本集中 多元化产权结构有利于决策科学化	创立的程序比较复杂,创立费用较高 存在双重课税问题,税负较重 不能公开发行股票,融资规模受限 产权不能充分流通,资产运作受限
股份有限公司	创业股东承担有限责任,风险小 筹资能力强 公司具有独立寿命,易于存续 职业经理人进行管理,管理水平较高 产权可以股票形式充分流通	创立的程序复杂,创立费用高 存在双重课税问题,税负较重 需定时报告公司的财务状况 公开公司的财务数据,不利于保密 政府限制较多,法律法规要求严格

表8-6 常见企业组织形式比较

项目	有限责任公司	合伙企业	个人独资企业
法律依据	《中华人民共和国公司法》	《中华人民共和国合伙企业法》	《中华人民共和国个人独资企业法》
法律基础	公司章程	合伙协议	无章程或协议
法律地位	企业法人	非法人营利性组织	非法人经营主体
责任形式	有限责任	无限连带责任	无限责任

续表

项目	有限责任公司	合伙企业	个人独资企业
投资者	无特别要求,法人、自然人皆可	完全民事行为能力的自然人,法律、行政法规禁止从事营利性活动的人除外	完全民事行为能力的自然人,法律、行政法规禁止从事营利性活动的人除外
注册资本	投资人申报	协议约定	投资者申报
出资	法定:货币、实物、工业产权、非专利技术、土地使用权	约定:货币、实物、土地使用权、知识产权或者其他财产权利、劳务	投资者申报
出资评估	必须委托评估机构	可协商确定或评估	投资者决定
成立日期	营业执照签发日期	营业执照签发日期	营业执照签发日期
章程或协议生效条件	公司成立	合伙人签章	无
财产权性质	法人财产权	合伙人共同共有	投资者个人所有
财产管理使用	公司机关	全体合伙人	投资者
出资转让	股东过半数同意	一致同意	可继承
经营主体	股东不一定参加经营	合伙人共同经营	投资者及其委托人
事务决定权	股东会	全体合伙人约定	投资者个人
事务执行	公司机关、一般股东无权代表	合伙人权利同等	投资者或其委托人
利亏分担	投资比例	约定,未约定则均分	投资者个人
解散程序	注销并公告	注销	注销
解散后义务	无	5 年内承担责任	5 年内承担责任

　　创业者在选择自己企业的法律形态时,要考虑的主要因素有:准备创办企业的规模;行业类型和发展前景;企业主或投资者的数量;创业资金的多少;充分利用政策的优势;企业的义务和应承担的责任;创业者的价值观念(倾向个人决策还是协商合作)。

　　不同的企业法律形态(企业组织形式)各有利弊,在选择企业法律形态(企业组织形式)时,要考虑企业的实际情况及所选择的企业组织形式可能会对你的企业产生的影响:

　　● 如果准备新创办的企业规模较小,投资人和资金较少,所有风险都由创业者一个人承担,可以采用简单、经济的企业组织形式,如个体工商户或个人独资企业。

　　● 如果你的资金和技术不足,但有志同道合的朋友愿意一起干,不妨选合伙企业或有限责任公司的法律形态。

　　● 如果你有较强的独立意识,不喜欢与他人合作,怕麻烦或怕得罪人,就考虑个体工商户或个人独资企业或一人有限责任公司。

● 如果你有国外亲戚朋友愿意投资帮你创业,可以选择中外合资企业或中外合作企业的法律形态。

二、新企业办理注册登记的一般步骤

(1)办理地点:企业注册地行政服务中心。

(2)注册登记步骤:

第一步:核名。

到行政服务中心工商局窗口去领取一张《企业(字号)名称预先核准申请书》,填写拟定的企业名称,由工商局上网(工商局内部网)检索是否有重名,如果没有重名,就可以使用这个名称,会核发一张《企业(字号)名称预先核准通知书》,或创业者在工商局网站自行检索、选择名称。

第二步:租房。

去专门的写字楼租一间办公室,如果你自己有厂房或者办公室也可以,有的地区不允许在居民楼内办公。租房后要签订租房合同,并让房东提供房产证的复印件。

第三步:编写公司章程或合伙协议。

可以在工商局网站下载公司章程或合伙协议的样本,参照进行修改。章程的最后由所有股东或合伙人签名。

第四步:注册公司。

到工商局领取公司设立登记的各种表格,包括设立登记申请表、股东(发起人)名单、董事经理监理情况、法人代表登记表、指定代表或委托代理人登记表。填好后,连同核名通知、公司章程或合伙协议、房租合同、房产证复印件一起交给工商局。工商局审核通过后,颁发营业执照(多证合一)。

第五步:办理印章。

凭工商局审核通过后颁发的营业执照,到公安局指定的刻章社刻公章、财务章、企业负责人印章、发票专用章和合同专用章。后面步骤中,均需要用到公章或财务章。

第六步:去银行开基本账户。

凭营业执照(多证合一),带上公章、财务章、企业负责人印章,去银行开立基本账户。

第七步:办理网上税务登记、纳税申报、购买税控盘。

领取营业执照后,到税务局窗口办理网上税务登记。办理税务登记时,必须有一个会计,因为税务局要求提交的资料其中有一项是会计资格证和身份证。

纳税申报是纳税人为了正确地履行纳税义务,扣缴义务人为了正确履行代扣代缴义务,将发生的纳税事项或者代扣代缴、代收代缴事项向税务机关提出书面申报的一项法定手续。经营者在领到营业执照开始生产经营活动之后,在一定期限内就应该向税务机关申报。

第八步:申请领购发票、购买发票专用打印机。

如果你的公司是销售商品的,应该到国税去申领发票,如果是服务性质的公司,则到地税申领发票。

第九步:办理社会保险。

参加社会保险的用人单位(企业、公司等)应按规定代码详细填写《社会保险登记表》一式两份,并提供《营业执照》和《基本存款账户开户许可证》等资料的复印件到有关部门办理社会保险。职工办理投保或退保手续时,用人单位须填报《社会保险登记表》,提供组织、人事、劳动部门出具的《职工流动或调动工作介绍信》;合同制工人减少时,须提供由劳动部门开具的《解约通知书》。

社会保险是指国家通过立法强制实行的,由劳动者、企业(业主)或社区以及国家三方共同筹资,建立保险基金,对劳动者因年老、工伤、疾病、生育、残废、失业、死亡等原因丧失劳动能力或暂时失去工作时,给予劳动者本人或其直系亲属物质帮助的一种社会保障制度。社会保险可分为养老保险、失业保险、医疗保险、生育保险、工伤保险等。

💡【知识点滴】

动漫成大学生创业新潮流

近年来,动画《喜羊羊》《熊出没》,漫画《长歌行》等中国原创作品越来越深入人心,创造了源源不断的经济效能。同时,在新媒体、移动互联网大力发展的洪潮下,也为动漫产业开拓了新的发展空间。行业的高速发展带来了更大的人才需求量,智联招聘公布的大数据分析显示,2014 年全国动漫类提供的职位数量已猛增至将近 10 万个。

在这样的大环境与产业发展趋势下,动漫相关专业的毕业生本该拥有更多的就业机会,但事实却并非如此。从麦可思研究院调查编著的《2014 年中国大学生就业报告》与社科院发布的《2013 年大学生就业蓝皮书》统计数据显示,动漫相关专业是目前高校中就业最难的专业之一。

"虽然面对毕业有可能就失业的窘境,但动漫类专业仍然是我们学院最炙手可热的专业之一。而且,不仅是动漫专业的同学们大多以动漫创作作为毕业设计,亦有不少非动漫专业的同学以动漫题材作为毕业创作的方向。"广东省动漫艺术家协会副主席、广州大学美术与设计学院院长汪晓曙表示。据了解,这几年随着中国经济发展步入新常态,变化的不只是政策导向、产业布局和官员心态,还有大学生择业观的转变——从艰难就业到自主创业。其中,在动漫领域大学生成功创业的例子比比皆是:中国传媒大学动画系 2004 级毕业生王卯卯创作的卡通形象兔斯基在互联网爆发式地流行起来,随后被豪门时代华纳相中彻底买断;毕业于北京电影学院漫画系 2008 级的漫画作者刘成文,在学生时期已开始连载漫画,毕业后更是成立了漫画工作室自主创业,现已创作《李小猫传奇》《武神赋》等多部作品;广州美术学院数码系动画专业毕业的何伟锋凭借毕业创作《小胖妞》动画,因在优酷网获得超过1 000 万次的收看率而声名大噪,毕业后组建了一个 7 人小团队,把《小胖妞》发展成系列动漫,至今团队人数已有 50 多人;1992 年出生的"伟大的安妮"(微博名)就读广东外语外贸大学时就已创作了《安妮和王小明》等系列漫画,毕业后创业成立工作室和公司,推出"快看漫画"App。

据悉,广东省动漫艺术家协会、广州市动漫艺术家协会在广州美术学院大学城校区联合召开了动漫艺术创作的学术研讨会议,其中,满城聚焦的广美毕业展成为会上热议的话题,特别是新媒介艺术设计专业的冯嘉城同学设计的人造"月球",引起众多资深创作者与动漫专家学者的高度关注。会后,两家协会的动漫艺术家组团前往展览现场交流研讨,针对毕业创作进行分析点评,并给予学生技术指导与创作思路,更鼓励和支持同学们的创新创业。"动漫艺术是一门与市场有紧密关系的艺术门类,本届毕业创作中不乏大量优质的动漫作品,能与市场直接对接,已有部分作品和学生被企业相中。而且,动漫专业的不少同学选择毕业后以动漫方向作为创业首选。"广东省动漫艺术家协会副主席、广州美术学院视觉艺术设计学院院长王绍强说。

广东省动漫艺术家协会、广州市动漫艺术家协会的成立,是为了提高中国原创动漫作品的艺术水平,带动动漫艺术与其他艺术的繁荣与融合。广东省动漫艺术家协会主席、广州市动漫艺术家协会主席金城表示:"为了更好地保持广东动漫艺术事业的发展势头,大力扶持与培育新生代的动漫创作快速成长,协会有计划要成立大学生动漫艺术创作基金,为大学生的创新创业提供更多的资源与资金。"

(资料来源:中国日报中文网)

三、大学生创业扶持政策

作为一名大学生创业者,多少都会遇到以下问题:我在学校创业不成功,会有什么后果?听说大学生创业会免税,我怎么申请?听说去××开公司就给钱,是真的吗?我想创业,但租外面的场地又贵又不方便怎么办?创业初期管理重要吗?不会管理怎么办?创业启动缺少资金,哪里能借到钱?哪里能找到靠谱的投资人?

要解决这些问题,创业者除了自身要努力,还要及时查询最新"双创"系列政策,申请相应的税收、工商注册、贷款、场地、培训、创业指导、路演等创业政策扶持,充分利用政策扶持,减轻创业成本。创业者应多关注当地人力资源和社会保障厅(局)、教育厅(局)、科技厅(局)、共青团、学校招生就业办、教务处的网站,注意最新政策的变化,具体了解创业帮扶政策的流程和申请条件。

推荐相关链接:全国大学生创业服务网、全国大学生就业公共服务立体化平台。

国家对大学生创业的现有扶持政策举例:

(1)哪些大学生创业类型是国家有扶持政策的?

国家支持大学生自主创业市场的主体类型有个体工商户、个人独资企业、有限责任公司、合伙企业、农民专业合作社。

(2)大学生创业免税吗?

持人力资源和社会保障部门核发的《就业创业证》的高校毕业生在毕业年度内创办个体工商户、个人独资企业的,3年内按每户每年8 000元为限额依次扣减其当年实际应缴纳的营业税、城市维护建设税、教育费附加和个人收入所得税。对高校毕业生创办的小微企业,按国家规定享受相关税收支持政策。

(3)大学生创业可以申请贷款吗?

对符合条件的大学生自主创业的,可在创业地按规定申请创业担保贷款,贷款额度为10万元。鼓励金融机构参照贷款基础利率,结合风险分担情况,合理确定贷款利率水平,由财政给予贴息。

(4)大学生创业办理工商营业执照免费吗?

毕业两年以内的普通高校学生从事个体经营(除国家限制的行业外)的,自其在工商部门首次注册登记之日起 3 年内,免收管理类、登记类和证照类等有关行政事业性收费。

(5)大学生创办企业能申请免费办公场地吗?

现在很多高校和社会机构都提供孵化器,对符合条件的大学生创业企业提供免费场地和办公设备,并减免水电物业等费用。还可以申请创业资金扶持和无息贷款,此外很多孵化器还定期提供项目路演和创业项目指导机会。

(6)听说大学生创业能申请政府扶持资金?

重庆市规定每个通过评审的项目可由政府提供 2 万~15 万元的资金扶持。为重点项目配备一名创业导师,实行"一对一"创业指导。

(7)听说大学生返乡创业就给钱?

在有的地区,的确推出了只要大学生返乡创业就提供创业种子启动资金的政策,还给创业大学生企业提供免费场地,给员工提供免费宿舍。具体政策要去当地有关部门了解。

(8)大学生创业企业能享受哪些培训补贴?

对大学生创办的小微企业新招用毕业年度高校毕业生,签订一年以上劳动合同并交纳社会保险费的,给予一年社会保险补贴。对大学生在毕业学年(即从毕业前一年 7 月 1 日起的 12 个月)内参加创业培训的,根据其获得创业培训合格证书或就业、创业情况,按规定给予培训补贴。

(9)大学生创业企业经营上遇到不懂的问题有免费服务吗?

有创业意愿的大学生,可免费获得公共就业和人才服务机构提供的创业指导服务,包括政策咨询、信息服务、项目开发、风险评估、开业指导、融资服务、跟踪扶持等"一条龙"创业服务。

(10)听说大学生在创业城市可以落户?

高校毕业生可在创业地办理落户手续(直辖市按有关规定执行)。

(11)在校大学生有哪些创业激励?

创业大学生可享受各地各高校实施的培养创新创业人才的新机制,可享受各高校挖掘和充实的各类专业课程和创新创业教育资源,共享学校面向全体学生开放的科技创新资源和实验教学平台,还可享受各高校建立的自主创业大学生创新创业学分积累与转换制度,可享受高校实施的弹性学制,放宽学生修业年限,允许调整学业进程、保留学籍休学创新创业等管理规定。

(12)我不想马上创业,但有什么方式能积累创业经验呢?

可以参加一些有影响力的创业大赛积累创业知识和经验,如"创青春"大学生创新创业大赛、"互联网+"大学生创新创业大赛等。

四、大学生新创办企业的注意事项

(1)给自己的公司起一个好名字。公司名字是否可用要去当地工商局网站查询。

(2)为公司确定办公地点。办公地点可以租赁商业地产或者入驻免费孵化器,这是办理工商营业执照的前提条件。如果是租赁商业地产,还需要注意在办公环境、办公设备、通信网络、员工交通、员工就餐、公司业务各个方面的综合成本。

(3)申请工商注册。选择企业的工商注册地之前一定要记得查询当地的就业创业扶持政策,很多城市不同的区对不同行业有不同力度的创业扶持政策。建议在当地找一家工商代办机构,流程熟、效率高、收费也不贵。

(4)开通银行账户。开通银行账户要注意了解不同银行各项对公业务手续收费,有的银行对创业企业收费有扶持政策,能节约运营成本。选择开户行网点还要考虑办公地点和开户行网点距离不要太远,便于快速办理银行对公业务。

(5)到所在区国税和地税部门报税。这里要提醒创业者,公司开办以后无论有无收入,要依法报税和纳税。创业者需要学习一些合理避税的方法,减轻公司的税负压力。

(6)聘请代理会计。创业小公司可以采取财务外包的做法,等公司规模做大后再请专职会计。创业者需要学习一些现代财务基本知识,便于理解会计报表,合理控制公司现金流支出。

(7)申请知识产权保护。如果创业公司有专有技术,可以申请专利保护,也可以申请版权、软件著作权、商标权、原产地名称等知识产权保护。

(8)了解社保和个税。如果公司想持续经营,创业者应该了解当地最低工资线、员工五险一金缴纳政策、个人收入所得税扣除计算方式,从而正确理解给一名员工的真实成本。

(9)了解商业保险。创业公司可以考虑为员工办理商业保险,为员工提供医疗和意外保障。

【案例精选】

"90后"创业代表王锐旭走进中南海与总理面对面

2015年1月27日上午,国务院总理李克强在中南海主持召开座谈会,听取教育、科技、文化、卫生、体育界人士和基层群众代表对《政府工作报告(征求意见稿)》的意见和建议。在这些被邀请的代表中,有一位"90后"小伙特别显眼,他就是广州九尾信息科技公司CEO、广州青年创业榜样、创业导师、成长引路人,集各种荣誉于一身的创业者王锐旭。

王锐旭是谁?作为一名"90后",王锐旭没有半点"90后"的特色标签与特征,端正得体的穿着,从容淡定的举止,低调内敛的言语,无时无刻的微笑,没有丝毫做作,没有自大狂妄,唯独双眼不时透出的那股坚毅,流露着"90后""欲与天公试比高"的信念与冲劲。初中的时候因家里破产,王锐旭表现得特别脆弱,绝望又迷茫,内心无所适从,也无法接受现实的落差从而走向极端,逃避校园,迷恋网络,沉醉在游戏世界里,学习散漫,完全没有一个新时代进取少年该有的觉悟。幸好,父母的宽容和耐心教导,引导他走出青春的迷茫,重归校园。这以后,王锐旭的人生轮盘再次转动起来。

初入大学的那年,和所有的大一新生一样,王锐旭的心中也充满着对大学生涯的期待和憧憬。来自潮汕的他,开始尝试着做一些兼职和校园代理,希望在赚钱的同时锻炼并提升一下自身的能力。然而,现实毫不留情地给他泼了一盆冷水,几乎浇灭了他所有的热情——兼职信息五花八门,真假难辨,时不时地被黑中介骗走一笔中介费;校园代理参差不齐,除了成为廉价劳动力,几乎无利可图;就连一顿可以饱肚的晚餐都成为难题,最后还是好心的同乡店家愿意赊账才得以解决。

大学生想要做点事情,为何如此之难?大二伊始,出于对现实的不满和不妥协,王锐旭携手女友一起组建了魔灯团队,开始走上创业的道路,并一发不可收拾。

一开始,魔灯团队的办公场所仅仅是广州中医药大学学校饭堂里的一张桌子。王锐旭就是在这样的条件下,和女友一起,说服一个又一个成员加入。他们为了寻找一份合理的校园代理,到处碰壁,吃了很多苦。尽管这样,他们还是坚持了下来。终于,团队的业务渐渐走上正轨,团队人数由最初的 2 人发展到 40 人,最好的时候月收入达到 15 万元。这对于在校大学生来说,已经非常成功了。但王锐旭深深明白 100% 的努力,换来的不是 1% 的成功,而只是 50% 的可能,他要去接近这 1% 的成功。

进入大三,王锐旭不满于那 40 人、月入 15 万元的"美满"现状,而是在思考这 40 人乃至将来 400 人的何去何从。在团队将来发展的长远考虑下,王锐旭成立了九尾科技有限公司,并启动了大学生兼职平台——兼职猫的开发。那时的资金并不足以支撑技术研发,于是除了技术团队,所有人又投入了新一轮的校园代理和兼职工作中,只是为了一个简单得不能再简单的目的:养活技术团队。

2013 年,王锐旭参加由团市委等主办的首届广州青年创业大赛,过五关斩六将,一举夺得广州青年创业大赛企业成长组冠军。直到兼职猫拿到第一笔天使投资的那一刻,王锐旭已经记不起自己和小伙伴们究竟做了多少努力。本该激动万分的他,没有流下一滴幸福的眼泪,而是匆匆地松了一口气,又一次陷入对未来的思考中:200% 的努力,依旧没有换来 1% 的成功,而是换来了又一次整装前行的理由,换来了更为沉重的责任和压力。之后的一年里,兼职猫顺利地拿下了第二轮天使融资和千万级的 A 轮融资。王锐旭没有感到轻松,而是深深地感到肩上背负的责任和压力越来越大。

过去的两年中,他接受了超过 40 家媒体的采访,被团市委授予广州青年创业榜样、广州青年创业导师等荣誉称号。他具有高度的社会责任感,主动参与了一系列创业导师进校园巡讲活动,并受邀参加了"18 岁青春季"广州市成人宣誓仪式,接受"成长引路人"证书,勇于担当责任。一直以来,他从未讲过一句豪言壮语,只是感谢每一位为兼职猫出力的成员,感谢每一位帮助过他的人,更感谢每一位信任兼职猫的用户。

如今,王锐旭依旧坚持着当初的信念:"我还年轻,输得起任何失败,但输不起的是任何一名用户的利益。"

(资料来源:大学生创业网)

第二节　新创企业制度建设与文化建设

一、新创企业制度建设

企业制度就像一个人的骨架,像一栋楼房的钢筋梁架。如果一个企业没有制度,就像一堆没有骨头的烂肉;如果制度不健全,就像从小就得了小儿麻痹症的病人。企业制度是产品从调研、研发、顺利生产到投放市场的重要保证。要想组建一个企业并长远发展下去,必须首先建立符合实际的、可行的企业制度。

(一)企业制度的分类

一个企业的制度分为以下几类:

1.公共制度

公共制度即每个员工,包括老板都要遵守的制度。比如,上下班制度、企业用人制度等。

2.部门制度

部门制度即针对各个部门制订的制度,该部门人员必须遵守。比如,电子生产车间部门管理制度等。

3.个人制度

个人制度即针对不同的工作岗位,针对每个岗位群体制订的制度。比如,工艺人员职责、操作人员职责、调度人员职责、物资配套人员职责等。

4.技术类制度

技术类制度即某部门所制订的为了保证生产产品质量、生产效率等所规定的具有一定技术要求的制度。比如,电子生产车间防静电制度、防多余物制度、工艺纪律、行业标准等。

5.流程制度

流程制度即为了满足产品顺利、高效、高质的研发、生产等目的规定的流程。比如,不合格产品审理流程、产品归零流程、物资周转流程等。

(二)制度建设需注意的事项

企业的制度建设并非随意编制,就像资本主义国家有资本主义国家的制度,社会主义国家有社会主义国家的制度一样,不同的社会性质决定了国家制度的不同。同样,一个企业制度的建设也要考虑到企业性质、生产方式、人员背景、技术能力、民主性等众多因素。总结起来,企业制度建设应注意以下几点。

1.民主性

制度本身是人制订的,是为了制约人的行为。大家认为好的行为当然值得赞赏,坏的行为才由制度去制约,所以制度本身应该满足大家的意愿,合理地限制大家的行为。制度制订时,应该考虑、征求大家的意见,要民主。制度的制订者很多是高层的管理人员,对下面的实际并不完全了解,在制订制度的时候很难没有偏差。

2.现实性

制度不能好高骛远,同样也不能毫无效用,必须依据现实情况制订。

3.明确性

制度的条款要明确,不能含糊其词,更不能产生歧义,一定要严谨,并规定明确。

4.时变性

制度的制订要与时俱进,随着企业的发展更新、完善。

(三)企业制度建设的方法

1.民主的方法

主要针对个人制度、技术类制度建设。制度可以由底层人员制订,以后的守法者就是现在的制法者,自己提出的条款自己得遵守。

2.强制的方法

主要针对公共制度、部门制度、技术类制度建设。对于公共制度、部门制度,要求制订者明确企业(部门)实际,考虑众多因素对企业整体的制度进行制订。对于技术类制度,则要求制订者明确行业技术情况,明确产品质量要求等,具有一定的专业技能技术、知识,制订出符合实际的标准制度。

(四)制度执行中应注意的问题

企业制度建立之后就要求每一位员工严格遵守,"不可越雷池一步",否则就会按照制度的处罚规定进行相应的惩罚。高层管理人员必须带头执行企业制度,高层管理人员"也在法中,并不在法外",正所谓"天子犯法与庶民同罪"。这里要指出的是,所谓的"头头",必须遵守制订的制度,不可有特权,当他们违反了制度的规定以后,要比普通员工承受更大的惩罚,因为他们不仅是守法者,更是执法者和制法者。

1.执法必严

既然企业制度已经制订,且是合理的,就必须严格执行。否则,制法等于没法,企业制度依然起不到作用。

2.制度的执行要考虑实际情况

制度的执行是"时变"的,应根据实际的情况、违反制度的人员状况等来考虑制度执行的弹性空间,即要考虑实际情况,既不能把违法者"一棒子打死",又要执行制度。

【案例精选】

女大学生的香糯致富

23岁的小杨在大学毕业前就开始创业了!刚走出大学校门的她,已经当了半年多的糕点店老板了。

小杨从小就很喜欢烘焙,进入大学后,"想要开一家糕点店"的念头在她心里越来越强烈。后来,当打听到上海有烘焙展会时,她坐不住了,带着自己攒的零花钱来到了展会现场。在现场,看着来自世界各地各式各样的烘焙糕点,她特别兴奋。考察中,台湾有一家公司展出的当地特色糕点让她过口不忘。

回到济南后,只要上课不忙,小杨就喜欢跑到市区四处转悠,看看都有什么样的糕点店。经过调研,她发现自己吃到的美味凤梨酥等台湾糕点在济南并没有太多销售商家,这个发现让她蠢蠢欲动。几经周折,小杨联系到了让自己印象深刻的这家台湾公司,表达了自己的意向,希望能在济南开一家台湾糕点店铺。

"人家一听说我还是在校生,开始并不太乐意。还好,最后他们还是被我的诚心打动了。"小杨说。一旦确定了目标,小杨立刻开始行动。她找到父母,将自己的市场调研结果详细地讲给父母听。终于,小杨的父母同意先借给她创业资金。借到了创业资金,小杨又开始到处租房。有了房子,她就开始跟着台湾糕点公司派来的烘焙师傅学习。那段时间,小杨多数时间都泡在店里,有时为了研究怎样能将糕点做得更好,她经常要熬夜到凌晨。

几个月后,小杨的小店正式开张了,还没毕业的她成了小老板。小店的隔壁是一家已小有名气的糕点店,有时一些顾客来买糕点时,看到小杨的小店会好奇地到店里转转,但他们问小杨最多的就是"你们店里的东西好不好吃"。

开始创业后,小杨才感觉有好多东西要学。做出了好吃的糕点,顾客却很少,或者顾客很多时来不及做太多糕点,这些都会让小杨"头大"。另外,如何和顾客打交道、怎样管理比自己年龄还大的员工等,这些都是初次创业的小杨需要不断学习的内容。

小杨认为,大学生创业不要好高骛远,要从基础做起。对于选择的项目要做充分的市场调研,不断地去了解这个行业,才能做出自己的特色。

二、新创企业文化建设

(一)企业文化的定义

企业文化一般是指企业中长期形成的共同理想、基本价值观、作风、生活习惯和行为规范的总称,是企业在经营管理过程中创造出的具有本企业特色的精神财富的总和,对企业成员有感召力和凝聚力,能把众多人的兴趣、目的、需要以及由此产生的行为统一起来,是企业长期文化建设的反映,包含价值观、最高目标、行为准则、管理制度、道德风尚等内容。它以全体员工为工作对象,通过宣传、教育、培训和文化娱乐、交心联谊等方式,最大限度地统一员工意志,规范员工行为,凝聚员工力量,为企业总目标服务。

(二)企业文化建设的内容

企业文化是以人为本的管理哲学。现代企业越来越重视人在企业发展中的重要作用,所以,打造独具特色的企业文化,牢牢把握住企业文化建设的着力点,对增强企业的向心力和凝聚力具有十分重要的意义。

1.重视企业战略文化

企业要实现可持续发展,必须有一个长远的发展目标和发展规划。企业今后朝什么方向发展、如何发展等问题都应让全体员工尽快了解。发展战略只有得到全体员工的认同,才能发挥出应有的导向作用,才能成为全体员工的行动纲领。在企业文化建设中,要充分利用网络等载体,采取灵活多样的形式,搞好企业发展战略的宣传和落实。通过积极开展企业战略文化建设,进一步厘清工作思路,明确企业的发展方向,激发员工的工作热情。

2.建设企业人本文化

人才是企业发展的宝贵资源。在新形势下,企业需要一大批不同层次、不同专业的人才。企业必须把人才队伍建设作为企业文化建设的一部分,通过在企业内部营造尊重人、塑造人的文化氛围,增强员工的归属感,激发员工的积极性和创造性。随着科技的不断发展,更新员工知识结构的课题也摆在了企业的面前。企业应努力营造良好的学习氛围,搭建人才成长的平台,使全体员工增强主人翁意识,与企业同呼吸、共成长。要通过对员工进行目标教育,使他们把个人目标同企业发展目标紧密结合在一起,自觉参与到企业的各项工作中。

3.规范企业制度文化

企业文化与企业制度之间是相互支撑、相互辅助的关系,制度文化是企业文化的重要组成部分。在制度文化建设中,要突出创新、严于落实,建立科学的企业决策机制和人力资源开发机制,制订完善的企业运行规则和经营管理制度,构建精干高效的组织架构,使各项工作紧密衔接,保证企业目标顺利实现。员工参与民主管理的程度越高,越有利于调动他们的积极性。企业建立开放的沟通制度,可以及时了解员工的思想动态。同时,要强化监督,规范管理行为,营造和谐的文化氛围,促进企业管理水平的提高。

4.打造企业团队文化

企业发展目标的实现,离不开员工之间的相互协作。企业只有通过培养团队精神,才能不断创造新业绩,在激烈的市场竞争中立于不败之地。企业文化建设的重要任务,就是在企业内部营造有利于企业发展的良好氛围,使领导与领导、领导与员工、员工与员工之间精诚合作,促进企业目标顺利实现。同时,要恰当处理企业外部各方面的关系,尽可能地减少摩擦和矛盾,争取方方面面的理解和支持。

5.增强企业创新意识

创新可以为企业文化注入活力,提升企业文化建设水平。要通过创新企业文化,促进企业不断发展。企业文化创新的关键是对企业旧的经营哲学、管理理念等进行创新,让企业文化建设迈上一个新台阶。要创造可以容忍不同思维的环境。如果创新只许成功不许失败,那么企业很难保持旺盛的创造力和生命力。作为市场竞争主体,企业应具备与现代市场经济相适应的能力,企业文化建设应反映市场经济的要求。市场竞争形成了新的竞争理念和模式,在企业文化建设过程中,必须充分理解这种理念和模式,以确保企业持续健康发展。

【课程育人】

综合本章内容,可以看出创业者为企业取得合理的法律身份需要经过正规流程,创业者应了解新办企业基础知识。总结如下:

1.新企业办理有规矩,大学生为人处世、学习工作也应讲规矩、守纪律。

2.新创企业要做好制度建设,建立符合实际的、可行的企业制度,企业才能长远发展下去。大学生在自己的职业发展上也要做好规划。

【能力训练】

一、简答题

1.说说新企业创办的一般程序。

2.简述新企业注册登记的步骤。

3.简述小微企业常见的四种组织形式及特点、优缺点。

4.大学生创业的扶持政策有哪些?

5.谈谈新形势下大学生新创办企业的注意事项。

6.结合所学内容,谈谈你对企业制度建设的理解。

7.什么是企业文化建设? 企业文化建设的内容是什么?

二、案例分析题

困境即是赐予

一天,素有"森林之王"之称的狮子来到天神面前:"我很感谢您赐给我如此雄壮威武的体格、如此强大无比的力气，让我有足够的能力统治整片森林。"

天神听了，微笑地问："但是这不是你今天来找我的目的吧！看起来你似乎为了某事而困扰呢！"

狮子轻轻吼了一声，说："天神真是了解我啊！我今天来的确是有事相求。因为尽管我的能力再好，但是每天鸡鸣时，我总是被吓醒。神啊！祈求您，再赐给我一分力量，让我不再被鸡鸣声给吓醒吧！"

天神笑道："你去找大象吧，它会给你一个满意的答复的。"

狮子兴冲冲地跑到湖边找大象，还没见到大象，就听到大象跺脚发出的"砰砰"声。狮子加速地跑向大象，却看到大象正气呼呼地直跺脚。

狮子问大象："你干吗发这么大的脾气？"

大象拼命摇晃着大耳朵，吼着："有只讨厌的小蚊子，总想钻进我的耳朵里，害我都快痒死了。"

狮子离开了大象，心里暗自想："原来体型这么巨大的大象，还会怕那么瘦小的蚊子，那我还有什么好抱怨呢？毕竟鸡鸣也不过一天一次，而蚊子却是无时无刻地骚扰着大象。这样想来，我可比他幸运多了。"

狮子一边走，一边回头看着仍在跺脚的大象，心想："天神要我来看看大象的情况，应该是想告诉我，谁都会遇上麻烦事，而他并无法帮助所有人。既然如此，那我只好靠自己了！反正以后只要鸡鸣时，我就当作鸡是在提醒我该起床了，如此一想，鸡鸣声对我还算是有益处呢！"

问题：在创业过程中，这则故事会给你什么样的启示？

【拓展阅读】

以改革激发人才创新创业活力

"致天下之治者在人才。"正如习近平总书记所强调的，我们比历史上任何时期都更接近实现中华民族伟大复兴的宏伟目标，也比历史上任何时期都更加渴求人才。

怎样破除制约人才发展的思想障碍和制度藩篱，最大限度激发人才创新创造活力？全面建成小康社会进入决胜阶段，中央印发《关于深化人才发展体制机制改革的意见》，对人才发展体制机制改什么、怎么改，做出明确的顶层设计和制度安排。作为我国第一个关于人才发展体制机制改革的综合性文件，该文件的颁布和实施，对于形成具有国际竞争力的人才制度优势，推动创新、协调、绿色、开放、共享发展，具有重大而深远的意义。

进入新世纪新阶段，我国人才事业发展取得巨大成就，人才对经济社会发展的贡献率迅速提升。但人才队伍还不能完全适应经济社会发展要求，人才发展体制机制存在一些深层次障碍。比如，人才管理体制不顺、权责不清，市场机制作用发挥不充分、用人主体自主权落实不到位，人才评价、使用、激励机制不科学、不完善，人才对外开放度不高、缺乏竞争优势，人才流动不畅、得不到有效配置，等等。深化改革要坚持问题导向，敢于啃"硬骨头"，勇于向"老大难"问题开刀，打破束缚人才事业发展的条条框框。

消除有形无形的栅栏，打破院内院外的围墙，深化人才发展体制机制改革的核心是放权放活。让人才放开手脚创新创造,必须理顺政府、市场、社会和用人主体关系,加快转变政府人才管理职能,推动人才管理简政、放权、松绑,落实和扩大用人单位自主权,健全市场化、社会化的人才管理服务体系。只有充分发挥市场在人才资源配置中的决定性作用,同时更好发挥政府作用,人才管理体制才可能理顺,人才的积极性才会得到有效发挥。

直击制约人才发展的"难点",打通束缚创新的"堵点",深化人才发展体制机制改革的关键是制度创新。《关于深化人才发展体制机制改革的意见》根据我国人才发展形势和任务,提出了一系列有针对性、含金量高的重点改革举措。比如,改进人才培养支持机制,完善产学研用结合的协同育人模式;创新人才评价机制,建立科学化、社会化、市场化的人才评价制度;健全人才顺畅流动机制,打破人才流动的"玻璃门""天花板"……这些改革举措,着力破除体制性壁垒和政策性障碍,顺应全面深化改革要求,有利于进一步释放人才活力,激发创新动力。

党管人才是我国人才制度的独特优势。作为今后一个时期全国人才工作的指导性文件,《关于深化人才发展体制机制改革的意见》提出的改革任务涉及面宽、政策性强,有的还触及深层次矛盾和利益格局。必须坚持党管人才原则,加强党对人才工作的统一领导,完善党管人才工作新格局,建立各级党政领导班子和领导干部人才工作目标责任制,坚持对人才的团结教育引导服务,形成人人皆可成才、人人尽展其才的制度环境。

"多士成大业,群贤济弘绩"。人才发展体制机制改革的方向已经明确。只要我们扎实推动各项改革任务落实,为各类人才发挥作用、施展才华提供更加广阔的天地,就一定能聚天下英才而用之,为全面建成小康社会提供有力支撑。

（资料来源:《人民日报》,2016 年 3 月 22 日第 6 版）

第九章 新创企业经营管理

【知识导航】

　　企业管理是对企业的生产经营活动进行计划、组织、指挥、协调和控制等一系列职能的总称。良好的企业管理能使企业的运作效率大大增强;让企业有明确的发展方向;使每个员工都能充分发挥他们的潜能;使企业财务清晰,资本结构合理,投资融资恰当;向顾客提供满意的产品和服务;树立良好的企业形象,为社会多做贡献。本章主要从员工关系管理、顾客关系管理、营销管理、财务管理、诚信管理等方面介绍新创企业的经营管理。

　　新创企业管理的特殊性:以生存为主要目标;依靠自有资金创造自由现金流、创业者参与每一个细节;分工不够明确;奉行顾客至上、诚信为本的管理方式。创业往往需要"无中生有",实现从"零"到"一"的目标,新创企业的管理则要实现从小到大,由弱变强。初创期的新企业是以生存为首要目标的"生存管理",新创企业处于"死亡地带",一切围绕生存而运作,应避免一切危及生存的做法。发展期的新企业是以成长为导向的"成长管理",包括"量"的成长(资产规模的扩张、员工数量的增加、销售额的提升、利润的增长等)和"质"的成长(员工素质的提高、研究开发能力的提升、内部资源的优化、管理制度的完善、环境适应能力的增强等)。

【学习目标】

　　1.了解员工关系管理的概念及重要性。

　　2.了解顾客关系管理的重要性。

　　3.了解产品和企业的生命周期。

　　4.了解财务管理的内涵、内容与功能。

　　5.了解诚信对企业的重要性。

【案例导入】

企业经营管理要随势而变

　　从分别在国企、民企做技术研发及管理工作,到做建材生意,王定兴的从业经历很丰富,也一直在寻找可持续的创业之路。直到遇见茶叶,他的创业之路才安定下来。回乡创业以来,王定兴以茶叶基地为基础生产、销售定制茶叶,创办了定青茶坊、建立起电商O2O

平台,又发展乡村旅游,通过实时动态调整企业经营管理策略,使自己的创业版图越来越大。

在参加工作的最初几年,王定兴一直从事大学所学机械专业方面的工作,2005年开始做建材方面的生意,为工地供应石材。这些经历让他提升了管理和销售能力,积累了一定的创业经验,也结识了很多朋友。

2010年,王定兴开始关注家人经营多年的王家坝茶厂。茶厂建于1968年,当时由他叔权经营,有400亩地。由于厂房简陋、设备落后、经营思路受局限等问题,一直处于作坊式生产,收入甚微。但叔叔坚持40多年的手工制茶的手艺和每年都能喝到的手工新茶,深深吸引着王定兴。经过对市场环境、茶叶行业和万盛茶产业基础等多方面调研和分析后,王定兴看到了茶产业和农业的发展潜力,决定接手王家坝茶厂。

2010年6月,重庆市出台扶持微型企业发展的政策;9月,王定兴注册成立定青茶业有限责任公司,搭上了优惠政策的第一班车。王定兴拿到了政府补贴的5万元并参加了创业培训,认识了一批一起创业的新朋友。经过流转土地、扩建茶园、改建厂房、更新设备、雇用工人,公司顺利起步。王定兴的茶叶人生,由此开始。

王定兴发现,茶厂之前一直没有大起色,主要原因有两方面:一是茶园小,产量不高;二是没能有效开发市场。针对这两个问题,王定兴在创业之初就明确了两个发展方向:扩大规模,走中高端销售路线。为了了解行业发展形势、借鉴经验,王定兴经常到四川、浙江等产茶大省考察、学习。王定义明白,要想在茶叶行业有所作为,就不能按照传统的方式销售。他想到自己在做建材生意时,很多房地产开发商会向买房的业主赠送礼品。于是,他跟之前有业务往来的房地产公司联系,为新开楼盘生产定制礼品茶叶。

这类茶叶加工精细,包装精美。生产高品质茶叶,走中高端销售路线,让王定兴很快在重庆市区打开了市场,产品受到很多房地产商和业主的喜爱。

经过对茶馆文化深入研究、多次与行内资深人士探讨,并对重庆市区及各区县的茶馆进行实地考察后,王定兴投资120余万元创办了万盛第一家清茶坊——定青茶坊,专供顾客喝茶、品茶、以茶会友,专注于推广茶艺、传播茶文化。目前,王定兴的茶园面积达1 300多亩,带动就业300余人。

后来,有朋友从重庆市区过来看望王定兴,王定兴便把他们带到自己的茶园里游玩。大家在加工车间看茶叶生产过程,在山上散步、赏景、品茶,玩得很高兴,还了解了茶文化。朋友走了,下次又带其他朋友来,越来越多的人到茶园游玩、学习茶文化。受到启发,王定兴以茶园为载体,主打茶文化传播推广,搞起了乡村旅游。

王定兴经过调研了解到,不同的人到茶园游玩的目的并不一样。"有人关注食品安全,会到茶园来看茶叶的生产过程;有人带着孩子来,想让孩子了解茶文化;还有人想自己采茶制茶,体验一下手工制作茶叶。"王定兴说,"顾客这些需求,在我们的茶园都能得到满足。"

定青茶业还在茶园开设了茶艺表演、茶艺培训等项目,既能更好地传播茶文化,又能带动茶叶销售,培养潜在的茶叶消费群体。"时代在发展,传统的只卖茶叶的营销方式已经不适合我们了,必须开发更多延伸活动,增强茶厂与顾客的互动。"王定兴说。目前,定青茶业已新迁了厂房,正在实施几个新建项目,并以打造茶文化教育基地为目标,着手引进更多合作商投资。

万盛区是国家资源枯竭型城市旅游转型发展试点区、重庆市旅游经济试验区和生态旅游度假基地。王定兴说,"我们将抓住机遇,深度开发以某叶生态观光和亲子茶文化传承为主题的茶旅结合、教旅结合等项目。在发展乡村旅游的过程中,王定兴发现客户对农村土特产品的需求量很大,便开始了对生态农产品的资源整合。

王定兴往万盛各个农业基地跑,与农业企业和农民达成合作,销售生态农产品。2015年,他成立了重庆牧同电子商务有限公司,整合农产品资源,打造本土农村电商综合平台。牧同电商于2016年6月在重庆OTC成功挂牌,并被评为重庆市2016年度最具影响力的电子商务企业。2017年,公司将定向收购7个贫困村、1 000户贫困户的农产品,帮助贫困户脱贫致富。

王定兴以茶叶为起点开始创业,一直在这一行业不断寻找前行的新路径。眼下,他正探索发展生态农业产业链,比如在茶园里养鸡,鸡吃虫子、吃草,不用喂饲料,而茶园也可以不用除草,把鸡粪用作肥料。"在传统行业,经营管理要随势而变,有创新才有未来。"王定兴说。

(资料来源:余杰.创业新秀故事汇[M].重庆:重庆大学出版社,2017.)

🏅【案例精选】

饿了么的疯狂创业史

饿了么是由上海交通大学张旭豪、康嘉和叶峰等人创办的网上订餐平台,于2009年正式上线。目前,饿了么已覆盖全国近50个大中城市,加盟餐厅超过5万家,日均订单30万单,2013年在线交易额超过12亿元,已成长为中国最大的餐饮外卖订餐平台。2014年5月,饿了么获得大众点评网领投的8 000万美元融资。首席战略官康嘉讲述了饿了么的疯狂创业史。

1.创业起因:高校订餐是一级痛点

大二开始捣鼓创业,毕业后才开始正规的商业运作。大学时订外卖,不好吃、服务差,一合计决定创业。

2.产品尖叫点:地理位置

使用饿了么最大的感受就是能快速获取地理位置,这个必须解决好,否则体验会很差。现在同行都在模仿。

3.创业经历的坑

陷阱都是因为脑子太热了。比如,2009年试验过大范围铺开整合营销,后来发现这件事情一定得在后面做。

4.团队管理妙招:狠抓价值观

原则是数字化、制度化的管理,依赖系统,系统指导人。看重人情管理,增强大家的凝聚力,强调价值观。

5.专注产品放首位

目前也把扩大市场和完善产品放在第一位。

第一节　员工关系管理

一、初创企业员工关系管理概述

创业初期,企业在战略、思维方式上都有不同的特点,如创新意识差、在发展中成长性高与不确定性大、资源可控性弱、管理结构简单、核心团队的变动存在较大风险等。在创业型企业发展过程中,也存在诸多问题,如企业规模较小,以小型、微型企业为主;企业的发展起点偏低;企业在资金与技术方面明显薄弱;企业信誉度不高;管理水平仍需进一步提高;人力资源管理能力不强等。特别是员工关系管理工作不能很好地适应企业自身的发展,阻碍了创业型企业的成长。

微课　员工关系管理与顾客关系管理

创业型企业对人才需求相比于一般企业显得更加迫切,一方面是企业可持续经营性质的诉求,另一方面是由创业型企业在发展过程中的特征所决定的。归纳企业与人的关系,可以用"企无人则止"来形象概括,企业组织中的人是保持企业活力、动力与竞争力的源泉。在员工关系管理工作过程中,应将员工与企业的关系纳入管理内容,以此提高企业优势,并达成既定目标。员工关系管理更加强调以员工为中心,尽量让管理者与员工的地位平等,处在同一水平进行对话,使沟通交流、劳动关系与情感关系等方面的建立与维护更为有效。

二、员工关系管理的重要性

在当前飞速发展的社会中,企业面临的竞争日益激烈,不同的企业有着不同的性质,但是其员工的管理有着或多或少的类似之处。员工管理在企业竞争中占据着独特的地位和作用,企业如何正确地处理企业与员工的关系、员工与员工的关系、员工与管理者之间的关系,对企业发展起着至关重要的作用。

从企业长久的发展角度来看,应抓紧时间、加大力度对员工进行正确的管理。这样,企业的竞争力才会提高,企业的效益才会更好。从组织发展的角度来看,员工关系管理是实现人与事的最佳配合,保证组织目标顺利完成的重要手段,同时也是一个组织照顾员工各方面的合理需求、留住并激励优秀人才、鞭策或淘汰不合格员工的重要手段。从员工个人发展来看,员工关系管理是帮助员工实现其自我职业规划的必要措施。

(一)实现人与事最佳配合的重要手段

实行员工关系管理,必须进行合理的组织设计,为员工提供发展的平台。组织设计是指根据企业目标和业务特点,确定各部门或岗位的工作任务,所应承担的职责、权限、与其他职位间的工作联系、管理关系和方式,以及承担这些工作对员工的能力素质要求、任职资格要求等。组织设计明确了员工应该做什么和如何做才能达到要求,有利于实现人与事的最佳配合。

(二) 所形成的企业文化是激励优秀、鞭策后进的重要手段

良好的员工关系管理能促进企业形成积极向上的企业文化,这样的文化往往蕴含着进取、诚信、合作、创新等因素,这些理念能教化人的心灵,使争先创优成为所有员工的共同目标。

(三) 有利于建立畅通的沟通机制

知识经济时代,员工追求尊重和平等,畅通的沟通机制有助于员工和管理层及时交流信息、沟通思想。员工可以自由地表达自己的见解和情绪,表达自己的需要,以满足员工社交的需要。同时,沟通有利于知识的共享。员工可以在这样的群体中相互学习,共同提高。

(四) 帮助员工实现自我职业规划的必要措施

吸引员工留在企业的一个非常重要的因素,是员工在企业中能感觉到自身在不断发展和提升,这种发展和提升只有与企业的发展相一致时才能实现。据调查,影响人才流动的各项因素,晋升机会公平居第一位,职业发展是员工关注的第一要素。通过员工关系管理,企业能帮助员工找到个人发展与企业发展的结合点,帮助员工进行职业生涯规划,并为实现这些规划有目的地安排相应的培训,帮助员工尽快实现个人发展目标,同时促进企业的长足发展。

(五) 能使员工更多体会到被尊重的感觉

尊重和认同是员工情感管理中最重要的部分。按照马斯洛的需求层次理论,人到了一定的阶段就有了被尊重和认同的需要。现代企业中,员工越来越知识化、信息化、国际化,因此被尊重和认同成为他们工作是否快乐的最基本要素。企业在面对他们时,要善用换位思考的方法,斟酌如何对待同事、处理"人事"。公平地对待员工,让员工感觉到被重视。

三、创业型企业员工关系管理注意事项

(一) 通过企业愿景加强创业型企业员工关系管理

创业型企业处于快速成长阶段,愿景在企业中应该处于核心地位,为企业指明前进方向,并能很好地激起员工的认同感与工作热情,从而实现提高企业凝聚力的目的。创业型企业由于自身发展特点,更需要重视如何有效定位企业愿景,以达到建立与维护员工关系的目的,增进团队合作与凝聚力。将员工关系管理的规划纳入企业愿景,实现企业愿景和个人愿景相融合是创新型企业员工管理的有效措施。

第一,愿景规划中需重点体现良好和谐的创业型企业文化氛围。创业型企业的愿景中应包含兼容并蓄、鼓励创业的企业文化,给员工开拓工作业务提供成长的土壤。

第二,创业型企业愿景应制订合理的长期人力资源目标。由于创业型企业自身先天不足,需要靠资源载体的人力资源在企业愿景中体现,依靠长久稳定的人力资源目标的制订来实现。

第三,推销测试企业愿景,达到企业愿景与员工关系管理相结合。推销即向员工传播企业愿景,使愿景得到员工的赞同;测试即通过问卷、会议等形式测试员工对愿景的支持情况并收集改进意见,最终使企业愿景与员工愿景达到融合。

(二)根据员工新特点制订相应的激励措施

我国新生代员工更需要获得自我价值的认同,对精神层面要求较高,事业心、求胜心较重,目标性强。随着我国高等教育扩招等政策影响,新生代员工的知识水平明显提高,并在就业中更加注重企业文化与发展平台同自身的匹配程度。创业型企业在加强员工关系管理、实施激励措施的过程中,需结合新生代员工的特点,这样才能保障创业型企业的良性发展。一是通过分配适合新生代员工特点的工作任务。在合适的职权范围内,准许员工参与企业事务,树立主人翁意识,进而将其内在的工作热情激发出来,即工作型激励。二是通过设定适当目标,在工作过程中不断学习与进步,即目标型激励。三是强化企业与员工之间的沟通与交流,建立更加牢固的员工关系,即情感型激励。

(三)通过职业生涯规划提高员工关系管理

由于创业型企业的经济基础和组织构架双薄弱,因此成长发展瓶颈期较长。如何很好地捆绑住员工,使员工与企业形成利益共同体,并忠诚于企业,成为员工关系管理的重点。帮助员工进行个人潜能测评,合理准确地自我定位,并磨合员工个人利益与企业利益之间的冲突,才是创业型企业实现自身与员工双赢的有效办法。刘江波的研究发现,企业对新员工的职业生涯规划指引和指导不足,通常注重企业效益,从而忽视了新员工职业生涯规划。因此,创业型企业应该给予员工应有的职业规划指导。

第一,帮助员工了解该企业的特点与该行业的特点。创新型企业在很多方面区别于一般企业,其所处的行业一般也表现出很大的特殊性。这就需要企业加强岗前培训与教育。

第二,协助员工测评个人潜能。企业可以用业绩评估等各种方法来测评员工的潜能与各项条件,并给员工提供合适的岗位和发展方向。

第三,寻找员工个人职业生涯和企业发展的契合点。只有企业的发展与员工的个人职业生涯相契合,才能为企业留住人才,实现员工对企业的长久忠诚。

第二节　顾客关系管理

一、顾客关系管理的重要性和必要性

对于初创型企业,顾客关系管理是必须重视的一个方面。企业最有价值的资产是顾客,这里的顾客是指广义的顾客,既包含了最终的用户,又包含了合作伙伴和企业内部的用户。建立良好的顾客关系必须从企业的文化建设做起,没有以顾客为中心的企业文化,是很难达到目标的。顾客关系管理是一个管理流程,而不是能够在一段时间范围内就可以完成的项目。

诸如"顾客是上帝""顾客是朋友"以及"顾客至上",可以在许多广告词和企业标语中听到或看到,这充分说明了企业对"顾客"的重视。但是,如何才能做好顾客关系管理,可能许多企业还没有思考清楚。

顾客关系管理是指企业通过和顾客进行互动的、富有意义的交流沟通,站在顾客的立场上进行思考,充分理解顾客的需求并影响客户行为,从而实现顾客数量的提高,能够更好地保留客户以及提高客户忠诚度,从而实现企业的盈利。从定义中可以清楚地看出,所谓顾客关系管理,最终的目标仍然是企业盈利,但是所采取的思维方式却是站在顾客的立场上,行动方式是通过沟通了解用户需求并且满足用户的需求。顾客关系管理是一种企业思维方式,是一种企业文化。没有一种以顾客为中心的企业文化并将该文化根植于心,企业所谓的顾客关系管理只能是空中楼阁。

二、顾客至上,服务为本

只有良好的服务才能获得顾客,才能为公司赢得声誉。"顾客是公司的生命之泉",失去顾客是无法生存下去的。因此,企业对待顾客时,应该时刻关注顾客提出的任何需求,认真细致地做好记录,使顾客充分感受到被尊重。在对待顾客时,做到对所有顾客一视同仁、不以貌取人、尊重顾客,这是最基本的职业道德。

服务的基础是对顾客的尊重和"服从",服务的本质是人与人之间文化的沟通、价值的确认、情感的互动、信任的确立。不让顾客感受到价值、不让顾客感动的服务不是优质服务,甚至是无效的服务。

因此,感动顾客、让顾客感动成了优质服务的标志。把自己与顾客摆在同一个位置上,把握顾客的真实需求,真正去关心顾客,做顾客的伙伴、朋友、顾问。从接触顾客的那一刻起,就是用心建立和谐关系的起点。

感动是情感的共鸣,只有投入真情实感,用心用情服务才能创造感动。我们经常讲通情达理,其实在服务中是通情在先,达理在后;自己无激情,顾客不领情。情真情切,暖心暖意;精彩人生在顾客惊喜中实现;服务会因感动而精彩。感动顾客首先得感动自己,帮助别人的最大受益者就是自己。

三、如何做到顾客至上

在现代快速发展的经济社会,经济来往中最常听到的观念就是"顾客就是上帝""顾客没有错,就算顾客有错也是我们的错",这些都证明现代经济社会的服务意识越来越强。不论是在服务性的行业,还是在生产性的行业,对客户的服务显得越来越重要和必要。而顾客至上并不是纸上谈兵,需要我们付诸行动、切合实际去落实。那么,如何才能做到顾客至上呢?

(1)顾客的问题第一时间处理。顾客的需要就是一切。在第一时间处理顾客的问题,是与顾客建立信任关系的第一步,会使顾客得到一种被重视的感觉。

(2)关注顾客的需求,不推荐顾客不需要的产品或服务。这就需要企业经营者真诚,真诚地想顾客所想、急顾客所急。

(3)建立长期关系,着眼未来。无论做任何事都要有长远的目标,要着眼于未来才能够细水长流。不论是企业还是个人,与顾客建立良好的合作关系,是树立品牌、树立口碑的重点。

服务是任何一个行业的灵魂,没有顾客至上理念的企业不是好企业;没有服务意识的企业必将自取灭亡。

【案例精选】

屈臣氏的客户关系管理

屈臣氏是现阶段亚洲地区最具规模的个人护理用品连锁店,是目前全球最大的保健及美容产品零售商和香水及化妆品零售商之一。屈臣氏在"个人立体养护和护理用品"领域,不仅聚集了众多世界顶级品牌,而且还自己开发生产了600余种自有品牌。在中国大陆的门店总数已经突破200家。

在CRM战略中,屈臣氏发现在日益同质化竞争的零售行业,如何锁定目标客户群是至关重要的。屈臣氏纵向截取目标消费群中的一部分优质客户,横向做精、做细、做全目标客户市场,倡导"健康、美态、欢乐"经营理念,锁定18~35岁的年轻女性消费群,专注于个人护理与保健品的经营。屈臣氏认为这个年龄段的女性消费者是最富有挑战精神的。她们喜欢用最好的产品,寻求新奇体验,追求时尚,愿意在朋友面前展示自我。她们更愿意用金钱为自己带来大的变革,愿意进行各种新的尝试。而之所以更关注35岁以下的消费者,是因为年龄更长一些的女性大多早已经有了自己固定的品牌和生活方式。

深度研究目标消费群体心理与消费趋势,自有品牌产品从品质到包装全方位考虑顾客需求,同时降低了产品开发成本,也创造了价格优势。

靠自有品牌产品掌握了雄厚的上游生产资源,屈臣氏就可以将终端消费市场的信息第一时间反馈给上游生产企业,进而不断调整商品。从商品的原料选择到包装、容量直至定价,每个环节几乎都是从消费者的需求出发,因而所提供的货品就像是为目标顾客量身定制一般。哪怕是一瓶蒸馏水,不论是造型还是颜色,都可以看出屈臣氏与其他产品的不同。

自有品牌在屈臣氏店是一个独特的类别,消费者光顾屈臣氏不但选购其他品牌的产品,也购买屈臣氏的自有品牌产品。自有品牌产品每次推出都以消费者的需求为导向和根本出发点,不断带给消费者新鲜的理念。通过自有品牌,屈臣氏时刻都在直接与消费者打交道,能及时、准确地了解消费者对商品的各种需求信息,又能及时分析掌握各类商品的适销状况。在实施自有品牌策略的过程中,由零售商提出新产品的开发设计要求,与制造商相比,具有产品项目开发期短、产销不易脱节等特征,降低风险的同时降低了产品开发成本,也创造了价格优势。

"买贵退差价""我敢发誓保证低价"是屈臣氏的一大价格策略,但屈臣氏也通过差异化和个性化来提升品牌价值,一直以来并不是完全走低价路线。屈臣氏推出的贵宾卡加强了对顾客的价值管理。凭贵宾卡可以购物积分和积分换购店内任意商品,双贵宾特惠,部分产品享受八折优惠。会员购物每十元获得一个积分奖赏,每个积分相当于0.1元的消费额。可以随心兑换,有多种产品供顾客选择,也可以累计以体验更高价值的换购乐趣。还有额外积分产品、贵宾折扣和贵宾独享等优惠。

"让我们以友善、热情来对待顾客,就像在家中招待客人一样招待他们,让他们感觉到我们一直在为满足他们的需要而努力。"山姆·沃尔顿就是这样努力地为顾客着想。为使顾客在购物过程中自始至终地感到愉快,沃尔玛要求员工的服务要超越顾客的期望值:永远要把顾客带到他们寻找的商品前,而不仅仅是指给顾客,或是告诉他们商品在哪里;熟悉各自部门商品的优点、差别和价格高低,每天开始工作前5分钟熟悉一下新产品;对常来的顾客,打招呼要特别的热情,让他们有被重视的感觉。沃尔玛一贯重视营造良好的购物环境,经常在商店开展种类丰富且形式多样的促销活动,如社区慈善捐助、季节商品酬宾、竞技比赛、幸运抽奖、店内特色娱乐、特色商品展览和推介等,以吸引广大顾客。为了顾客,山姆·沃尔顿甚至可以用全美行业都绝无仅有的方式,为公司服务,为股东服务,为员工服务,为社区服务,为顾客服务。

第三节　营销管理

一、产品和企业都有生命周期

(一)产品生命周期

产品生命周期是指产品的市场寿命。一种产品进入市场后,它的销售量和利润都会随时间推移而改变,呈现一个由少到多再由多到少的过程,就如同人的生命一样,由诞生、成长到成熟,最终走向衰亡,这就是产品的生命周期现象。所谓产品生命周期,是指产品从进入市场开始,直到最终退出市场为止所经历的市场生命循环过程。产品只有经过研究开发、试销,然后进入市场,它的市场生命周期才算开始。产品退出市场,则标志着生命周期的结束。

微课　企业营销管理

生命周期的实质是"主要矛盾斗争产生的过程",在产品的生命周期中主要矛盾的主要方面就是顾客的需求,实现需求和期望的能力是主要矛盾的另一个方面。

典型的产品生命周期一般可分为四个阶段,即导入期、成长期、成熟期和衰退期,如图9-1所示。

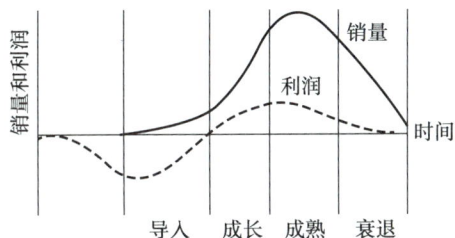

图9-1　产品生命周期

1.导入期

新产品投入市场,便进入导入期。此时,顾客对产品还不了解,只有少数追求新奇的顾客可能购买,销售量很低。为了扩展销路,需要大量的促销费用,对产品进行宣传。在这一阶段,由于技术方面的原因,产品不能大批量生产,因而成本高,销售额增长缓慢,企业不但得不到利润,反而可能亏损,产品性能也有待进一步完善。

2.成长期

这时顾客对产品已经熟悉,大量的新顾客开始购买,市场逐步扩大。产品大批量生产,生产成本相对降低,企业的销售额迅速上升,利润也迅速增长。竞争者看到有利可图,将纷纷进入市场参与竞争,使同类产品供给量增加,价格随之下降,企业利润增长速度逐步减慢,最后达到生命周期利润的最高点。

3.成熟期

市场需求趋向饱和,潜在的顾客已经很少,销售额增长缓慢直至转而下降,标志着产品进入成熟期。在这一阶段,竞争逐渐加剧,产品售价降低,促销费用增加,企业利润下降。

4.衰退期

随着科学技术的发展,新产品或新的代用品出现,将使顾客的消费习惯发生改变,转向其他产品,从而使原来产品的销售额和利润额迅速下降。于是,产品进入衰退期。

典型的产品生命周期的四个阶段呈现出不同的市场特征,企业的营销策略也就以各阶段的特征为基点来制订和实施。

- 导入期:销售的增长比较缓慢,生产批量小,试制费用、营销费用高,没有什么利润,营销策略宜"短"。
- 成长期:产品基本定型,已被接受,大批量生产,成本降低,销售量和利润都迅速增加,营销策略应"快"。
- 成熟期:产品的销售量达到顶峰,给企业带来了巨额利润,市场需求量饱和,增长率递减,竞争十分激烈,营销策略要"长"。
- 衰退期:销售额和利润通常急剧下降,大量替代品进入市场,消费者对老产品的忠诚度降低,营销策略突出"转"。

(二)企业生命周期

企业生命周期是企业的发展与成长的动态轨迹,包括发展、成长、成熟、衰退四个阶段。企业生命周期理论的研究目的在于试图为处于不同生命周期阶段的企业找到能够与其特点相适应,并能不断促其发展延续的特定组织结构形式,使得企业可以从内部管理方面找到一个相对较优的模式来保持企业的发展能力,在每个生命周期阶段内充分发挥特色优势,进而延长企业的生命周期,帮助企业实现自身的可持续发展。

企业生命周期主要有两种类型:一种是传统的、相当机械地看待市场发展的观点(产品/行业生命周期);另一种更富有挑战性,即观察顾客需求是怎样随着时间而由不同的产品和技术来满足的(需求生命周期)。

1.产品/行业生命周期

产品/行业生命周期是一种非常有用的方法,能够帮助企业根据行业是否处于成长、成熟、衰退或其他状态来制订适当的战略。

2.需求生命周期

生命周期概念更有建设性的应用是需求生命周期理论。这个理论假定,顾客(个人、私有或公有企业)有某种特定的需求(娱乐、教育、运输、社交、交流信息等)希望能够得到满足。在不同的时间会有不同的产品来满足这些需求。

技术在不断发展,人口的统计特征随着时间而演变,政治环境则随着权力集团的更替摇摆,消费者偏好也会改变。与其为了保卫特定的产品而战,倒不如为了确保能够继续满足顾客需求而战。

相应地,企业生命周期的各个阶段呈现出不同的市场特征,企业的营销策略也应以各阶段的特征为基点来制订和实施。

二、创业初期的营销方式

创业初期,创业者面临最重要的任务是如何进入市场的问题,这也是企业营销管理的重要策略。下面简单介绍一些成功企业的策略做法,是否具有普遍意义,还要看不同的市场环境和企业环境。

(一)点、线、面三点进入法

这一策略是大众汽车公司有名的市场开拓方法。假设某企业选定某一目标市场,并确定其为最后攻占的目标区域,具体的进入方法:首先,实行点的占据;其次,在第一个点的营销活动取得相当成功后,再在目标区域附近另选第二个点;再次,线形成后,再选一个第三点,此点应能与第一点、第二点形成对目标区域的包围圈,这样便形成营销面积。在面积形成后,还要设立第四点,此点应放在目标区域的中央,这是一个非常重要的点。

(二)寻找市场机会进入法

菲利普·科特勒等人对日本在国际营销中的成功经验做了详细研究,从而提出寻找机会进入市场的五种具体方法。

1.寻找现成的机会

在选择好要打进去的目标市场时,先找那些"被人遗忘"的细分市场,在这些市场站稳脚跟后,再进一步扩大市场。

2.创造新机会

不能"依样画葫芦"地模仿别人的产品,而要通过自己的研制和创新,以创新姿态出现在目标市场上,给消费者新奇的感受,满足消费者刺激求新的心理需求。

3.实行创造性的推销

任何产品都有技术性突破,进入一个新市场也不是以全新产品为唯一因素,有时对某些产品加以部分改进,就能提高市场营销能力。

4.适应和改变顾客的爱好

进入市场不仅要知道这个市场的消费者需要什么、爱好什么,而且还要知道如何通过广告宣传来改变顾客的爱好,或使其树立新的消费观念。

5.了解竞争者和向竞争者学习

日本一家公司把竞争对手生产的自动洗碟机搬进自己的实验室,对这台洗碟机的性能、零件的数量、成本结构等一一加以评估,并对每一种零件进行测定,确定其设计上的优点,了解竞争对手的技术能力、生产设备和销售系统。在了解与掌握对方具体情况的基础上,设计出性能更好的产品,这就为进入市场创造了良好的条件。总的来说,要拓展市场就要寻找进入市场的机会,而寻找机会则要求企业家具有观察力、综合分析力和想象力,"坐失良机"固然使人遗憾,"守株待兔"不去创造机会,也不会有大的成功。

(三)一点集中进入法

这是游击战中常用的方法,也适合市场营销进入策略的运用。在有多个目标市场的情况下,先选择其中一个,将所有销售能力集中起来,在短期内提高营销实绩,这有利于提高企业内部的信心和企业的影响力。一点集中进入法的关键在于如何选点,选点错了,会造成人力、物力、财力、时间的损失,甚至可能造成"出师未捷身先死"的局面,使产品夭折在刚铺开的新点上。

(四)市场领袖进入法

这是一种利用市场领袖的影响力进入市场的方法。现代市场商品种类繁多,新产品日新月异,广告宣传花样翻新,消费者对产品的质量、效能要求难以判断,只能寻求专业人员、学者或具有权威性的机关、团体的协助,听取他们的意见。这种在消费者心目中具有重要影响力的个人或单位,我们称之为市场领袖。

企业在拓展和进入市场时,要注意发挥市场领袖的作用:①分析与预测产品发展趋势;②通过各种形式解释产品的性能、用途,提高消费者对产品的认知度;③利用市场领袖本身的威信,发挥其专业影响力;④通过市场领袖听取市场信息反馈;⑤虚心听取市场领袖意见,改进营销工作。

(五)广告宣传先行进入法

在打进市场的早期阶段,通过广告宣传争取第一批顾客是十分重要的。如何加强商品推销宣传? 首先,要加强与批发商和经销商的合作,或是配合他们,从侧面起掩护作用,或是联合广告宣传,实行联合正面进攻;其次,加强对企业与商标的宣传,通过大力宣传自己的商标,树立企业的形象,给消费者以好感,这与认识新朋友一样,先打招呼,给人以良好的第一印象,然后再接触实际问题。

三、"互联网+"企业营销模式介绍

现代营销学之父菲利普·科特勒教授把营销的演进划分为三个阶段:第一个阶段是营销 1.0 时代,即"以产品为中心的时代",这个时代的营销被认为是一种纯粹的销售,一种关于说服的艺术;第二个阶段是营销 2.0 时代,即"以消费者为中心的时代",企业追求与顾客建立紧密联系,不但需要继续提供产品使用功能,更要为消费者提供情感价值,企业需要让消费者意识到产品的内涵,理解消费者的预期,然后吸引他们购买产品。如今我们即将见证第三个阶段——营销 3.0 时代,即"以价值观为中心的时代",在这个新的时代中,营销者不再把顾客仅仅视为消费个体,而是把他们看作具有独立思想的个体。"交换"与"交易"被提升成"互动"与"共鸣",营销的价值主张从"功能与情感的差异化"被深化至"精神与价值观相应"。从中,我们不难理解为什么社群营销这么火爆,因为社群营销的起点与基石具有相同的价值取向,顺应了"以价值观为中心的时代"。

(一)营销环境的嬗变:移动化、碎片化、场景化

如今的营销环境可以用三个词来总结:"移动化""碎片化""场景化"。大家已经不再局限于在每周、每月的固定时间,在固定的购物场所进行消费,消费者可以在任何时间、任何地点,通过多种渠道购买他们喜欢的商品。无论是智能手机销量的暴增还是人们花在智能手机上的时间越来越长,都足以证明整个营销环境的移动化。而碎片化的特征就更明显了,如今人人都是自媒体,个个都是消息源,大家的注意力被分散在各个媒体。至此加剧了用户的三个碎片化趋势:消费地点的碎片化、消费时间的碎片化、消费需求的碎

片化。

很多时候营销要触动消费者,一定要有匹配的情景,因为人是受环境影响的。而新技术的发展,让随时捕获这种情景变得容易,比如可佩戴市场,还有移动互联网和任意的广告屏幕以及终端的无缝链接。因此,营销如何"场景化"以及如何通过可以谈论的内容加场景的匹配,成为所有企业都需要面对的问题。产品要能够制造出让消费者关注的内容话题,并通过不同的媒介制造出短时间内的话题场景,才能引爆品牌。

(二)消费主体的蜕变:个性化、社交化、娱乐化

研究完营销环境,我们再来看看消费主体又有哪些变化呢? 总的来说,同样有三个关键词可以很好地概括现在"80后""90后"消费主体:"个性化""社交化""娱乐化"。"80后""90后"作为一个正在不断崛起的消费群体,他们的消费观念、消费实力、消费意识、消费话语正在深刻影响着整个商业环境。普遍认为"80后""90后"的心理特点就是追求自我张扬、有与众不同的个性。他们重视产品消费体验是否能给自己带来心灵、情感上的最大满足,并获得差异性、个性化、多样化的体验。于是,参与感成为小米手机大获全胜的成功秘诀。"80后""90后"这一群体接受了市场经济、全球化、互联网进程的洗礼,他们的人生观、价值观和世界观以及由此衍生出的消费观,呈现出与其父辈迥然不同的特征。易观智库和腾讯QQ联合发布的《中国90后青年调查报告2014》显示,"90后"是孤独与集体孤独的一代,他们有强烈的社交需求,孤独的他们习惯沉溺于虚拟社交圈,由此可以理解为什么各种社交媒体工具火热流行。

调查数据表明:"玩"是"80后"生活的主体,"玩"的开支可达他们日常消费的1/3。而娱乐的价值就是教会他们"怎样玩"以及通过何种载体让他们觉得"好玩"。"90后"宣称"我每天可以吃得有限,穿得有限,花得有限,但是开心必须无限",这种娱乐可以是对娱乐八卦的热爱、对生活压力的宣泄、对社会现象的吐槽、对自己生活的搞怪,天大的事儿也可以被他们解读得极具娱乐性。

(三)营销策略:大数据营销、内容营销、社群营销、场景化营销

面对"移动化、碎片化、场景化"的营销环境和"个性化、社交化、娱乐化"的消费主体,对企业来说如何是好,又该怎样应对? 首先我们要清楚什么是互联网营销。美国互联网营销专家认为,互联网营销的本质就是用最小的投入,准确链接目标顾客,用完美的创意,实现强大的口碑以影响目标群体。

总之,碎片化的渠道、碎片化的时间、移动化的行为、个性化的价值观、娱乐化的诉求决定了"互联网+"企业的营销向着场景化、数据化、内容化、社群化的趋势发展。至此,"互联网+"企业的营销模式也一目了然,未来企业在营销方面的发力点就是大数据营销、高品质内容、场景化匹配、社群化传播。

💡【案例精选】

从一粒米成功

提起台湾首富王永庆,几乎无人不晓。他把台湾塑胶集团推进到世界化工业的前50名,而在创业初期,他做的还只是卖米的小本生意。

王永庆早年因家贫读不起书,只好去做买卖。16 岁的王永庆从老家来到嘉义开了一家米店。那时,小小的嘉义已有米店近 30 家,竞争非常激烈。当时仅有 200 元资金的王永庆,只能在一条偏僻的巷子里承租一个很小的铺面。他的米店开办最晚,规模最小,更谈不上知名度了,没有任何优势。在新开张的那段日子里,生意冷冷清清,门可罗雀。

刚开始,王永庆曾背着米挨家挨户去推销,一天下来,人不仅累得够呛,效果也不太好。谁会去买一个小商贩上门推销的米呢?可怎样才能打开销路呢?王永庆决定从每一粒米上打开突破口。那时候的台湾,农民还处在手工作业状态,由于稻谷收割与加工的技术落后,很多小石子之类的杂物很容易掺杂在米里。人们在做饭之前,都要淘好几次米,很不方便。但大家都已见怪不怪,习以为常。

王永庆却从这司空见惯中找到了切入点。他和两个弟弟一起动手,一点一点地将夹杂在米里的秕糠、砂石之类的杂物拣出来,然后再卖。一时间,小镇上的主妇们都说,王永庆卖的米质量好,省去了淘米的麻烦。这样,一传十、十传百,米店的生意日渐红火起来。

王永庆并没有就此满足。他还要在米上下大功夫。那时候,顾客都是上门买米,自己运送回家。这对年轻人来说不算什么,但对一些上了年纪的人,就是一个大大的不便。而年轻人又无暇顾及家务,买米的顾客以老年人居多。王永庆注意到这一细节,于是主动帮助顾客送米上门。这一方便顾客的服务措施顿时大受欢迎。当时还没有"送货上门"一说,增加这一服务项目等于是一项创举。

王永庆送米,并非送到顾客家门口了事,还要将米倒进米缸里。如果米缸里还有陈米,他就将陈米倒出来,把米缸擦干净,再把新米倒进去,然后将陈米放回上层,这样,陈米就不至于因存放过久而变质。王永庆这一精细的服务令顾客深受感动,从而赢得了更多的顾客。

如果给新顾客送米,王永庆就细心记下这户人家米缸的容量,并且问明家里有多少人吃饭,几个大人、几个小孩,每人饭量如何,据此估计该户人家下次买米的大概时间,记在本子上。到时候,不等顾客上门,他就主动将相应数量的米送到客户家里。

王永庆精细、务实的服务,使嘉义人都知道在米市马路尽头的巷子里,有一个卖好米并送货上门的王永庆。有了知名度后,王永庆的生意更加红火起来。这样,经过一年多的资金积累和客户积累,王永庆便自己办了个碾米厂,在最繁华热闹的临街处租了一处比原来大好几倍的房子,临街做铺面,里间做碾米厂。

就这样,王永庆从小小的米店生意开始了他后来问鼎台湾首富的事业。

第四节　财务管理

面对激烈的竞争,要想求得生存、获得发展必须重视财务管理。优化财务管理,挖掘财务管理各功能,对于提高企业经济效益具有重要意义。

一、财务管理的内涵

财务管理是指基于一定的法律法规,在一定整体目标的指导下,关于企业资产的购置(投资)、资本的融通(筹资)和经营中现金流量(营运资金)以

微课　财务管理和诚信管理

及利润分配的管理。作为企业管理的核心,财务管理对于改善企业经营,提高企业经济效益具有十分重要的作用。实践表明:财务管理水平的高低对企业的经济效益具有重要影响。

二、财务管理的内容

财务管理的内容极为丰富,从不同的角度来审视,其包含的内容是不同的。从组织企业财务活动的视角看,财务管理包括了资金的筹集、资金的投放与分配等内容。从处理财务关系的视角看,财务管理包括了诸多复杂的关系,涉及企业与债权人、债务人、投资人、受资人、政府之间的关系,还包括企业内部各单位之间的财务关系以及企业与职工之间的财务关系等。

三、财务管理的功能

财务管理作为企业管理的重要组成部分,其作用的发挥是以其功能为基础的。具体而言,财务管理具有三大基本功能:资金管理功能、成本控制功能和管理监督功能。

(一)资金管理功能

资金对企业发展至关重要,如果将企业比喻为人体,资金就是身体中的血液。可以说资金是企业经营和发展的必不可少的条件。所有企业的生存与发展必须基于一定的资金,因此,企业财务管理具备了资金管理这一最为基本的功能。财务管理人员与企业管理人员基于对市场和企业发展的分析,综合各方面的信息数据来支配企业的资金,从而利用有限的资金投入带来最大的产出,促进企业经济效益的提升。这就是财务管理中的资金管理功能。

(二)成本控制功能

影响企业利润的因素有很多,例如原材料成本的变动、员工工资的变动、市场供需关系的变化等,但是成本因素则是影响企业利润的主要因素之一。财务管理人员运用科学的方法,在保障企业正常运转的前提下,严格控制企业中不合理的支出,包括对产品成本的控制、对期间费用的控制、对研发费用的控制以及对职工薪酬、福利、保险和劳动保护的管理等,从而降低企业生产成本,增加企业的利润,提高企业的经济效益。因此,财务管理具有成本控制功能。

(三)管理监督功能

企业的正常运转,需要一整套完善的管理监督体系。财务管理中的管理和监督体系促使企业在生产经营过程中步步为营,确保企业始终朝着正确的方向前行。在此基础上,在完善监督的体系下,企业还能有效利用各种资源,最大限度地挖掘自身产能,优化企业的经营与管理,从而能够以较小的成本投入获得较大的经济效益。这就是财务管理中的管理监督功能。

四、企业财务管理的重要性

(一)企业财务管理是企业管理的基础,是企业内部管理的中枢

财务管理是组织资金运动、处理相关财务关系的一项经济管理工作。它是一种价值管理,渗透和贯穿于企业的一切经济活动中。企业的资金筹集、使用和分配,一切涉及资金的

业务活动都属于财务管理的范围。

企业的生产、经营、进、销、调、存每一环节都离不开财务的反应和调控,企业的经济核算、财务监督,更是对企业经济活动的有效制约和检查。财务管理是一切管理活动的共同基础,它在企业管理中占据中心地位。

(二)企业的管理从注重生产的管理转移到财务管理,是社会的进步

随着社会主义市场经济体制的逐步建立,财会工作在企业管理中占有越来越重要的地位。必须坚持一手抓生产发展,一手抓财务管理,既要向生产要效益,又要向管理要效益,管理也是生产力。财务管理与经济效益有着密切的联系。

企业的中心目标就是如何以较小的消耗取得最大的经济效益。加强财务管理能够促进企业节约挖潜、控制费用、降低消耗;通过资金的筹集调度,合理运用资金,提高资金的使用效果,防止资金的浪费;通过对存货的管理,可以优化库存结构,减少存货积压,做到经济库存;通过价格的拉动,可以增加企业的收入;通过对国有资产的管理可以促使企业合理有效地使用国有资产,并且做到国有资产的保值、增值。因此,充分发挥财务管理的龙头作用,就能更有效地提高经济效益。

(三)财务管理是实现企业和外部交往的桥梁

通过会计核算,对原始数据进行收集、传递、分类、登记、归纳、总结、储存,将其处理成有用的经济管理信息;然后开展财务分析,对企业财务活动的过程和结果进行评价和分析,并对未来财务活动及其结果作出预计和测试。通过这一系列财务管理环节,企业能够向外界提供准确、真实的信息,从而有助于国家宏观调控,投资人进行合理投资,银行做出信贷决策以及税务机关依法征税。

(四)企业管理以财务管理为中心,财务管理以资金管理为中心,这是观念上的根本转变

加强资金管理,提高资金的营运效益是财务管理的首要任务。资金是企业的"血液",企业资金运动的特点是循环往复地流动,资金的生命在于"活",资金活,生产经营就活,一"活"带百"活",如果资金不流动,就会"沉淀"或"流失",得不到补偿增值。只有提高资金使用效率,才能确保企业的经济效益,正因为如此,资金管理成为企业财务管理的中心是一种客观必然。

(五)强化财务管理可以找出企业问题的根源,拿出解决问题的方法

财务部门通过对财务指标进行经常性的计算、预测、整理、分析,肯定成绩、揭露问题、寻找原因、提出改进措施,促使企业不断提高经济效益。

五、大学生创业初期财务管理存在的问题

大学生创业初期,创业企业财务管理的基础和指导思想就是创业企业的财务管理理念。创业初期最佳财务管理理念是以市场为中心,科学合理地选择筹资渠道,降低企业成本,控制企业经营风险。大学生创业初期财务管理存在的具体问题如下:

(一)缺乏监督机制,忽视企业内部控制

创业初期,企业财务管理者法律意识淡薄,集中精力以市场为中心,管理经营企业,对财务经理集权严重,企业经营内部控制不规范,职责不清晰,企业财产安全存在致命危机,企业财务报表的精确性和可靠性降低,存在欺诈、不及时、不准确财务信息,对于创业初期实力并

不雄厚的创业型企业是灭顶之灾。

（二）缺乏适合的会计体系

由于创业企业经济业务的复杂性和多样化，经济业务有多种会计处理方法，存货计价、固定资产折旧等存在不止一种可供选择的财务管理处理方法。尤其是创业企业在进行某项经济业务时，缺乏适合的会计体系，所使用的会计原则和选择的会计处理方法不适合创业企业财务管理的特点，导致会计报表影响相关决策者的决策。决策者不能随着经济的发展和会计环境的变化，及时发现新的途径，利用财务管理为创业企业自身谋利。

（三）缺乏对创业企业财务管理环境的确定，未认识到创业企业的价值

忽视创业企业财务管理环境的分析、判断、确定，创业企业成本核算效果不尽如人意，没有科学预测可控成本和不可控成本，成本执行力弱，资本运行效果较差，常规的生存、销售、利润的积累很快耗尽，企业规模很难在短时间内迅速扩大，无法引进投资，企业价值较低，企业项目无法兼容，无形资产的投入很难市场化，企业新的利润增长点消失。

（四）财务管理制度缺失

大部分创业型企业在创业初期，只有一本账本，缺乏对财务管理分阶段、科学系统的规划，难以达到管理的目的，无法满足企业成长的需求，财务管理制度和流程难以实施。由于没有财务管理制度，创业企业内部财务管理控制出现混乱局面，财务管理损失越来越大。会计计量历史成本、重置成本、可变现净值、现值计量准确性低，创业企业的财务管理工作急需探索与创业企业相匹配的创业企业财务管理模式。

六、大学生创业初期财务管理的对策

创业初期，加强创业企业主营业务和培养核心竞争力，做好企业内部控制，管理好营运资金，充分挖掘创业企业的潜力，必须针对大学生创业初期财务管理存在的问题构建相应对策，优化财务管理的资源配置。

（一）创新创业初期财务管理理念

创业初期，创业企业以市场为导向，了解市场，充分结合法律知识，制订与创业环境一致的、与可持续增长相匹配的财务管理制度，使用创业企业有限资源，达到企业价值最大化的目标，适度的增长率是监督机制建立的依据。企业财务管理者明确创业企业的主营业务、成长业务所需财务支持，建立合理的财务资源匹配规划和财务战略，以增强企业价值为目标，培养财务管理负责人、中层管理干部等，制订创业财务管理会计准则，融入创业企业流程和风险管理实务，创造有创业财务管理准则的良好财务管理内部环境。

（二）健全配套财务管理制度

创业初期，创业企业根据企业的特点、具体经营情况，在符合会计准则体系的要求下，构建会计处理流程、财务信息系统，制订符合创业企业特点、经营特点的具体会计核算方法，通过培训增强财务会计的理解和操作，健全配套财务管理制度的同时，安装适合的会计核算软硬件资源，对创业企业的财务系统及时升级，对财务管理会计资源及时整合，使用统一软件，加强对财务管理中资金的统一管理，提高资金运作的规范化、透明度及管理水平。

（三）甄选综合素质高的财务管理人员

甄选在会计体系中财务报表列表、合并财务报表、资产核算等方面有职业判断能力的财

务管理人员从事财务管理工作,要求其财务管理观念、理念新颖,熟悉创业财务管理的概念及框架,能参与企业决策,有较高的应变能力、风险防范意识,能够优化财务管理环境,积极实施财务管理日常业务管理体系。

(四)建立适合的创业企业内部控制体系

创业企业选择合适的、综合素质较高的财务管理人员,运用系统分析方法,建立科学、合理、有效的财务管理内部控制制度,通过建立完善的内部会计监督制度,严格贯彻相关法律法规,形成从财务管理初期就遏制造价行为的合理有效的会计核算体系,强化资金管理,增强企业内部各职能部门的财产物资管理内部控制,在物资采购、存货管理等方面建立规范的操作程序,维护财务管理安全。

七、大学生创业初期财务管理可行模式

大学生创业初期,经营管理以财务管理为中心,构建以资金管理、资金使用效益为中心的财务管理体系,确保创业企业在创业初期的经营管理水平、财产安全与增值,全面实行预算管理。创业者根据年度经营目标制订年度财务预算,遵循统一会计核算、统一融资、统一资产管理、统一财务报表的权责分明的原则,履行财务管理的管理职责,负责财务预算的编制、分析、检查,制订创业企业内部财务管理制度,依法缴纳各项税费,及时报送有关部门财务报告,统筹规划决策财务管理实务,实现创业企业财务管理的目标,最终实现企业经营目标。具体可行的财务管理模式如下:

(一)现金管理集权模式

现金管理是财务管理的中心,应集中强化。第一,银行账户管理,所有账户必须由财务负责人统一管理。第二,现金预测,对企业现有资金中融资规模有清晰的判断,掌握创业初期每个阶段可运用和必须支付的现金。第三,筹资管理,在现金预测的基础上,选择最佳筹资方式,遵循价值规律使用资金,实现资金的内部控制,且审核、平衡预算,汇编总预算表,为将来的经营活动提供依据。

(二)投资管理、利润分配采取集权、分权模式

创业初期,投资每一个有潜力的项目,必须根据创业企业发展规划,提出财务管理总目标,集中管理资金,限定资金总额,资金总额只能占很小的一部分,投资项目的跟踪管理实行分权跟踪管理,放活投资项目资金管理。利润分配是创业企业经营的核心内容,工资、资金分配实行总量控制,奖金分配和工资分配分权模式管理,实行自主分配模式。

(三)创新产品部门彻底分权管理

创新部门自主经营、自负盈亏,产品在研究、开发、生产、销售等环节,从订立合同、资产负债、留存收益等核算上,均统一采取分权管理,企业有独立核算、制单、审查、记账的报表系统,创新产品部门属于创新型生产力部门,按照创业企业统一的会计制度办理有关手续。

大学生创业初期,选择何种财务管理模式取决于创业企业的特点、创业企业的经营类型及创业企业经营的具体情况。创业初期,资金量少,融资渠道狭窄,需要政府构建合理的扶持资金和创业企业管理资金体系,创业资金运作,从国家层面上需要通过会计原则和会计核算原则,规范创业投资业的行为,构建适合本行业的财务管理政策和理论,为创业初期,自主创新服务,以财务管理机制促发展。

第五节　诚信管理

在我国传统儒家伦理中,诚实守信被视为"立人之本""立政之本""进德修业之本"。孔子曾说:"人而无信,不知其可也。"他甚至把"信"摆到了关系国家兴亡的重要位置,认为国家的朝政得不到人民的信任是立不住脚的。孟子把"信"视为用来维系儒家"五伦"的伦常(基本伦理规范)之一。

德鲁克指出,大量而广泛的实践证明,在企业的不同发展阶段,企业文化再造是推动企业前进的原动力,但是企业诚信作为企业核心价值观是万古长存的,它是企业文化与企业核心竞争力的基石。企业诚信,作为企业文化的重要组成部分,它孕育于企业文化,扎根于企业文化,渗透于企业文化,是企业文化不可或缺的重要组成部分。

一、诚信对于企业的重要性

在现代经济社会中,诚信不仅仅是一种道德规范,也是能够为企业带来经济效益的重要资源,在一定程度上甚至比物质资源和人力资源更为重要。通用电气公司在给其股东的一封信中首先讲的就是企业诚信问题:"诚信是我们价值观中最重要的一点。诚信意味着永远遵循法律的精神。但是,诚信也不远远只是法律问题,它是我们一切关系的核心。"塑造和坚持企业诚信作为企业文化的核心价值观,对形成支撑企业健康发展的独特文化,推动企业从优秀迈向卓越具有巨大的促进作用。

(一)诚信是推动企业生产力提高的精神动力

马克思主义认识论认为,人是生产力中最积极、最活跃的因素,也是生产力中唯一具有能动性、创造性的主体因素。再好的管理、再好的制度,也需要人来执行和运作。因此,企业的诚信建设,在根本上决定于员工个体的诚信、素质,建设一流的队伍是推动企业诚信体系建设的保证。塑造企业诚信作为核心价值观就是高度重视生产力中人的因素,通过精神层面的感召力,使得企业内部真诚相待,从而充分调动广大员工的积极性、主动性、创造性,高度认同和支持企业的经营政策和方针,使企业生产力得到进一步的释放和发展。

(二)诚信是促进企业内外有效沟通的桥梁

对企业管理来说,管理的主体是人,人的因素是企业成功的关键因素,所有的管理问题归根结底都是沟通的问题。一个企业有了乐于沟通的诚信文化环境,人与人之间相互尊重就多,友情就多,心气就顺,人气就旺,有利于克服部门之间的本位主义,培养和激发员工的主人翁精神,增强企业的凝聚力和向心力。有诚信才有沟通,有沟通才有活水,有活水才有活力。

(三)诚信是企业生存和发展的基石

企业凝聚力是企业生命力和企业活力的重要标志,而企业诚信则是增强企业凝聚力的源泉。一方面,诚信作为企业文化的核心价值观,能够把企业在长期奋斗中形成的优良品质、顽强作风挖掘和提炼出来,成为大家认同和遵从的价值规范,有助于把各级员工对企业的朴素情感升华为强烈的责任心和自豪感,把敬业爱岗的自发意识转化为员工的自觉行动,使每位个体的积极性凝聚为一个整体,从而增强企业的生命力和活力。另一方面,企业对外诚实守信,就能形成巨大的吸引力从而不断赢得创业和发展的机遇,其信誉度也会不断提高。只有坚持做到"内诚外信"的企业才能拥有更多的合作客户并与其建立"共生共赢"的合作关系。一个失信的企业如同搬起石头砸自己的脚,最终会在未来的市场竞争中被淘汰。

💡【案例精选】

汽车维修店的故事

一个顾客走进一家汽车维修店,自称是某运输公司的汽车司机。"在我的账单上多写点零件,我回公司报销后,有你一份好处。"他对店主说。但店主拒绝了这样的要求。顾客纠缠说:"我的生意不算小,会常来的,你肯定能赚很多钱!"店主告诉他,这更无论如何也不会做。顾客气急败坏地嚷道:"谁都会这么干的,我看你是太傻了。"店主火了,他要那个顾客马上离开,到别处谈这种生意去。这时,顾客露出微笑,并满怀敬佩地握住店主的手:"我就是那家运输公司的老板。我一直在寻找一个固定的、信得过的维修店,我今后常来!"

二、企业如何进行诚信管理

(一)树立全员的诚信意识,构建企业诚信文化

人无信不立,企业无信不长,诚信是企业赖以生存和发展的基本条件。企业要想在竞争中立于不败之地,就必须提高诚信意识,破除只重视经济效益而轻视信誉的思想,把诚信与发展、诚信与效益结合起来。企业要把诚信作为一种资源来看待,培育诚信文化。树立"诚实守信"的企业诚信价值观念,形成"守信光荣,失信可耻"的企业文化氛围,让诚信渗透到企业的每一个组织系统、每一项活动、每一名员工的行为中。企业诚信文化,应与企业生产与管理的每一个环节融合起来,以诚信来指导企业的管理和发展,在管理和发展中体现诚信的丰富内涵。

(二)建立健全企业诚信管理机制

企业诚信管理机制的建立是企业走向诚信管理的标志。企业应建立诚信管理机制要从以下几方面入手:首先,要加大企业股份制改造力度,完善企业的产权制度。企业诚信建立的前提是企业必须拥有明晰的产权关系。只有产权关系明确,企业的经营者具备企业财产的控制权和支配权,才会拥有维护企业信誉的积极性,也才有可能放弃短期利益去追求长期的收益。其次,建立专门的诚信管理部门。诚信管理部门的建立是企业诚信管理体系能够顺利推行的基本保证。使企业的诚信管理工作既有专人负责,又能够有效协调各部门在诚信管理中的工作并及时地检查和评估企业诚信的实施情况,从而不断地提高诚信管理水平。最后,要建立健全诚信管理的岗位责任制。企业应建立和完善"自上而下、自下而上"的诚信责任监督管理系统,并将企业诚信全方位地责任分解,层层落实诚信责任,做到环环紧扣、环环相套,分工明确、责任到位,确保形成诚信责任链。

(三)建立客户资信调查和评估机制

只有建立客户资信调查和评估机制,才能准确把握商机和诚信风险的区别。客户既是企业最大的财富来源,也是风险的最大来源。强化诚信管理,企业必须首先做好客户的资信管理工作,尤其是在交易之前要对客户的诚信情况进行收集调查和风险评估。在和客户谈判、接洽的时候应定期调查和评估客户的诚信状况。企业经营过程中,会接触许多不同的客户,必须对新老客户的资信状况了解清楚,然后评估是否可以授信。确定客户资信等级,并按资信等级执行相应的诚信政策。客户资信管理是一项复杂的系统工程,应该借助现代信息技术进行管理。从企业信息化的发展看,管理的信息化越来越重要,特别是在电子商务越来越普及的今天,充分利用企业内部网、互联网等信息化手段,建立起包括客户关系管理系统、供应商协同系统和企业网络诚信制度和资信数据库体系显得更为重要。

(四)加强对企业员工的诚信管理

未来的组织变革将更注重组织的扁平化、企业经营的灵活性和员工授权。因此,加强对企业员工诚信管理显得尤为重要。一方面,员工是企业形象的代言人,员工站在市场的最前沿,从某种程度上说,员工的形象就代表着企业的形象;另一方面,员工的诚信与否直接影响到企业的经济利益。如果员工存在怠工和蓄意破坏、盗窃、泄密、吃回扣等行为,会给企业造成重大的经济损失。因此,企业在人力资源管理的招聘、选拔、晋升等职能中,对人的诚实性、可靠性、责任感等诚信特征必须进行考察和培养。

(五)提供精良的产品和超值服务,赢得顾客的忠诚

精良的产品和超值服务是构筑企业良好信誉的基石,是树立企业信誉的"硬件"。顾客对企业的评价往往是在使用企业的产品和接受企业服务的过程中形成的。企业要想留住顾客,与顾客建立长期而稳固的关系,首先要为顾客提供满意的产品和服务,这对提高顾客的满意度和忠诚度至关重要。

(六)实施绿色经营战略,树立良好的社会形象

增强社会责任感、赢得企业信誉是现代企业持续发展和成功的核心战略。保护环境、可持续发展成为国际社会普遍关注的焦点问题,国际组织、各国政府都已积极行动起来,纷纷制定了更为严格的环保法律。各国民众亦踊跃投入环保事业,购买绿色产品、使用绿色产品成为时尚。在新的世纪,企业欲赢得未来市场、赢得顾客的信任和政府的支持,就必须实施绿色经营战略。当今绿色产品深受消费者的青睐,在欧美许多国家专门经营绿色产品商店的销售增长率已经超过传统商店。许多具有前瞻性的公司也相继实施绿色经营战略。

(七)用诚信链打造价值链

波特的"价值链"理论告诉我们,企业与企业的竞争,不只是某个环节的竞争,而是整个价值链的竞争,整个价值链的综合竞争力决定企业的竞争力。用波特自己的话来说:"消费者心目中的价值由一连串企业内部物质与技术上的具体活动与利润所构成,当你和其他企业竞争时,其实是内部多项活动在进行竞争,而不是某一项活动的竞争。"

那么,价值链持续之本,究竟是什么? 是诚信链。信誉不是一个手段,而是一切的根本。诚信管理实际上是诚信链的管理,当企业某个经营环节出现信用缺失,那么企业的诚信链就会断裂,价值链也会随之土崩瓦解。因此,要想打造价值链首先要打造信誉链。

【案例精选】

齐桓公诚信对仇寇

齐桓公，姓姜名小白，是姜太公的第十二代孙，是齐僖公的第三个儿子。齐僖公有三个儿子，长子叫诸儿，次子叫纠，三子就是小白了。齐僖公死后，长子诸儿即位，就是齐襄公。在齐襄公和其侄子公孙无知相继死于内乱后，姜小白与公子纠争位成功做了国君，称齐桓公。齐桓公靠着管仲等人的辅佐，加上自身的雄才大略以及对敌人都可以信守承诺的品德与胆识，"一匡天下，九合诸侯"，为春秋五霸之首。

齐桓公五年（公元前681年），齐、宋、陈、蔡、邾等五国国君在齐国的北杏召开诸侯大会，史称"北杏会盟"，旨在协力平息宋国内部争夺君位的变乱。齐国首开以诸侯身份主持天下会盟的纪录，齐桓公的威望在诸侯中开始不断提高。会盟前，齐桓公曾邀遂国国君入盟，但遂国却拒绝参加这次会盟。"北杏会盟"结束后，齐桓公吞灭遂国。

灭遂国后，齐桓公率兵杀向鲁国。鲁国人不敢轻易应战，当时鲁国的国君鲁庄公请求免战，就在距离鲁国国都五十里的地方封土为界，请求投降，像齐国国内的封邑大臣一样听命于齐国。齐桓公答应与鲁庄公在柯地受降。

鲁庄公手下重臣曹刿对鲁庄公说："您愿意国家灭亡、自身不保呢，还是愿意用国家的灭亡来保自己一命呢？"鲁庄公说："你这话是什么意思？"曹刿回答："臣有一计，那就是在受降之日拼命与齐桓公做殊死一搏。您若采纳臣的建议，国土必定会扩大，您自己不但会安全，更能雄霸一方；您若不敢，国家必定灭亡，您自己必定身处耻辱之中，性命也很难保。"鲁庄公说："就依你的计划行事吧。"

第二天，鲁庄公和曹刿一起怀揣着剑来到柯地天坛与齐桓公会见。双方登坛尚未入座时，曹刿突然从怀里拔出剑来，威逼齐桓公说："鲁国力量小，齐国就经常欺负我们，与其屈辱地灭亡，不如拼死一搏！"鲁庄公左手也顺势抓住齐桓公，右手抽出剑来对着自己，说："本来鲁国国都距离国境几百里，而现在只剩下五十里了。这五十里土地和一寸土地没有什么两样，鲁国根本没法生存。丧失国土也是死，和你拼命也是死，我就死在你面前算了。"

齐国的大臣管仲和鲍叔牙想要救驾，曹刿手持利剑挡住他们说："两位谁也不准上前，否则你们的君主性命难保！"管仲和鲍叔牙只得停下，管仲说道："你们君臣二人，言而无信，为何劫持我家主公？"曹刿回答："齐国大兵压境，我鲁国将亡，与其俯首称臣，不如同归于尽。"鲍叔牙道："尔等且慢，有话好说，只要放了我家主公，一切都好商量。"鲁庄公说："齐、鲁两国以汶水为界，齐国必须还鲁国四百里土地，齐国若答应，我将放了你家主公。"齐桓公挣扎着说："老匹夫，有种你就下手，我齐国决不退兵，齐国铁骑定要踏平鲁国！"双方僵持不下，气氛十分紧张，卫士也都围了上来，刀戟相向，剑拔弩张。曹刿的剑把齐桓公的颈部划出了血，鲁庄公持剑的手也在颤抖，大汗淋漓。管仲冷静地高声说："二位休要动手，待我与主公商量，答应你们的要求。"说罢对齐桓公说："大王应该牺牲土地保护自己，而不是牺牲自己保住土地。大王就答应他吧！"于是，齐桓公答应了鲁庄公归还国土的要求，并与鲁庄公签订条约，将距离鲁国国都四百里内的土地归还给鲁国。

齐桓公对鲁庄公竟敢胁持自己非常恼怒，回国后齐桓公就变卦了，不想把土地还给鲁国。

管仲劝他说:"您现在反悔怎么行呢? 别人要劫持您而不想和您订立盟约,您事先却没想到,这说明您不聪明;您面临危险,却不得不听从别人的威胁,这说明您不勇敢;您答应别人却又不想实现诺言,这说明您不讲信用。作为一个国君,既不勇敢,又不聪明,现在又想不讲信用,有了这三点,谁还会服您呢? 您若还给鲁国一些土地,换得了诚信的美名,这比四百里土地的价值更大。"

齐桓公听了,不仅没有生气,反而觉得管仲说得很有道理。他想了想说:"鲁庄公和曹刿都是齐国的仇人,如果我对仇人都讲信用,这说明我会对不是仇人的人更讲信用。如果天下人都知道我是诚信的君子,就都会信任我。"于是,齐桓公决定遵守诺言,按照约定还给了鲁国四百里土地。

这件事情传出去后,诸侯们都很敬重齐桓公的人品,许多人都自愿归顺他。后来,齐桓公成了"春秋五霸"之首。

(资料来源:名人故事)

【课程育人】

综合本章内容,可以看出企业管理是个系统工程,需要创业者做好员工客户关系、营销、财务、诚信等各方面的经营管理。总结如下:

1.企业要做好诚信管理,大学生个体也要以诚信为本。

2.产品和企业都有生命周期,大学生在创业活动中应该有全局意识,用系统思维思考解决问题。

3.做好员工、客户关系管理,发挥好人的主观能动性。

【能力训练】

一、简答题

1.什么是员工关系管理? 其重要性体现在哪些方面?
2.初创企业员工关系管理应注意哪些问题?
3.如何理解"顾客至上"?
4.企业初创时期的营销管理方式有哪些?
5.财务管理的内涵及内容是什么?
6.企业进行财务管理的重要性有哪些?
7.诚信对于企业的重要性有哪些?
8.企业如何进行诚信管理?

二、案例分析题

学捉老鼠的梭鱼

牙齿锋利的梭鱼有一天突发奇想,想要学会猫的一套手艺,于是它请猫带它到仓库里捉老鼠。

"什么? 亲爱的朋友,"猫对梭鱼说,"你可懂得这门技术?"

"捉老鼠有什么稀奇，我们在海里连小鲈鱼也常常捉哩。""那好吧！不过你可别说我没有警告过你。"

于是它们到仓库里埋伏起来。

猫一会儿就捉到一只老鼠，等猫把老鼠玩够了，吃得饱饱的，才想起梭鱼朋友。可怜的梭鱼张着嘴巴躺在那里，尾巴已经被老鼠咬掉，只差一口气。于是，猫就把它像木头似的拖回池子里。

问题：梭鱼为什么学不到猫的本领？请结合故事谈谈你对企业管理的认识。

【拓展阅读】

项目一线培养　厚培人才沃土

重庆翰海睿智大数据科技股份有限公司是专注大数据、人工智能、区块链等新兴技术领域的产教融合型的高科技企业，为企业级客户提供大数据、人工智能、区块链等新一代信息技术专业技术服务和企业定制化人才培养服务。

公司坚持发展是第一要务、人才是第一资源、创新是第一动力，加大对年轻科技人才的特色培养力度，充分利用内外部项目，以项目实施为练兵场，让青年人才在项目实践中经受锻炼、接受检验，引导他们挑担子、强技术、出成绩，厚培人才成长沃土，助推形成人尽其才、才尽其用的"项目+人才"培养模式。公司掌门人卢山说："就是要利用项目开展大课堂，给年轻人压担子、出课题，千方百计逼他们成才。"

公司"项目+人才"培养模式的核心要义是"干中学"。百闻不如一见、百看不如一练，公司把课堂搬到项目实施一线，让新员工边看、边听、边学、边干，在解决实际问题过程中增长见识、增强才干、苦练本领。2021年7月，张新程大学毕业后来到公司工程部，入职1个月后就参与了项目建设，至今已参与内外部项目20多个，成为技术全面的骨干人员。他说："我们一进公司就跟着师傅做工程，几个项目做下来，感觉自己成长很快。"

"师带徒"工作是该公司为培养新员工，帮助他们钻研业务、提高技能提供的重要平台，旨在让新员工迅速融入项目大家庭，适应新的工作环境，提高工作和生活技能，为公司培养梯队人才。本着"签订一个，培养一个，成才一个"的原则，该公司各项目组精心挑选了业务精湛、经验丰富、工作能力突出的骨干精英作为导师，为新员工传道授业解惑，帮助他们快速成才。张新程和几个同批入职的同事当初都是在师傅的帮助下迅速成长成才的。如今，他们已经成长为主力队员，也成为师傅，带领今年刚入职的新人，在干中学、在学中练。

翰海睿智公司将工程项目建设作为一个大的人才锻炼磨刀石，大胆地给刚入职的员工压担子，通过"师带徒"这一方式，将个人幸福成长与工程推进有机结合起来。新员工在项目实施大课堂里，把理论知识与实践工作结合运用，跟着有经验、有技术的师傅学习书本上没有的现场经验，犹如小树苗扎根沃土，有阳光雨露的滋润、有修枝打杈的培育、有施肥浇水的管理，得以茁壮成长。

经过项目的锤炼，一批青年才俊站在了科技创新和外闯市场的第一线，为公司高质量发展注入源源不断的动力。

（资料来源：重庆翰海睿智大数据科技股份有限公司）

第十章　企业的创新与成长

【知识导航】

　　创新是一种精神，一种能力，更是一种可持续发展的动力。企业要想实现可持续健康发展，就必须将管理创新、产品创新、技术创新和文化创新等环节统筹兼顾，协调发展，形成合力，才能全面提升企业的竞争实力和发展潜力。

【学习目标】

　　1.了解创新在企业成长中的重要意义。
　　2.了解创新与企业成长的关系。
　　3.熟悉企业管理创新、企业产品创新、企业技术创新、企业商业模式创新、企业文化创新的相关基本知识。

【案例导入】

管理创新在柯桥企业中"蔚然成风"

　　走进位于柯岩街道的浙江雷贝斯散热器有限公司（以下简称"雷贝斯公司"）车间，只见地面整洁、物品摆放有序，员工规范操作着每一个工序。而此前该公司曾因车间管理不到位，被汽配件采购商列为重点"监管"企业。

　　雷贝斯公司的生产车间的明显改观，得益于该公司在 2015 年 3 月实施的精细化管理。

　　雷贝斯公司的精细化管理是柯桥企业创新管理的一个缩影。在当前严峻的经济形势下，重管理、提效益，开展管理创新，已在我区企业兴起，并涌现出一批向管理创新要效益的"典范"，如雷贝斯、点金照明、欣昕纺织等 3 家企业被列入"省级创新管理试点企业"，同时，还有 5 家企业被列入"市级创新管理试点企业"。

　　位于柯桥经济开发区的点金照明有限公司（简称点金照明公司）采用"互联网+"手段，使用 ERP 系统，将公司内部所有资源整合，从而对采购、生产、成本、库存、销售、运输、财务、人力资源等进行规范和优化，达到最佳资源组合。利用大数据渠道，对准客户信息进行精准营销，有效地实现产品线上线下销售的无缝对接。点金照明公司使用 ERP 系统，实现管理创新，预计可助推销售增长 20%~30%，库存率下降 3%。

　　近年来，柯桥区积极鼓励企业开展管理创新，助推企业升级，如制定了工业企业精细化管理"26条"实施标准,引导企业以"专、精、特、新"提升核心竞争力;邀请专业机构和知名专家赴企业驻厂指导,以"一对一"模式为企业现有制度"把脉",促进家族式企业向现代企业转型,实现创新增效目标。

(资料来源:《柯桥日报》,2015年11月23日)

分析:熊彼特认为,资本主义经济的最本质特征就是创新,资本主义不断突破自身的局限性和经常发生的经济危机,其最主要原因就是资本主义经济的自发创新的机制。纵观当代企业,只有不断创新,才能在竞争中处于主动,立于不败之地。许多企业之所以失败,就是因为它们做不到这一点。

第一节　企业管理创新

一、什么是企业管理创新

熊彼特于1912年首次提出了"创新"的概念。通常而言,创造能力是指以独特的方式综合各种思想或在各种思想之间建立起独特联系的一种能力。能激发创造力的组织,可以不断地开发出做事的新方式以及解决问题的新办法。管理创新则是指组织形成创造性思想并将其转换为有用的产品、服务或作业方法的过程,即富有创造力的组织能够不断地将创造性思想转变为某种有用的结果。当管理者说到要将组织变革成更富有创造性组织的时候,他们通常指的就是要激发创新。

微课　企业管理创新和产品创新

管理创新是指企业把新的管理要素(如新的管理方法、新的管理手段、新的管理模式等)或要素组合引入企业管理系统以更有效地实现组织目标的创新活动。

有三类因素将有利于组织的管理创新,它们是组织的结构、文化和人力资源实践。

(1)从组织结构因素看,有机式结构对创新有正面影响;拥有富足的资源能为创新提供重要保证;单位间密切的沟通有利于克服创新的潜在障碍。

(2)从文化因素看,充满创新精神的组织文化通常有如下特征:接受模棱两可,容忍不切实际,外部控制少,接受风险,容忍冲突,注重结果甚于手段,强调开放系统。

(3)在人力资源这一类因素中,有创造力的组织积极地对其员工开展培训和发展,以使其保持知识的更新;同时,它们还给员工提供工作保障,以减少他们担心因犯错误而遭解雇的顾虑;组织也鼓励员工成为革新能手;一旦产生新思想,革新能手们会主动而热情地将思想予以深化,提供支持并克服阻力。

二、管理创新的基本理论依据

要有效地进行管理创新,必须依照企业创新的特点和基本规律。因此,管理创新的基本理论如下:

(一)企业本性论

追求利润最大化——企业是现代社会的经济主体,是社会政治、经济和文化生活的基本单元。现代社会是以企业为主宰的团体社会。企业没有利润,怎样体现自己的生命意义,又怎样追求自己的价值,这是企业进行管理创新首要的和基本的理论依据。

(二)管理本性论

管理本性论指明了企业生存的目标。实现这一目标必须靠科学的管理。通过加强基础管理和专业管理,保证产品质量的提高、产量的增加、成本的下降和利润的增长。这是企业管理创新的又一依据。

(三)员工本性论

员工本性论明确了创造利润这一企业本性,认识到实现企业本性要靠科学的管理,根据市场和社会变化,有效地整合企业内部资源,创造更高的生产率,不断满足市场需求,是管理创新的常新内容。但这还不够,还必须明确管理的主体。在构成企业的诸多要素中,人是最积极、最活跃的主体性要素,企业的一切营运活动必须靠人来实现。人是生产力的基本要素,又是管理的主体。这是企业活力的源泉所在,也是管理能否成功的关键。

(四)国企特性论

国有企业是国有资产的运营载体,在当前国民经济中占有主导地位,是一种"特殊"的企业。政府要依靠和发挥国有经济的作用,通过国有企业实现宏观调控,稳定市场秩序,维护公开、公平的市场竞争,保证经济社会发展目标的实现。改革只会改变国企承担社会目标的形式和某些内容,但决不会改变其承担社会目标的职能,也不会改变经营者所面对的较之私人企业更多的管理难题。

三、管理创新分类

(一)根据创新内容分类

根据一个完整的管理创新过程中创新重点的不同,可将管理创新划分为管理观念创新、管理手段创新和管理技巧创新。

1.管理观念创新

管理观念创新是指形成能够比以前更好地适应环境变化并更有效地利用资源的新概念或新构想的活动。

2.管理手段创新

管理手段创新是指创建能够比以前更好地利用资源的各种组织形式和工具的活动,可进一步细分为组织创新、制度创新和管理方法创新。其中,组织创新是指创建适应环境变化与生产力发展的新组织形式的活动,制度创新是指形成能够更好地适应环境变化和生产力发展的新规则的活动,管理方法创新是指创造更有效的资源配置工具或方式的各种活动。

3.管理技巧创新

管理技巧创新是指在管理过程中为了更好地实施调整观念、修改制度、重组机构,或更好地进行制度培训和贯彻落实员工思想教育等活动所进行的创新。

【案例分析】

海尔的组织扁平化创客组织模式

"未来,一个电器如果不能上网,我认为就等于零。"海尔董事局主席张瑞敏在 2014 年海尔年会上的讲话,吹响了这家传统家电制造企业互联网化转型的集结号。

曲桂楠是海尔净水机利共体(利共体即海尔内部的项目经营体,是海尔的独立经营创业型组织)负责人。2013 年 8 月,在海尔的这场内部变革中,曲桂楠通过竞聘成为海尔集团几百个利共体项目的负责人之一。

"以前海尔净水产业是围绕着产品转,为了卖净水机而卖净水机,但是谁需要这些产品,需要什么样的产品并没考虑清楚。现在,通过线上线下交互,建立各方利益的生态圈,发掘用户的兴趣点和兴奋点,更有利于我们精准地进行服务和销售。"曲桂楠表示,2013 年年初,他曾向海尔集团层面承诺完成 1.5 亿元年度销售目标,而截至 2013 年 10 月已经实际完成 1.2 亿元销售,目标完成率 80%。2013 年预计完成销售 1.7 亿元,目标完成率 113%。

"改变体现在两个方面:一是线上,通过海尔水交互平台网站日常水质话题讨论,如水的现状是什么、怎么喝水才健康等,吸引用户关注,根据水质特点,提供个性化定制产品;二是线下,通过净水服务人员上门检测水质,根据用户实际水质给出方案,结合微博、微信等新媒体和电子邮件,找到有需求的用户群。"曲桂楠称,自 2013 年 9 月 23 日水交互平台正式上线以来,海尔净水交互平台的用户流量已经从原来的 2 万实现 10 倍增长。

实际上,净水机利共体仅仅是海尔体系改革的一个缩影。据记者了解,从 2013 年大力推行企业互联网化改革至今,海尔内部已经形成几百个利共体和 96 个小微在线项目(即利共体下面的孵化项目组织)。

而作为海尔系统改革的总设计师,张瑞敏则把它形容为三个词:企业平台化、员工创客化、用户个性化。

不可否认,作为传统家电行业的领军企业,海尔正面临着严峻的挑战。2013 年,家电市场呈现出高开低收的现象。中怡康的预测数据显示,2014 年冰箱销量将同比下降 2.0%,洗衣机销量预计同比下降 1.8%。更重要的是,新型互联网企业的大量杀入已经对传统家电企业形成巨大冲击,如小米、乐视以互联网化的运作方式推出超低价电视,通过"平台+内容+终端+应用"的全新生态模式,打造出跨界产业链。

对海尔来讲,如何利用互联网思维改造传统管理模式、如何通过交互的方式提高自己的品牌价值、如何激发员工活力并不断创新生产……成为必须思考的问题。

2009 年,海尔开始尝试从制造型企业向服务型企业转变。由原来以厂商为中心的、大规模生产的 B2C 模式,转变为以消费者为中心的、柔性化生产和精准化服务的 C2B 模式。此后,张瑞敏又提出"人单合一"战略,其本质是员工有权根据市场变化自主决策,员工有权根据为用户创造的价值自己决定收入。

2014 年 1 月 16 日,在海尔内部年会,即"2014 互联网创新大会"上,张瑞敏强调,当下的企业必须接受互联网思维的改造。

所谓的企业互联网思维,就是指企业的平台化发展。"原来企业追求的是规模和范围,现在企业自身就是一个平台。企业平台化的宗旨是要提高用户体验,即用户个性化。而对于员工来讲,其平台价值体现就是要创客化。这样一个逻辑递进关系,也正对应了海尔 2013年提出的'三化改革'。"

"原来企业就像一个个堡垒,现在网络化让企业没有了边界,这是最重要的改变。"张瑞敏认为,以往企业对内面对的是员工,对外面对的是用户。企业和用户之间处于信息不对称的状态,企业千方百计地通过广告让用户知道并购买产品,因为信息垄断权在企业手里。"但是现在,用户得到的信息比企业还多,用户可能知道全世界产品的情况,企业却不一定知道。所以,你无法仅仅通过广告让用户相信你。"

对内也是如此。"过去企业对员工采取的是控制管理,企业有一个模式和规范,员工就按照这个模式来执行。但现在员工知道信息比企业快,特别是对于用户,他是第一时间知道用户需求的。因此,我们需要让员工拥有自主权,发挥自身的创造力。"张瑞敏认为。

曲桂楠很愿意被外界评价为海尔改革的"实践性人物"。在开展水交互平台前,海尔的水交互产品一直卖得不好,但在变身交互平台后销售却取得了较大改善。"品牌多样化,用户来自全国,在这里进行交互,你可以把平台变为生态圈。"

"传统经营模式下,企业是为自己的产品找用户,现在则是为用户找适合他的产品。这是本质不同,净水交互平台未来如何发展,仍需要更好地研究。"张瑞敏说。

"没有建造生态圈的利共体都不应该存在。""没有用户全流程最佳体验的产品就不应该生产。""不是创客的员工都不应该存在。"在 2014 年的海尔战略规划中,张瑞敏明确给出三个不应该。对于体系内部而言,这将意味着更大的调整。

谈到生态圈问题,张瑞敏认为:"就像一盆盆景,表面看起来不错,但是它长不大。原因在于这个盆限制了它,它需要有人给它浇水、施肥、剪枝,一切依赖于别人,如果把盆砸碎,放到田地里面去,很难说它能否禁得住风雨。"

据记者了解,当下海尔内部还存在很多"不开放"的利共体,他们没有建立生态圈,下一步很可能会被淘汰。"特别是像冰箱、洗衣机等原来基础好的利共体,如何进一步放开,让全球最好的资源进来,就是他们面临的严峻挑战。"张瑞敏说。

未来是不是开放的,海尔的评价标准有两个:一是资源能否无障碍进入,如冰箱、洗衣机利共体,目前基础不错,但要看你使用的资源是不是全球最好的,如果不是,那一定说明有障碍,产生障碍的原因是你不够开放;二是所有进来的利益攸关方必须实现利益最大化,这样才能形成动态的资源最优化配置。

移动互联网时代,消费者不是去购物,而是在购物。所谓去购物是指消费者到哪个地方购物,而"在购物"则是说,我在车上、在家里、在吃饭时,在任何时候都可以购物。

"消费者拥有这样的权力,但企业却没有,那么,企业如何让消费者得到最好的体验?"张瑞敏认为,企业必须建立全流程的用户体验,也就是说每时每刻企业都要和用户接触。"'粉丝'不是永恒的。今天暴涨,明天可能一个都没有。他和你没什么感情,关键是看你对他的体验满足得如何,创造得如何。"

海尔认为,互联网时代的特性可以在天樽空调上得到体现。天樽空调以单品近 2 万元的售价入驻电商,并在 2013 年 12 月 26 日创造了 1 228 套的销量奇迹。据海尔介绍,在天樽前期的设计交互中,有 67 万网友献计献策。而这款空调也可以实现用手机、PAD 等移动终端远程控制,并实时获取空气质量信息。

"2013 年,海尔还是有很多产品通过打广告来传播的,2014 年,我认为硬广告一个都不应该做,如果做硬广告就说明你还是和用户有距离。正确的方式是与用户在互联网上进行交互,通过服务让他留在你的平台上。"张瑞敏说。

讨论:

(1)你印象中海尔品牌经常出现在哪里?现在你在电视和杂志上还能看到海尔的广告吗?

(2)你过去认为海尔这样的大企业对年轻人就业有吸引力吗?

(3)你知道海尔的创客组织模式后,现在有兴趣尝试吗?

(4)你认为什么样的人才能胜任海尔提出的创客化员工?

海尔的组织变革是对自己的一场革命,一旦海尔转型成功,影响的将是整个行业,包括对未来的人才就业要求,也会带来根本性的改变。

(二)根据创新的程度分类

根据创新的程度,管理创新可分为渐变性创新和创造性创新。从创新的一般定义看,创新既指对原有事物的改变,也指新事物的引入。要对原有的事物加以改变,必然需要在原有的事物中加入新事物,因此,创新也可简单归结为新事物的引入。对原有事物的改进和新事物的引入这两类创新,只不过是创新过程中侧重面不同而已:是基于原有事物的成分多还是以新事物的成分居多。根据创新程度的不同,前一类创新被称为"渐变"性的,后一类创新被称为"创造"性的。也就是说,渐变性创新主要基于对原有事物的改进,创造性创新更多的是基于新事物的引入。例如,根据实践情况对现有的管理思想的实现方法加以改进或对运用范围加以拓展,应属于"渐变"性管理创新;根据环境的新变化提出新的管理思想,并在此基础上形成新的管理模式或管理方法,应属于"创造"性管理创新。更进一步来说,根据管理创新程度的不同,管理创新在实践中还可归结为以下三种类型的管理创新。

1.重大创新

始于管理观念创新,从根本上改变原有管理思想或管理手段的创新。如企业再造理论,它的提出就是源自对传统分工理论的否定。

2.一般创新

管理基本思想改变不大,创新发生在管理手段和技巧上,而且与原方法相比变化不大,即主要是根据实际情况对现有管理思想的实现手段或运用领域、范围进行改进,管理技巧创新一般属于此类。

3.综合创新

既有管理思想的改变,又有管理手段或管理技巧的改变,但这类管理创新变化程度不大,如股份合作制、员工持股制度等。

【案例精选】

春兰的创新型矩阵管理

在"第八届中国机械行业企业管理现代化创新成果奖"大会上,"春兰创新型矩阵管理"夺得中华人民共和国成立以来我国企业管理领域评选的唯一一个特等奖。

春兰的创新型矩阵管理有一个十六字方针,即"横向立法、纵向运行、资源共享、合成作战"。前八个字重点解决集团和产业公司集权与分权的矛盾,力求放而不乱,提高运行效率。所谓"横向立法",是指针对管理有所失控的问题,将集团的法律、人力、投资、财务、信息等部门划为横向部门,负责制订运行的规则,并依据规则对纵向运行部门实施监管;"纵向运行",指保留"扁平化"按产业公司运行的特点,以产业为纵向。这样一来,横向部门"立法"并监管,纵向部门依然大权在握,能充分发挥主观能动性,不过是在"法"定的圈子里,要依"法"运行。十六字方针中的后八个字,重点解决资源不能共享的问题。把横向职能部门划分为A系列和B系列,制订运行规则,"立法"的是横向中的A系列;B系列则负责实现对春兰内部资源的共享,为产业公司提供专家支持和优质服务。比如春兰的整个法律事务,在公司总部设一名法律副总裁,分管法律事务工作,对首席执行官负责;集团下设法务处,在法律副总裁的领导下,具体实施对集团所属各子公司法务工作的指导和管理;集团所属子公司根据工作需要设立法务部门,在子公司负责人领导下开展本单位的法务工作,业务上接受集团公司法务处的指导和管理。按照原先的运行制度,48个部门都需要律师。而根据矩阵管理模式现在只设立一个法律顾问组,为集团所有部门使用,大大节约了管理成本,而且有利于规范化。

四、管理创新的特点

管理创新不同于一般的"创新",其特点来自创新和管理两个方面。管理创新具有创造性、长期性、风险性、效益性和艰巨性的特点。

(一)创造性

创造性是指以原有的管理思想、方法和理论为基础,充分结合实际工作环境与特点,积极地吸取外界的各种思想和观念,在汲取合理内涵的同时,创造出新的管理思想、方法和理论。其重点在于突破原有的思维定式和框架,创造具有新属性的东西。

(二)长期性

管理创新是一项长期的、持续的、动态的工作过程。

(三)风险性

风险是无形的,对管理进行创新具有挑战性。管理创新并不总能获得成功。创新作为一种具有创造性的过程,包含着许多可变因素、不可知因素和不可控因素,这种不确定性使得创新必然存在着许多风险,这也是创新代价之所在。但是存在风险并不意味着要一味地去冒险,去做无谓的牺牲,要理性地看待风险,要充分认识不确定因素,尽可能地规避风险,使成本付出最小化,成功概率最大化。

(四)效益性

创新并不是单纯为了创新而创新,而是为了更好地实现组织的目标,要取得效益和效率。通过技术创新提高产品技术含量,使其具有技术竞争优势,获取更高利润。通过管理创新,建立新的管理制度,形成新的组织模式,实现新的资源整合,从而建立起企业效益增长的长效机制。

(五)艰巨性

管理创新因其具有综合性、前瞻性和深层性导致过程颇为艰巨。人们观念、知识、经验等方面及组织目标、组织结构、组织制度,关系到人的意识、权力、地位、管理方式和资源的重新配置,这必然会牵涉各个层面的利益,使得管理创新在设计与实施中遇到诸多"麻烦"。

五、管理创新的方法

(一)头脑风暴法

头脑风暴法是美国创造工程学家奥斯本在1939年发明的一种创新方法。这种创新方法是通过一种别开生面的小组畅谈会,在较短的时间内充分发挥群体的创造力,从而获得较多的创新设想。当一位与会者提出一个新的设想时,这种设想就会激发小组内其他成员的联想。当人们卷入"头脑风暴"的洪流之后,各种各样的构想就像燃放鞭炮一样,点燃一个,引爆一串。这种方法的规则有以下几个方面。

(1)不允许对别人的意见进行批评和反驳,任何人不作判断性结论。

(2)鼓励每个人独立思考,广开思路,提出的改进设想越多越好,越新越好,允许相互之间的矛盾。

(3)集中注意力,针对目标,不私下交谈,不干扰别人的思维活动。

(4)可以补充和发表相同的意见,使某种意见更具说服力。

(5)参加会议的人员不分上下级,平等相待。

(6)不允许以集体意见来阻碍个人的创造性意见。

(7)参加会议的人数不超过10人,时间限制在20分钟到1小时。

这种方法的目的在于创造一种自由奔放的思考环境,诱发创造性思维的共振和连锁反应,产生更多的创造性思维。讨论一小时能产生数十个乃至几百个创造性设想,适用于问题比较单纯、目标较明确的决策。这种方法在应用中又发展出"反头脑风暴法",做法与头脑风暴法一样,对一种方案不提肯定意见,而是专门挑毛病、找矛盾。它与头脑风暴法一反一正,正好可以相互补充。

(二)综摄法

综摄法是由美国麻省理工学院教授威廉·戈登在1952年发明的一种开发潜在创造力的方法。它是以已知的东西为媒介,把毫不相关、互不相同的知识要素结合起来创造出新的设想,也就是吸取各种产品和知识精华,综合在一起创造出新产品,这样可以帮助人们发挥潜在的创造力,打开未知世界的窗口。综摄法有两个基本原则。

(1)异质同化,即"变陌生为熟悉"。这实际上是综摄法的准备阶段,是指对待不熟悉的事物要以熟悉的事物、方法、原理和已有的知识去分析对待它,从而提出新设想。

(2)同质异化,即"变熟悉为陌生"。这是综摄法的核心,是对熟悉的事物、方法、原理和知识去观察分析,从而启发出新的创造性设想。

(三)逆向思维法

逆向思维是顺向思维的对立面。逆向思维是一种反常规、反传统的思维。顺向思维的常规性、传统性往往导致人们形成思维定式,是一种从众心理的反映,因而往往使人形成一种思维"框框",阻碍着人们创造力的发挥。这时如果转换一下思路,用逆向法来考虑,就可能突破这些"框框",取得出乎意料的成功。由于逆向思维法是反常规、反传统的,因此它具有与一般思维不同的特点。

(1)突破性。这种方法的成果往往冲破传统观念和常规,常带有质变或部分质变的性质,因而往往能取得突破性的成就。

(2)新奇性。由于思维的逆向性,改革的幅度较大,因此必然是新奇的、新颖的。

(3)普遍性。逆向思维法适用的范围很广,几乎适用于一切领域。

（四）检核表法

检核表法几乎适用于任何类型与场合的创造活动,因此又称"创造方法之母"。它是用一张一览表对需要解决的问题逐项进行核对,从各个角度诱发多种创造性设想,以促进创造发明、革新或解决工作中的问题。实践证明,这是一种能够大量开发创造性设想的方法。检核表法是一种多渠道的思考方法,包括以下创造技法:迁移法、引入法、改变法、添加法、替代法、缩减法、扩大法、组合法和颠倒法。它启发人们缜密地、多渠道地思考和解决问题,并广泛运用于创造、发明、革新和企业管理上。它的要点是一个"变"字,而不是把视线凝聚在某一点或某一方向上。

（五）信息交合法

信息交合法通过若干类信息在一定方向上的扩展和交合来激发创造性思维,提出创新性设想。信息是思维的原材料,大脑是信息的加工厂。通过不同信息的撞击、重组、叠加、综合、扩散、转换,可以诱发创新性设想。要正确运用信息交合法,必须注意抓好以下几个环节。

(1)收集信息。不少企业已设立专门机构来收集信息。网络化已成为当今企业收集信息的发展趋势。

(2)拣选信息。包含核对信息、整理信息、积累信息等内容。

(3)运用信息。收集、整理信息的目的都是运用信息。

运用信息,一要快,快才能抓住时机;二要交会,即这个信息与那个信息进行交会,这个领域的信息与那个领域的信息进行交会,把信息和所要实现的目标联系起来进行思考,以创造性地实现目标。信息交会可以通过本体交会、功能拓展、杂交、立体动态四种方式进行。总之,信息交会法就像一个"魔方",通过各种信息的引入和各个层次的交换会引出许多系列的新信息组合,为创新对象提供千万种可能性。

（六）模仿创新法

人类的发明创造大多是由模仿开始的,然后再进入独创。勤于思考就能通过模仿进行创造发明,当今有许多物品模仿了生物的一些特征,以致形成了仿生学。模仿不仅被用于工程技术、艺术,也被应用于管理方面。

六、管理者如何才能提高公司的管理创新能力

（一）有意识地进行管理创新

很多公司建立了研发实验室,或是为某些个人指定了明确的创新职责。但有多少公司建立了专门的组织架构来培育管理创新?要成为一个管理创新者,第一步须向整个组织推销其观念。

（二）创造一个怀疑的、解决问题的文化

当面临挑战时,公司员工会如何反应?他们会开始怀疑吗?他们是会借助竞争者采用

的标准解决方案,还是会更深入地了解问题,努力发现新的解决之道?只有最后一条路才能将公司引向成功的管理创新,管理者应当鼓励员工解决问题而非选择逃避。

(三)寻求不同环境中的类比和例证

公司应该向一些高度弹性的社会体系学习,如议会民主制度、城市等。如果公司希望提高员工的动力,就应该去观察、学习各种志愿者组织。鼓励员工去不同的国家工作也非常有价值,这可以开阔员工的视野并激发思维。

(四)培养低风险试验的能力

有一家公司的管理人员不断鼓励员工及团队提出管理创新办法。但他们很快意识到,要想使能动性转化为有效性,就不能放任所有的新主意在整个组织内蔓延。他们规定,每种创新只能在有限的人员范围和有限的时间内进行。这既保证了新创意有机会实施,同时也不会危害到整个组织。

(五)利用外部的变革来源探究你的新想法

当公司有能力自己推进管理创新时,有选择地获取外部的学者、咨询顾问、媒体机构以及管理大师们的智力支持会更有用。他们有三个基本作用:新观念的来源;作为一种宣传媒介让这项管理创新更有意义;使公司已经完成的工作得到更多的认可。

(六)持续地进行管理创新

真正的成功者绝非仅进行一两次的管理创新。相反,他们是持续的管理创新者。通用电气就是一个例子。它不仅成名于其"群策群力"原则和无边界组织,还拥有很多更为古老的创新,如战略计划、管理人员发展计划、研发的商业化等。

【案例精选】

霍英东是香港实业界的传奇性人物。他于1942年开始帮助母亲经营杂货店;1945年转营驳运业务;1958年创办霍兴业堂公司、有荣置业公司,经营建筑、酒楼、百货、驳运、石油等;1992—1996年任香港总商会会长。第二次世界大战后,他卖掉杂货店的股权,做起煤炭生意。20世纪50年代初期,香港房地产业刚刚兴起,霍英东看准时机,开了家立信置业公司,他出手不凡,一改以往出售"整幢楼宇"的老章法,试行房地产工业化新办法。当大家全力投入"地产战"时,霍英东想到建造大厦缺不了沙,于是他出重金向外国订购挖沙船,每20分钟可挖沙2 000吨,再卖给建筑商,利润可观。霍英东取得香港海沙供应的专利权。而后,他又生一计:港岛面积太小,随着香港城市的繁荣发展,肯定需要填海造地。他即刻下快手,一举购进美国、荷兰的工具设备,承包了香港当时最大规模的海底水库淡水湖的第一期工程,打破了外资垄断香港工程产业的旧局面。

霍英东身上体现出他具有出色的判断力、商业智慧与过人的创业胆识,在看似漫无边际的发散思维后,能将其中有价值的东西集中收敛,最终达到自己的创造目标。

第二节　企业产品创新

一、企业产品创新的意义

一个企业能否持续不断地进行产品创新,开发出适合市场需求的新产品,成为决定该企业能否实现持续稳定发展的重要问题。尤其是在科学技术发展日新月异、产品生命周期大大缩短的新经济时代,企业产品面临的挑战更加严峻,不及时更新产品,就可能导致企业灭亡。

市场上没有永远畅销的产品,任何一种产品在市场上的存在都有时间长短之分,这是由产品生命周期理论决定的。产品是为了满足市场上消费者的需求而产生的,不同时期的消费者存在不同的消费倾向,所以对产品也就提出了不同的要求。能够适应消费者需求的产品会在市场上存在;过时的,不能满足消费者需求的产品,会失去在市场上存在的理由而被市场所淘汰。一个企业只有自觉地迎合市场的变化,开发相应的产品,企业才能够不断发展,否则,企业的生存就面临威胁。不断变化的消费者需求,决定了企业必须不断创新产品。企业的生命是以其产品为载体的,企业产品的消亡,意味着企业以这种产品作为其使命载体的可能性消失,如果此时没有开发出新产品,企业就会随之消亡。市场竞争是残酷的,消费者是挑剔的,产品不会因为以前得到过消费者的喜爱,就永远得到消费者的青睐。因此,企业只有不断开发研制适应消费者需求变化的新产品,才能使一个企业永葆生命活力。

企业产品创新的意义具体体现在以下几个方面:

(1)产品创新可以增加获利的机会,降低市场风险,形成新的增长点,有利于产品结构调整。

(2)产品创新可积累核心技术和管理经验,增强公司快速反应能力、快速处理能力,以适应多变的市场。

(3)不断推出新产品,在细分的市场上,既有大众化的产品,又有高档产品。在产品宽度和深度上满足不同层次的客户需求,这样能拉近顾客与公司的距离,有利于抢占市场,从而克服以前靠促销、靠狂轰滥炸的广告战术来形成品牌,转而用战略来赢得品牌。

(4)产品创新有利于公司形成一种积极向上的企业文化,蓬勃向上的创新氛围,从而增强员工的凝聚力、向心力和归属感。

(5)开发新产品,形成合理的产业结构和核心竞争力,这样在满足人们日益增长的物质文化生活需要的同时,公司也可用核心竞争力去创造更多的顾客和市场,实现公司的盈利,从而使企业持续发展。

二、企业产品创新的分类

根据创新对原消费模式的影响,产品创新可分为以下三种:

（一）连续创新

此种模式下的创新产品同原有产品相比，只有细微差异，对消费模式的影响也十分有限。消费者购买新产品后，可以按原来的方式使用并满足同样的需求。

（二）非连续创新

非连续创新是指引进和使用新技术、新原理的创新。它是创新的另一个极端，要求消费者必须重新学习和认识创新产品，彻底改进原有的消费模式。比如，汽车、电子计算机、电视机等都是20世纪典型的非连续创新。

（三）动态连续创新

动态连续创新是指介于连续创新和非连续创新之间的创新，它要求对原有的消费模式加以改变，但不是彻底打破。比如，洗衣机、微波炉等产品的产生就属于动态连续创新。

企业开发新产品要消耗大量的资源，如果没有取得企业所希望的成果，不仅不会促进企业的发展，反而还可能给企业带来难以弥补的损失，这就构成了一定的风险。因此，企业的创新活动既需要合理组织，又需要明确方向。换句话说，企业产品创新活动需要专门的战略来指导。要有效地制订指导战略，就要先从分析产品创新的特征这一基础性工作入手。

三、产品创新的策略

（一）抢先策略

抢先策略是指在其他企业尚未开发，或尚未开发成功，或开发后尚未投入市场之前，抢先开发、投入市场，从而使企业的新产品处于领先地位。敢于采用抢先策略的企业，一般需要有较强的研究与开发能力，还要有足够的资金、物力和人力，并要有勇于承担较大风险的心理准备。

（二）紧跟策略

紧跟策略是指当企业发现市场上出现了很有竞争力的新产品，或发现刚投放市场的畅销产品时，不失时机地进行仿制，并迅速将仿制的产品投入市场。采用这种策略的企业，一是要能够对市场信息收集快、处理快、反应快，并具有较强的应变能力和一定的研究开发能力；二是要有一个高效率的研究与开发新产品的机构。紧跟策略的采用还受到专利技术及知识产权保护的制约，其适用的对象和时间有限。

（三）最低成本策略

最低成本策略是指采用减少产品成本的手段，以降低销售价格来争取用户，扩大产品市场占有率。减少产品成本的主要途径是在制造方法、原材料利用及生产组织等方面挖掘潜力。

（四）扩展产品功能策略

这种策略是在原有产品的基础上，赋予其新的功能、新的用途，使老产品能继续受到消费者的欢迎。

（五）周全服务策略

实施更全面、周到的销售服务,取得用户的信任,以达到提高市场竞争力的目的。周全的服务包括几个环节:一是售前工作,包括广告宣传、技术培训、允许试用等;二是销售中的工作,包括检查产品质量、配齐配件、装箱发货,以及必要时分期付款等;三是售后工作,包括安装调试、指导操作或使用、登门检修、提供配件、通过电话等方式征询意见等。

【案例分析】

海底捞微博晒服务

海底捞成立于1994年,是一家以经营川味火锅为主、融各地火锅特色为一体的大型跨省直营餐饮品牌火锅店。

2011年7月,新浪微博上一条"海底捞居然搬了张婴儿床给儿子睡觉,大家注意了,是床! 我彻底崩溃了!"的微博引起了众多网友的关注和转发,之后海底捞一系列令人目瞪口呆的行动又接连被网友"爆料"出来。从"劝架信",到"对不起饼",再到"打包西瓜"……海底捞的种种服务几乎已经超出了平日里受惯餐厅服务员白眼的网友们的想象力。不知何时开始,大家开始为海底捞在服务方面的"无法阻挡"加上了一个很贴切的定语——"整个人类"。

网友们甚至总结出在海底捞的各种礼遇:如果你点的菜太多,服务员会善意地提醒你已经够吃了;随行的人数较少,他们还会建议你点半份;服务员手脚麻利,有问必答;假如你是在包间用餐,会有一名固定的服务生为你服务;同行里面有位孕妇,海底捞的服务员注意到后,会特意送一坛泡菜给孕妇,分量还不少;某位顾客特别喜欢店内的免费食物,服务员也会单独打包一份让其带走……

这样的服务,只要去过一次海底捞的人,就很难忘记,也很难抵挡住再去体验的诱惑。是的,当"人类已经无法阻止海底捞"的时候,海底捞也已经无法阻止网友们来吃火锅的热情。

"海底捞"对服务意识的重视始于创始人张勇。当年不懂生意的他利用业余时间卖起了麻辣烫,对客人态度好一些,别人要什么快一点,有什么不满意多赔笑脸。虽然他的麻辣烫不见得比别人家的麻辣烫好吃,客人们却都愿意在他家吃。

那时,张勇就意识到,如果客人觉得服务好,就会吃得开心,就会夸你味道好;如果觉得你服务不好,就会说好难吃啊。做好餐饮行业,争取更多回头客经常光顾,服务是取胜的关键。

讨论:

(1)海底捞的服务措施是不是比你去过的其他火锅店要好?

(2)你认为海底捞的服务措施能坚持下去吗?

(3)如果你也准备开一家火锅店模仿海底捞服务模式,能否打败海底捞?

(4)海底捞用口碑营销来推广自己的服务,对你有哪些启发?

（六）挖掘用户需求策略

用户的需求可分为当前需求和潜在需求两类。一般来说，产品创新是开发那些能满足用户当前需求的产品。但有远见的企业家，也应注意捕捉、挖掘市场的潜在需求，开发出新产品，引导新的消费需求。

（七）降低风险策略

依据降低风险所采用的措施或手段不同，降低风险策略可分为如下几种。

1.转移风险策略

为转移新产品开发的部分风险，常可采用两种具体的措施：一是在新产品投放前与用户签订供货合同，以减少企业因市场销售不畅所承担的风险；二是在企业开发和生产新产品所需成本的基础上，增加一定比例作为销售价格，使企业用于产品创新的费用由用户承担。

2.降低投资风险策略

降低投资风险策略即尽量利用企业现有设备和技术力量，以减少设备投资，降低产品创新投资风险。

3.减少资源投入策略

减少资源投入策略是指产品创新的一些实验和试制等工作，通过外单位进行或委托其他单位进行，使产品创新投入的资源最少。

4.试探风险策略

试探风险策略是指从别的国家、地区或企业，引进本企业准备开发的新产品，但使用本企业的厂名、商标和销售渠道，试探市场需求情况。必要时再投入力量批量生产，以减少盲目性。

此外，生产企业与科研、设计单位联合，或者同行业企业或不同行业企业联合、协作，共同进行产品创新，可以充分发挥各自的优势，加快新产品开发的进程，提高创新水平。

（八）利用大数据策略

所谓大数据，麦肯锡全球研究所给出的定义是：一种规模大到在获取、存储、管理、分析方面大大超出了传统数据库软件工具能力范围的数据集合，具有海量的数据规模、快速的数据流转、多样的数据类型和价值密度低四大特征。例如，"双十一"每秒14万元的订单数据、王者荣耀的几亿玩家数据、网易云根据个人口味生成的歌单、路痴福音的地图导航等。

【案例分析】

马克华菲的互联网时装产品打造

时尚男装品牌马克华菲成立于2001年，在全国各地拥有1 600多家专卖店，也曾一度受到互联网大潮冲击茫然失措,不得不去拥抱互联网。很多线下品牌的服装到线上的目的只有一个:处理库存旧货。但马克华菲并没有这样做。

马克华菲意识到网上与实体店消费的人群在潮流和审美上有着不同的趣味,同时,网上人群的购买力也在不断提升,他们不再只关注价格。库存商品的潮流度较低,很难引起客户的好感。马克华菲认为电子商务本身也是一种商业模式,一定要把市场需求放在第一位,要充分考虑消费者的需求定位、喜好,品牌服饰应尽最大可能满足消费者需求。

马克华菲利用天猫大数据背后的潜在客户,维护好与老客户的关系,拓展新的潜在客户。通过天猫大数据分析技术,马克华菲可以获悉目标客户的偏好,为网络消费者量身打造更多符合当下潮流和消费需求的产品。

不仅如此,马克华菲还借助互联网活动引爆了产品口碑传播。在2014年"双十一"期间,马克华菲推出"TA们穿了我的马克华菲"活动。在活动中通过以"女生穿男装"的逆向思维,请了7位在目标客户群中拥有一定知名度的宅男女神来穿马克华菲男装,为消费者呈现了一场颠覆传统的视觉盛宴,吸引了大量粉丝转发,也为店铺赢来了流量不菲的潜在客户群。

用女神来卖男装,创新的思维,吸引了很多人转发,也让一件平平常常的服装有了更丰富的内涵与联想,"TA们穿了我的马克华菲"也因此荣获被称为电子商务界奥斯卡的金麦奖的男装类金奖。

数据显示,马克华菲电子商务从2012年男装品类第七的成绩,上升到2014年的第三位,成为电子商务领域增长速度最快的传统品牌之一。

讨论:

(1)你在生活中哪些场合见过大数据?

(2)你认为马克华菲电子商务的成功是在产品创新上做对了什么?

(3)你参加过马克华菲在"双十一"期间的活动吗?感觉和传统企业有何不同?

(4)对传统服装企业做电子商务,作为年轻人的你有什么建议?

【知识点滴】

一家行业领军企业创新观:创新并不神秘,人人处处可为

党的十八届五中全会提出了创新、协调、绿色、开放、共享的发展理念,创新理念居于首位。但一些人对创新还存在认识误区,例如,把创新的门槛看得太高,望而却步;还有人认为,创新是专业研发人员的事情,事不关己。但在豪迈公司,创新并不神秘,人人处处可为。

豪迈公司是山东高密市一家民营企业,依靠不断创新,从一间濒临破产的乡镇企业,成为世界轮胎模具行业的领军企业,产品占国际市场份额的20%。

这家企业对创新的理解有其独到之处,概括起来就是三句话:改善就是创新;全员创新;既要鼓励创新,更要宽容失败。

生产轮胎模具,一个重要环节是将半成品放置在恒温车间,待达到21℃恒温时再进行

精细加工。正常情况下，这个放置时间至少是 12 小时。豪迈公司一线员工小张之前建了一个恒温水池，把半成品放在水池里，0.5 小时就达到 21 ℃恒温，把空气导热变为液体导热。这个简单的改变，既大幅缩短了工期，也节约了能源。

在这家公司，这样的改善比比皆是：有的员工在车间大门上安装了感应器，只要是运输车辆通过，大门自动开启。这样驾驶员就不必下车开门，通行后再下车关门了。

公司董事长张恭运说，这些改善没有什么了不起的技术突破，但在豪迈公司，这都是创新，都要进行奖励。当微小的创新积累到一定程度，就会变成重大的创新成果。豪迈公司生产轮胎模具的主要装备，60%都是集团自主研发的。这些装备已经引起国际同行的关注，有企业要花大价钱来买，而它们都是豪迈公司通过一点一点改善、一代一代更新，由创新量变发展到质变得来的。

创新不仅是专业研发人员的事情，而且是全体员工的事情，这是豪迈集团的另一个创新观。在豪迈公司的生产车间，有很多放置轮胎模具的铁架子。最初，模具是水平放在架子上的。有一位员工觉得这样放太占空间，而且不方便取用。他受厨房沥水架的启发，设计了垂直放置、可多层叠加的架子，大幅节约了占地空间。

张恭运认为，中国制造行业最知道那些需要创新的人才都是在生产一线，让一线劳动者参与创新，才能推动制造业创新大步迈进。仅 2014 年，公司就收到员工改善建议 7 万多条，为公司带来的直接经济效益6 000多万元。

"既要鼓励创新，更要宽容失败，因为与鼓励创新相比，宽容失败更难。"张恭运认为，对创新失败的不宽容，甚至是冷嘲热讽，是对创新者的最大打击，它会让人失去创新的勇气。没有了勇气，创新就再也不可能了。

在豪迈公司，即便创新失败，也比毫无作为光荣。集团的"发明大王"王某曾是一名初中学历的工人，因为对电火花技术着迷，有一段时间其他什么事情也不做，只沉浸在电火花的世界里，结果却是一次又一次的失败。有员工给张恭运提意见："你真觉得一个初中生能捣鼓出什么像样的东西吗？"

张恭运严肃批评了持有这种看法的人，鼓励王某继续钻研。他说，即使不成功，但可以从中吸取教训，学到经验。王某后来试验成功了电火花防弧电路，成为我国电火花行业的一大革新。

豪迈公司多位员工反映，目前在豪迈比得最多的不是收入多少，而是公司颁发的创新证书这个"小本本"有多少。在这种氛围下，一些员工创新"成瘾"，整天琢磨着弄点新东西出来。

张恭运说，创新并不神秘，没有很多人想象中的那么"高大上"，只要肯动脑子，人人处处可为。

（资料来源：新华网）

第三节 企业技术创新

一、技术创新的含义

技术创新,指生产技术的创新,包括开发新技术,或者将已有的技术进行应用创新。科学是技术之源,技术是产业之源,技术创新建立在科学道理的发现基础之上,而产业创新主要建立在技术创新的基础之上。

技术创新和产品创新既有密切关系,又有所区别。技术创新可能带来但未必一定带来产品创新,产品创新可能需要但未必一定需要技术创新。一般来说,运用同样的技术可以生产不同的产品,生产同样的产品可以采用不同的技术。产品创新侧重于商业和设计行为,具有成果的特征,因而具有更外在的表现;技术创新具有过程的特征,往往表现得更加内在。产品创新可能包含技术创新的成分,还可能包含商业创新和设计创新的成分。技术创新可能并不带来产品的改变,而仅仅带来成本的降低、效率的提高,例如改善生产工艺、优化作业过程从而减少资源消费、能源消耗、人工耗费或者提高作业速度。另一方面,新技术的诞生,往往可以带来全新的产品,技术研发往往对应于产品或者着眼于产品创新;而新的产品构想,往往需要新的技术才能实现。

二、技术创新的决定因素

根据技术创新理论的代表人物莫尔顿·卡曼和南赛·施瓦茨的研究,决定技术创新的因素有三个:

(一)竞争程度

竞争是一种优胜劣汰的机制,技术创新可以给企业带来降低成本、提高产品质量和经济效益的好处,帮助企业在竞争中占据优势。因此,每个企业只有不断进行技术创新,才能在竞争中击败对手,保存和发展自己,获得更大的超额利润。

(二)企业规模

企业规模的大小从两方面影响技术创新的能力,因为技术创新需要一定的人力、物力和财力,并承担一定的风险。规模越大,这种能力越强。另一方面,企业规模的大小影响技术创新所开辟的市场前景的大小,通常情况下,一个企业规模越大,它在技术上的创新所开辟的市场也就越大。

(三)垄断力量

垄断力量影响技术创新的持久性。垄断程度越高,垄断企业对市场的控制力就越强,别的企业难以进入该行业,也就无法模仿垄断企业的技术创新,垄断厂商技术创新得到的超额利润就越能持久。有人认为,"中等程度的竞争"即垄断竞争下的市场结构最有利于技术创新。在这种市场结构中,技术创新又可分为两类:一是垄断前景推动的技术创新,指企业由于预计能获得垄断利润而采取的技术创新;二是竞争前景推动的技术创新,指企业由于担心自己目前的产品可能在竞争对手模仿或创新的条件下丧失利润而采取的技术创新。

三、企业技术创新战略

(一)技术创新战略的意义

技术创新战略是指企业进行技术创新经济活动的谋划。技术创新战略主要解决企业技术创新的基本原则、根本目标和主要规划等企业技术创新经济活动中一些带有全局性、长远性和方向性的问题。具体来讲,企业技术创新战略主要是从宏观上解决三类问题:①技术创新面向市场竞争采取何种态势,是进攻型,还是防卫型;②研究开发何种技术;③采用何种方式进行技术的研究和开发。

(二)中小企业技术创新战略的选择

1.率先创新战略

率先创新战略是指中小企业依靠自身的努力率先实现核心技术的突破,实现技术的商品化和市场化,并以此领先于竞争对手,掌握市场领导权的新战略。

率先创新有利于创新主体在一定时期内掌握和控制某项产品或工艺的核心技术,在一定程度上左右行业的发展,从而赢得竞争优势,获得垄断利润。但它一般需要有雄厚的技术品牌和研发资金,而且风险也大,因此,比较适用于少数实力超群的大型公司。一些有实力的高科技型的中小企业也可采用。

采用率先创新战略,首先要瞄准市场空隙,根据企业自身状况,确定创新的方向,并要迅速制订切实可行的技术方案,集中优势,重点突破,领先于对手开发出可以投放市场的新产品。其次,在新产品投放市场后,还必须具有较强的市场开拓能力,尽快使新产品得到市场接受和认可,将技术优势转为市场优势,抢占尽可能大的市场占有率,实现企业利润最大化。最后,应采取有效的技术保护措施,防止竞争对手利用不正当竞争的手段进行模仿,分享和争夺市场。

2.技术引进再创新

技术引进再创新即中小企业通过引进先进的技术或设备,破译领先者的核心技术和技术秘密,并在此基础上进行改进、创新,以便创造出一种比原有技术更完善的方法。

技术引进再创新比较适合我国技术力量薄弱、技术设施和手段相对落后的中小企业。它可以使落后的企业在较短的时间内提高技术水平和创新能力。但技术引进再创新并非简单抄袭,它同样要投入研发力量,以对率先者的技术进行进一步的开发,因而是一种渐进性的创新行为。它不仅使吸收开发的针对性大大增强,而且还回避了研究开发所带来的风险。

中小企业在采用此战略时,应以面向国内引进为主:可引进专利、专有技术、技术情报等软件,也可引进关键设备、成套设备,但应以软硬件一起引进为主;在引进方式上,可通过合资合作、专利、许可证贸易、技术转让等,企业应相机行事为宜。

3.合作创新战略

合作创新战略即企业间或企业与科研机构、高等院校之间联合开展创新的方法。它是以创新为目标,以合作为基本手段,以资源互补为内容的技术创新方式。

从中小企业来看,企业技术创新投入占销售收入的比重比较低,而且在短期内难以有很大的提高,创新的基础条件和企业的技术能力也比较差,完全依赖企业自身技术能力的积累来开展创新活动,短期内很难提高技术档次和效率。从创新资源分布来看,我国的创新资源分布不均,比较集中于科研机构和高等院校。这种情况一方面造成研究与开发活动严重脱离市场需求,创新的无效投入和无效劳动现象十分严重;另一方面市场需求得不到创新的支持,从而形成科技与经济"两张皮"的不合理现状。合作创新战略正是改变这种不合理现状、优化创新资源配置、提高创新有效性和效率的手段。它可以充分利用创新资源,直接实现科技与经济的有效结合,克服中小企业技术创新中的劣势,以市场机制为基础,通过集中各种创新资源进行创新活动,可以降低创新成本,缩短创新周期,提高创新档次,促进企业发展。

第四节　企业商业模式创新

一、企业商业模式的内涵与本质

(一)商业模式的定义

商业模式是指为实现客户价值最大化,把能使企业运行的内外各要素整合起来,形成一个完整、高效率的具有独特核心竞争力的运行系统,并通过最优实现形式满足客户需求、实现客户价值,使系统达成持续盈利目标的整体解决方案。简言之,商业模式即企业通过什么途径和方式赚钱。

微课　企业商业模式创新

(二)商业模式的本质

从本质上看,商业模式是一系列制度结构和制度安排的连续体,其核心直指企业组织的价值产生机制。商业模式的本质包括:制度结构的连续体意味着商业模式的本质属性就是创新和变革,必然存在动态连续的变革演进;价值创造是企业组织存在的根本理由和发展的必要条件,也是经营活动的核心主题。商业模式成立的一个关键是对客户隐性需求的挖掘和把握。

二、企业商业模式的类型

常见的企业商业模式的类型如表 10-1 所示。

表 10-1　企业商业模式的类型

序号	类型	特征	案例
1	平台模式	通过搭建一个合理化的平台,吸引相关人群来经营发展,保证稳定的业务增长和持续发展的动力	抖音、拼多多
2	网络模式	通过构建密集完整的网络体系,最大限度地占有市场份额,保持对市场的控制度,并整合市场中尽可能多的资源	家乐福

续表

序号	类型	特征	案例
3	开门模式	前期的销售或服务可能是低价,甚至零价格销售,是后续销售的铺垫,以培养客户的消费习惯和购买忠诚度为目标,使客户的购买行为变成一种长期的重复性行为	360
4	金字塔模式	根据客户的不同特点,对客户群进行细分,提供不同类型、不同层次的产品,以达到最大程度覆盖市场的效果	迪士尼、宝洁

常见的互联网商业模式如下:

(1)B2B 电子商务模式。

(2)娱乐经济新模式,如游戏、网络直播、网络视频。

(3)新直销模式,如网红直销。

(4)C2C 电子商务模式。

(5)虚拟经营模式,包括虚拟制造、虚拟开发、虚拟销售、虚拟结算、虚拟管理、虚拟服务等。

三、企业商业模式的构成要素

有效的商业模式必须包括四个关键要素(核心战略、战略资源、伙伴网络和顾客界面)和三个界面要素(顾客利益、构造和企业边界)。

(一)核心战略

核心战略描述了企业如何与对手进行竞争。

(1)企业的使命。描述了企业为什么存在及其商业模式与其实现的目标,如戴尔。

(2)产品/市场范围。定义了企业集中关注的产品和市场,如亚马逊。

(3)差异化基础。企业战略会对商业模式产生很大影响,如成本领先与差异化。

【案例精选】

"85 度 C"的核心战略

"85 度 C"店名的由来据说是因为咖啡煮到 85 ℃ 时口感最好。咖啡、蛋糕、面包这三个市场竞争最激烈的商品,"85 度 C"能做到百亿的市值,且规模不断壮大,成功秘诀就是"质优价廉"。

质优——创始人吴政学追求"五星级的味道",先后挖来 20 多位"金牌主厨",全力打造高品质口感。

他还亲抓食材的供应,跑到中南美洲挑选咖啡豆,批量引进高级咖啡豆、顶级巧克力等。

价廉——同样成本,"85 度 C"只卖竞争对手一半甚至 1/3 的价钱。实现高利润,靠的是销量。

店面主要放冷藏柜、烘焙箱等生产用品,桌椅只放几张作点缀,而员工培训的重点除了服务就是效率。

（二）战略资源

企业拥有的资源会影响商业模式的持续性。

(1)核心竞争力是一种资源或能力,是企业胜过竞争对手的竞争优势的来源,如戴尔。

(2)战略资产是企业拥有的稀缺、有价值的事物,如星巴克。

【案例精选】

京东的核心竞争力

2014 年 5 月,京东上市。十年间,京东交易额增长一万倍,是中国发展速度最快的综合电子商务公司。京东在电子商务中突围,靠的是什么?

"全品类、自建物流、技术驱动、用户体验"被认为是京东的四大核心竞争力。

在竞争对手致力于寻找物流同盟时,京东勤勤恳恳地加大投入"自建物流"。经过多年建设,京东物流已覆盖全国 500 个城市,在 300 个城市实现了当日送达和次日送达。

京东 CMO 蓝烨表示,目前真正实现仓储配送一体化的,在中国只有京东。

自建物流让京东在风起云涌的电子商务大战中立于不败之地,自建物流无疑是京东最重要的战略资产之一。

（三）伙伴网络

新创企业往往不具备所有的所需资源,因此需要依赖合作伙伴。

(1)供应商。即向其他企业提供零部件或服务的企业,如英特尔。

(2)其他合作者。合资企业、合作网络、社会团体、战略联盟和行业协会是合作关系的一些常见形式。

【案例精选】

福喜事件冲击肯德基和麦当劳

2014 年 7 月,有报道称,麦当劳、肯德基等快餐供应商上海福喜食品公司(简称福喜)被曝使用过期劣质肉而被调查。

8 月 1 日,肯德基的母公司百胜集团发布公开信,宣布断绝与福喜的全球合作关系。随后还公布了主要供应商,表示其从不依赖福喜,而是与 200 家食品原料供应商建立了良好的合作关系,多数产品都会由多家共同提供。任何一家不能供应时,都有能力第一时间调配补货。

相比肯德基,麦当劳和福喜的合作时间更长、关系也更紧密,在此次事件中受伤更深,短期内难以替换供应商。大量麦当劳餐厅陷入无餐可售的窘境。部分餐厅仅有一款麦香鱼汉堡在售,但点单者寥寥,用餐流量大减。

（四）顾客界面

顾客界面是指企业如何与顾客相互作用,其作用类型依赖于企业选择如何在市场上竞争。

(1)目标市场是企业在某个时点追求或尽力吸引的有限的个人或企业群体。

(2)销售实现与支持描述了企业产品或服务"进入市场"的方式,或如何送达顾客的方法。

(3)定价结构随企业目标市场与定价原则的不同而变化。

【案例精选】

"3W"咖啡咸鱼翻身

2010年,许单单和伙伴无意为之,找了100多个股东,瞄准互联网公司和人群,开了"互联网咖啡馆"。经营一年多,亏得一塌糊涂。团队开始考虑如何结合自己强大的互联网背景来开拓业务。

他们成立传媒公司承接各种互联网活动,渐渐承接到三星等IT巨头的活动,积累了各种创业者、开发者资源;还花大力气请圈内资深人士做演讲;并成立互联网招聘网站;同时尝试做互联网创业团队的孵化器项目——随着"3W"咖啡生态链浮出水面,咖啡馆实现了收支平衡。

目前,"3W"具有绝对优势的核心竞争力尚未形成,但团队方向明确,将继续针对互联网人群深耕细作,凭借在圈内的名气,已拿到融资,准备两年内在全国开20~40家新店。

四、企业商业模式的设计

(一)设计商业模式的思路和方法

第一步,界定和把握利润源——顾客;第二步,不断完善企业利润点——产品;第三步,打造利润杠杆,构筑商业模式内部运作价值链;第四步,疏通拓宽利润渠道,构筑商业模式外部运作价值链;第五步,建立有效保护利润的利润屏障。

(二)商业模式设计步骤

第一步,找到未被满足的需求;第二步,战略定位,确定价值主张;第三步,建立盈利模式;第四步,价值链整合,形成核心竞争力;第五步,正确的实现形式。

(三)商业模式执行体系设计

(1)实现手段:产品经营、品牌经营、资本经营、人才经营。

(2)实现途径:虚拟的、实体的。

(3)实现渠道:直供式、总代理制式、联销体式、仓储式、专卖式、分公司制等。

(4)实现载体:产品(服务)、品牌、标准、思想。

(5)实现内容:营销模式、融资模式、管理模式、生产模式、扩张模式。

(四)商业模式画布

商业模式画布的九大要素如图10-1所示,描述了企业如何创造价值、传递价值、获取价值的基本原理。

客户细分

企业所服务的客户群体分类

影响因素

决策者 — 影响者 — 推荐者 — 使用者

主要目标

划分依据:付费方式、享受的价值主张类型

客户关系

企业与客户建立的关系以及如何维系关系

吸引用户 ▶ 留住用户 ▶ 维系 转化

……

折扣促销、会员积分、UGC、品牌效应等

渠道通路

企业服务流程中的客户接触点

线上:网站、第三方平台、媒体等 ＋ 线下:自有渠道、合作方非直销渠道等

价值主张

企业为客户创造价值的产品或服务方式

用户类型拆分 ▶ 功能点拆分 ▶ 价值类型拆分

主功能
每项功能拆开罗列

节省时间 降低成本 信息对称 ……

关键业务

企业得以成功运营所必须做的事情,基于其他几个模块分析

研发产品 运营渠道
打通物流渠道
寻找合作伙伴 搭建平台 ……
售后服务

核心资源

商业模式运转所必需的资源

实体资源:人力、物力、基础设施等 ＋ 虚拟资源:知识、技术、金融数据、社交关系等

重要伙伴

企业为了让商业模式有效运作所需的供应商与合作伙伴

内 外

同行业竞争者
其他行业竞争者
政府机构
战略合作伙伴
合资者
VIP客户
供应商
第三方合作者

注:与竞争者之间的关系会发生改变

收入来源

企业通过向客户提供价值主张而获得的收入

直接消费 佣金 入驻费 收入分成 广告费

独立产品 大型平台

成本结构

商业模式运作下所引发的成本

固定成本 ＋ 可变成本

固定成本:管理费用科目,营业费用,制造费用中的固定资产折旧,车间管理人员工资和办公费用,差旅费用等。

可变成本:与生产成本直接相关的,包括直接人工、直接材料、辅助费用,制造费用中与生产有关的分摊费用,营业费用中的促销费用,销售人员的提成或工资等。

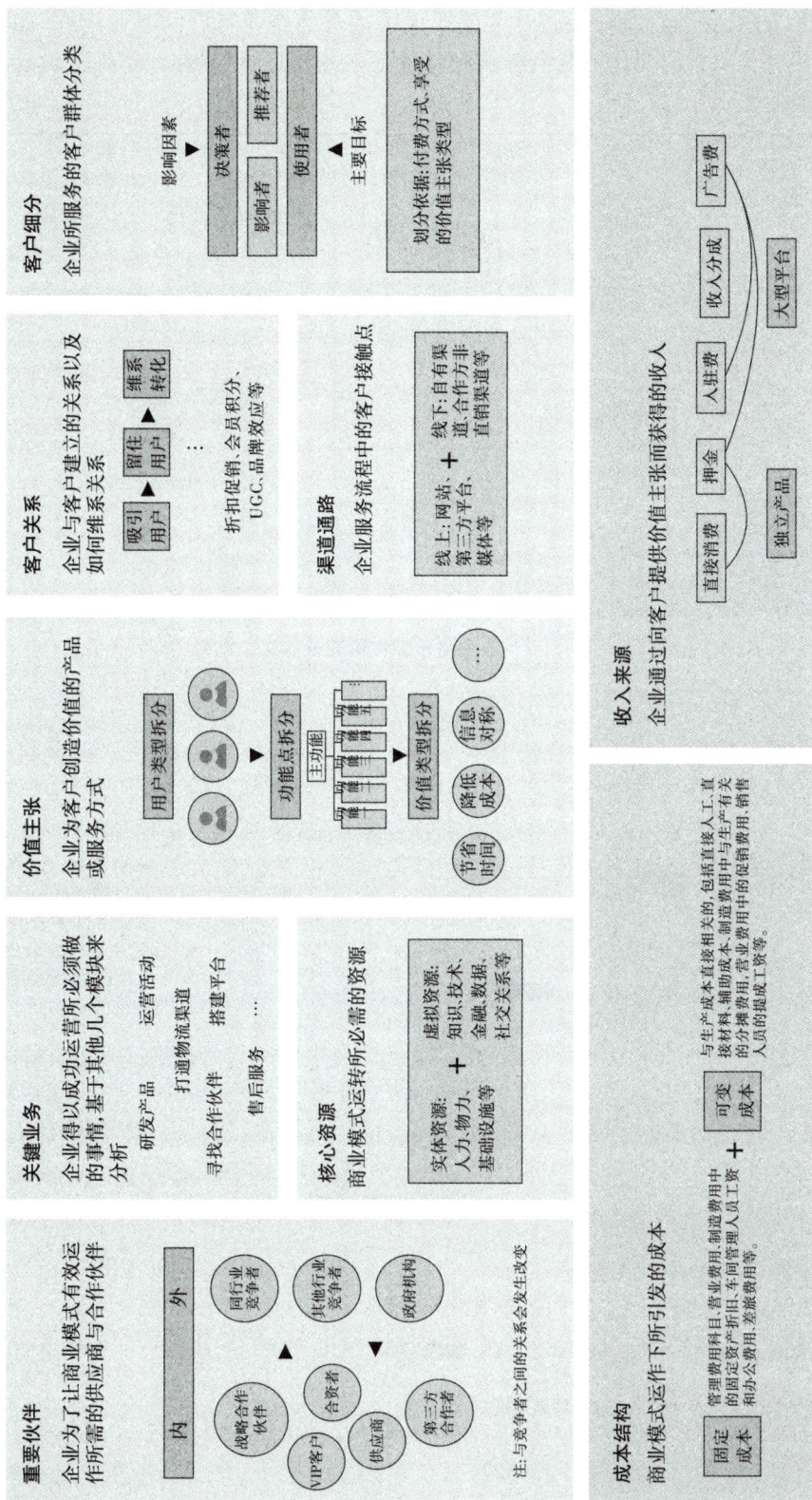

图 10-1 商业模式画布的九大要素

将便笺贴入空白的商业模式画布中,就形成了适合你企业特有的商业模式,如图 10-2 所示。画布中每个要素的变化可能会影响到其他要素的构造,可以在此基础上设计出各种纷繁多样的商业模式。

重要伙伴	关键业务	价值主张	客户关系	客户细分
谁能帮助你? —	你的核心任务是什么? —	你给客户带来什么好处? — —	如何让用户知道你? —	谁是你的付费用户? — —
	核心资源 你还缺少什么? — —		渠道通路 如何将产品送达用户? —	

成本结构		收入来源	
你需要投入多少成本? —		你有多少种赚钱的产品? — —	

图 10-2　使用画布设计商业模式

💡【课堂练习】

如何使用画布设计商业模式?

首先,准备好笔和一些彩色便笺,我们就可以开始了!

1.谁是你的付费用户?
—
—
—
—

答案提示:
抽象名词,如"客户"或高消费人群。×
尽量用具体名词,如"家庭主妇""企业白领""大学生""餐饮连锁店"等。√

1.只写直接收费的用户。如果你做收费订餐服务,就可能会有以下两种情形:a.客人在餐厅消费以后,餐厅给你提成,那你的用户就是餐厅;b.你从客人处收取餐费,扣去提成后把余钱给餐厅,那你的用户就是客人。
2.如果有不同用户,比如你做快递业务,你的用户有企业和个人,你可将企业、个人列为你的两种不同用户。
3.如果你的业务免费,而且永远免费,请停止游戏。如果现在免费,将来会收费,请写明将来的付费用户。

2.你给客户带来什么好处?
—
—
—
—

答案提示:
价值×
加快减肥速度√
降低物流成本√
提高搜索精度√

尤其应该多思考你和竞争对手不一样的方面……

3.如何让用户知道你?
—
—
—
—

答案提示:
营销×
搜索引擎优化√
投放电视广告√
投递优惠券√

这个问题的本质是你通过哪些具体方法做营销推广。

4.如何将产品送达用户？

答案提示：

网络×
顺丰快递配送√
App Store下载√
开设直营门店√

前一个问题是客户如何知道你，但知道你并不等于会买你的产品或服务；而这个问题是问如果用户付费下单，他们如何拿到购买的产品或服务，问题的本质是"渠道"。

5.你的核心任务是什么？

答案提示：

融资×
寻找技术团队√
开发专利产品√
找到分销商√

写上你从现在开始，到证实你商业模式成功时（业务相对稳定、收支持平、略有利润）所必须完成的主要事项。

6.你有多少种赚钱的产品？

答案提示：

产品×
卖手机√
卖平板电脑√
卖内容下载√

你有多少种产品或产品线？看看苹果公司就应该能明白。

7.你需要投入多少成本？

答案提示：

启动资金×
买设备原料√
支付广告√
员工工资√

列出投入大项的数额，再合计成总数。

8.你还缺少什么？

答案提示：

创业伙伴√
启动资金√
技术团队√
推广渠道√

这个你最清楚，创业公司困难重重（同样指从现在开始，到你业务相对稳定、收支持平、略有利润时所缺少的东西）。

9.谁能帮助你？

答案提示：

VC×
渠道商√
淘宝商城√
天使投资人√

不要写投资人，创业中很多东西不是钱可以解决的，要分析除钱以外的业务伙伴。

五、企业商业模式创新的策略

创业阶段选择新的商业模式、实现方式和路径，是避开能力劣势的有效途径。

（一）界面模式变动引发的创新

商业模式的界面模式，是指企业为了获取利润而进行各种决策时所遵循的标准或法则，包括营销原则、采购与供应原则、环境原则和公众原则、产品的目标市场、生产规模、成本模式、定价方式和市场定位是构成企业界面模式的重要内容。

欢乐谷的主题公园模式

欢乐谷是华侨城主题公园"北上"的典型代表,初来北京,也"水土不服"。

最终,欢乐谷明确了以"主题文化"为核心的发展思路,针对北京的人群特点,巧妙构思,策划开展了"百艺闹春欢乐节"等六大"亲民、乐民、惠民"的主题活动,通过极富吸引力及轰动性的主题活动打造全新的旅游亮点和阶段热点,打破了传统主题公园过分依靠园区建筑、设施为主题服务的常规,转而力求通过打造丰富多彩、创意十足的活动来服务欢乐谷的主题文化建设。

后又与时俱进,首创性地将专项活动和主题文化相结合;精心设置满足不同群体的景观、表演、设施;引进大型赛事;建设明星、极限、街舞、魔术四大俱乐部⋯⋯极大地丰富了园区主题活动内涵。

欢乐谷的"活动品牌"战略赢得了巨大成功,而成功背后收获更大的是摸索出了一条独属自己的主题公园发展模式,避免了国内主题公园娱乐活动同质化,也为未来的欢乐谷赋予独特的竞争力,为国内的文化旅游产业提供了一个良好的范本。

(二)运作流程变动引发的创新

企业将全部资源组织在一起,进行生产和销售产品/服务的活动,这些活动有效地衔接,并不断重复形成了企业的运作流程,包括原材料采购、产成品的生产与销售、资金往来、后勤保障等。

铤而走险《纸牌屋》爆棚

《纸牌屋》并不是传统意义上的美剧,它由美国视频网站奈飞公司花费 1 亿美元打造,借助网络平台的优势,2013 年 2 月 1 日首播时一次性播出 13 集,震动美国电视圈(美剧的收视习惯是一周播一集)。《纸牌屋》毫无疑问已经成功了,奈飞公司声称:"《纸牌屋》在全美以及其他 40 个国家已经成为网络点播率最高的剧集之一。"

奈飞公司的公关经理解释了《纸牌屋》的运作模式:"奈飞公司之所以一次性播出了前 13 集,这是我们的一种策略,后 13 集将在 5 月播出。我们并没有制作两季,我们只制作了一季,然后分成两部分播出。我们认为,对付费用户而言,一季最理想,观众可以有最好的用户体验,如果他们看了前半部分表示喜欢,那就会续订后半部分。我们并不认为这有多么惊人,虽然这个概念对美国观众而言比较陌生。"

(三)资源组合变动引发的创新

资源组合是指企业为了实现价值主张而需要投入的全部资源,包括各种有形资源与无形资源。如果环境条件改变了,即使价值主张没变,资源组合也可能随着外部环境的变化而改变。

【案例精选】

联想和 IBM 的强强联手

在 2004 年底收购 IBM PC 业务前的连续五年,联想的主要竞争对手(戴尔)的市场份额与利润率不断提升。联想集团总裁杨元庆带领团队进行深刻的分析和调查,最后得出结论,将 PC 客户分为关系型和交易型。

关系型客户就是指那些大型的、中型的商业客户,比如政府部门和大中型企业,是长期合作伙伴;交易型客户主要是通过销售渠道、代理商到达广大的个人消费者和中小企业,对这些广大的消费者来说,他们买的就是一台具体的机器。一个按客户要求量身定做,另一个则是产品推动销售。

联想擅长交易型,而 IBM 则擅长关系型,二者正好形成了优势互补。双运营模式在两个季度之后卓见成效。2005 年联想全年销售份额高达 30%。

(四)价值主张变动引发的创新

价值主张通过回答企业的产品是什么和企业的顾客是谁这样一些基本问题得以体现,并通过企业的产品向市场传递。

价值主张一旦确定,企业各种对内对外原则都将随之确定。

【案例精选】

七匹狼的网络拓展之路

2010 年以前,七匹狼在网上遍地开花,店主大多是七匹狼线下的经销商,或是经销商的亲戚朋友。如此庞杂的市场,不仅导致假货尾货充斥,而且价格质量不统一,严重影响了七匹狼的品牌形象。

为了溯本清源,七匹狼一方面直接在商城开设旗舰店,一方面跟淘宝的法务部合作,以"消灭"那些未经合法授权的店铺,但最终情况是,打压一批,另一批又起,反而让公司陷入困局。一年后,时任七匹狼董事长周少雄意识到:与其围堵,不如疏导。

2010 年始,七匹狼将线下渠道从打压变为"招安"。主要方式是谈判加授权,把销售规模较大的店主找来谈判,愿意合作的就给予官方授权,并引导他们去订期货,逐步整顿好资源。加大规范力度,培训专员……通过一系列的"招安"措施,七匹狼逐渐摆脱了烦恼,并增加了收益。到 2012 年底,七匹狼所直接管理的经销商规模标准已经调整到从前的 10 倍。

【课堂讨论】

谈谈你对迪士尼创新商业模式的看法。

对迪士尼创新商业模式的分析如表 10-2 所示。

表 10-2　迪士尼创新商业模式

要素	1984 年	1990 年	1996 年
客户选择	儿童	儿童+成人	儿童+成人+家庭
价值主张	儿童娱乐	家庭娱乐	提供娱乐解决方案
利润获取	电影销售 特许权	卖座大片 主题公园里的销售 饭店、零售	卖座大片 利润乘数模式
核心优势	版权	版权	版权+销售+品牌
业务范围	电影制作 主题公园 衍生消费品特许权	主题公园 卖座大片 衍生消费品零售 录像带	卖座大片 迪士尼体系 主题公园 零售 电视 运动队

第五节　企业文化创新

一、什么是企业文化创新

企业文化创新是指为了使企业的发展与环境相匹配,根据本身的性质和特点形成体现企业共同价值观的企业文化,并不断创新和发展的活动过程。企业文化创新的实质在于企业文化建设中突破与企业经营管理实际脱节的僵化的文化理念和观点的束缚,实现向贯穿全部创新过程的新型经营管理方式的转变。面对日益深化、日益激烈的国内外市场竞争环境,越来越多的企业不仅从思想上认识到创新是企业文化建设的灵魂,是不断提高企业竞争力的关键,而且逐步深入地把创新贯彻到企业文化建设的各个层面,落实到企业经营管理的实践中。

二、企业文化的重要性

企业文化的重要性,主要表现在以下几个方面:

(一)企业文化是企业的灵魂

任何企业都会倡导自己所信奉的价值理念,而且要求自己所倡导的价值理念成为员工的价值理念,从而使自己所信奉的价值理念成为指导企业及其员工的灵魂。因此,企业文化实际上是指导企业及其员工的一种价值理念,这种价值理念体现在每个员工的意识上,当然最终就成为指导员工行为的一种思想,因而企业文化最终作为企业的灵魂而存在。从现实状况来看,任何一个企业所倡导的企业文化,恰恰就是这个企业在制度安排以及经营战略选择上对人的价值理念的一种要求,也就是要求人们在价值理念上能够认同企业制度安排及企业战略选择,并以符合企业制度安排及战略选择的价值理念指导自己的行为,因而企业文化实际上是作为企业的灵魂而存在。

(二)企业文化是企业制度与企业经营战略实现的重要思想保障

企业实际上是人的组合体,而人又是有思想的,任何人的行为都会受到自身思想的指导和约束,因此,企业文化作为每个企业员工的一种价值理念存在,当然会对企业员工的行为发生应有的作用。企业文化是企业员工的行为准则,从而会对企业发生重要的作用,这种作用既包括激发企业活力的作用,也包括约束企业行为的作用。正是因为企业文化作为员工的价值理念存在,而员工又会受到自身理念的作用,所以企业文化能够使员工自觉主动地执行企业制度,贯彻企业经营战略,因而企业文化是实现企业制度与企业经营战略的思想保证。

(三)企业文化是企业制度创新与经营战略创新的理念基础

企业文化是企业制度和企业经营战略的要求在员工价值理念上的反映,反过来,企业文化也会对企业制度的安排以及企业经营战略的选择有一种反作用,因为人的价值理念支配人的选择及行为。正因为如此,企业文化的创新,必然会带来员工价值理念的创新,而这种价值理念的创新,会推动企业制度和经营战略的创新。由此可见,企业文化在企业制度和经营战略的创新上,是具有非常重要的意义的。

(四)企业文化是企业活力的内在源泉

企业活力最终来自人的积极性,只有人的积极性被调动起来了,才能使企业最终充满活力,而人的积极性的调动,往往受到人的价值理念的支配。只有人在价值理念上愿意去干某件事的时候,人才有内在的积极性,如果人对某件事在理念上不认同,即使强迫他去干,也不一定会干好。因为他虽然会被迫执行命令,但他并没有内在的积极性,所以不一定会干好。要让企业中的每一个人能够积极地去从事某项活动,就要首先让他在理念上认同这件事。所以,企业文化作为员工所信奉的价值理念,必然会直接涉及企业的活力,作为企业活力的内在源泉而存在。

(五)企业文化是企业行为规范的内在约束

在企业运营过程中,所有员工的行为都应该规范,而规范的准则,就是要求员工能够很好地遵守和贯彻企业制度的安排及企业经营战略的内在要求。因此,所有员工的行为规范,都来自企业制度的安排,以及企业经营战略的选择。但是,如前所述,人是有思想的,人的行为受思想的支配,思想是人的内在约束,因而对于人在企业运行过程中的规范,应该要有一种内在的约束才行,这种内在约束是指当一个人在思想上觉得自己应该如何去干的时候,他才能形成内在约束。也就是说,当人在价值理念上对企业制度安排和企业经营战略的选择认可的时候,企业制度安排和企业战略选择就作为一种价值理念而存在,从而人才能内在地约束自己的行为,也就是自己约束自己,使得约束有自我性,称之为自我约束。只有在这种内在约束起作用的条件下,企业才能最终保证企业制度和企业经营战略的有效实行。总之,企业文化是企业制度和企业经营战略在人的价值理念上的反映,必然会从内在性上约束企业员工的行为,从而成为规范企业行为的内在约束力。

总之,从上述五点我们可以清楚地看出,企业文化实际上是企业的一个极其关键的问题,我们绝不能忽视企业文化,企业文化同企业制度、企业经营战略一样重要,也是企业的一个极其重要的组成部分。

三、企业文化创新的新趋势

企业文化创新,现已成为提高企业竞争力、具有决定性作用的新型经营管理方式。当前,国内企业文化创新出现了一些新趋势。

(一)确立双赢价值观的趋势

企业价值观是企业文化的核心,它渗透于企业经营管理的各个环节,支配着从企业家到员工的思想和行为。因此,企业文化创新首要的是价值观创新。在传统市场经济条件下,企业奉行非赢即输、你死我活的单赢价值观。这种价值观既有迫使企业实现技术和产品更新的驱动力,也有滋生为打垮对方而不择手段以至恶性竞争的弊端。以高科技为基础的知识经济崛起,在使这种狭隘价值观受到致命冲击的同时,也催生出与新的经济发展要求相适应的双赢价值观。

一个企业只有奉行双赢价值观,才能不断地从合作中获得新知识、新信息等创新资源,提高自身的竞争实力,从而在激烈的竞争中左右逢源,立于不败之地。海尔集团不参加与同行间的价格战,坚持靠产品创新和服务来扩大国内外市场份额的成功经验,便是奉行双赢价值观的成功范例。

(二)选择自主管理模式的趋势

传统的企业管理模式,将人视作企业运营过程中按既定规则配置的机器零件,忽视人的自主精神、创造潜质和责任感等主体能动性作用;在管理过程中,较多地依赖权力、命令和规则等外在的硬约束,缺乏凝聚力。随着市场竞争的深化,人的主体价值在企业运营中的作用日益重要,旧的管理模式越来越难以适应新的竞争形势,而体现人的主体性要求的自主管理模式逐渐成为企业的自觉选择。

新模式以先进的文化理念为核心,充分尊重人的价值,注重发挥每一个员工的自主精神、创造潜质和主人翁责任感,在企业内部形成一种强烈的价值认同感和巨大凝聚力,激发员工的积极性,并通过制度安排,实现员工在企业统一目标下的自主经营和自我管理,进而形成企业创新的动力和创新管理方式。邯郸钢铁集团公司建立在"人人是主人"的企业理念基础上的管理模式,就是这一创新趋势的具体体现。

(三)既重视高科技又"以人为本"的趋势

科技革命和人本身的进步总是相伴而行的,二者如车之两轮、鸟之两翼,相辅相成,企业创新过程离开了二者中的哪个方面都难以达到目的,企业的竞争力也难以得到真正提高。有学者指出:高科技可以在一个阶段成为企业制胜的法宝。但更深层次的竞争最终应该是理念方面,"科技以人为本"这句话就包含了这层意思。这一见解反映了随着高科技的发展,现代人对生产和消费日趋强烈的人性化要求。在这一背景下,企业创新只有把高科技与"以人为本"密切结合起来,才能提供既有高科技含量又充满人性关怀的新产品、新服务,才能开拓新的市场空间。否则,企业即使兴盛一时,终究会因受到消费者的冷落而退出竞争舞台。很多成功企业的一个共同经验,就是在新产品的设计和开发中,紧紧抓住了为各个层次的顾客送去真诚的关怀和温暖这个关键。

（四）提高企业家综合素质的趋势

现代企业中,员工的素质是企业文化创新的来源和动力,而由于企业家在企业活动中的领导地位,企业家的素质又是企业文化创新的关键。改革开放以来,我国出现的一些快速崛起又快速倒下的"企业家短命现象",其原因是多方面的,除了体制和市场环境等因素外,企业家不能适应形势的变化而实现自身素质的不断创新,是最根本的原因之一。

随着经济全球化的发展,知识经济的到来,对企业家的素质提出了新的要求:需要科技知识与人文知识的综合,需要古今中外多种科技文化知识的综合;要打开国际市场,还需要有对各国生活习惯和民风习俗的综合性了解与把握,单靠哪一门专业知识和管理知识都难以胜任综合创新的任务。实践证明,企业家只有具备了融通古今中外科技知识与人文知识、管理经验与民风习俗,善于应对各种市场变化的智慧,才能具备不断创新的实力,获得市场竞争的主动权。

【课程育人】

综合本章内容,可以看出企业成立以后需要不断创新,创业者要从管理创新、产品创新、技术创新、模式创新和文化创新等环节持续创新。总结如下:

1.企业创新需要从企业的不同方面和环节着手,以量变促进质变。大学生应从各个方面提升自己的综合素质能力,不断成长,全面发展。

2.创新很难,但有也方法。只要充分发挥人的主观能动性,办法总比困难多。

【能力训练】

一、简答题

1.什么是企业管理创新？企业管理创新主要包含哪几个方面？

2.企业管理创新的特点是什么？

3.企业管理创新的理论依据是什么？

4.企业管理创新的方法有哪些？

5.企业产品创新的意义是什么？

6.企业产品创新的策略有哪些？

7.什么是企业技术创新战略？

8.简述企业商业模式的内涵、本质、类型及构成要素。

9.企业商业模式创新的策略有哪些？

10.企业文化创新的重要性体现在哪些方面？

二、案例分析题

谁接董事长的班

董事长年事已高,想找人接班,可又拿不定是让位给大儿子还是二儿子。董事长突然有了主意,他告诉两个儿子:前面有两匹马,黑的是大儿子的,白的是二儿子的,谁的马最后到达终点,就由谁来接班。大儿子听后在考虑如何比慢,而二儿子却飞身跨上白马,迅速赶往终点。结果是二儿子最终接了董事长的班。

问题: 为什么董事长选了二儿子接班?

【拓展阅读】

恒信钻石:通过管理创新破解"'90后'留不住"难题

"'90后',留不住",随着越来越多"90后"进入职场,如何留住并用好这些新生代员工,是当下企业需要面对与思考的一项重要课题。

一项针对"90后"职场新人的调查显示,仅有不到三成的受访者表示对自己现在的工作感到满意;有七成人认为自己发展空间小,缺乏方向感;另有三成人则认为自己的能力没得到应有的尊重。可见,"职业发展迷茫"和"工作满意度低"是造成"90后"职场新人频繁跳槽的重要原因。

恒信钻石机构自2015年来吸纳了大批"90后"生力军,最初也曾遇到过类似问题。但在企业领导层的高度重视下,通过一系列管理思维与举措的创新,为破解"'90后'留不住"的问题开辟了一条"关爱年轻员工,夯实企业未来"的新路。

一、管理思维突破

恒信钻石机构创始人、董事长李厚霖认为,在企业变革的过程中,首先要有管理思维的突破,管理创新是支持其他创新的基础。在李厚霖看来,互联网时代,需用互联网思维来管理年轻员工,改造企业内部流程;要以对待用户的态度对待员工,满足其个性化需求;还要放下传统的"权威式"管理,让"热情"激发年轻员工的"自管理"。

二、营造聚才文化

"人才者,求之则愈出,置之则愈匮。"你越推崇人才,越为吸引人才创造好的氛围,那么你积聚的人才就会越多,反之则越来越少。恒信深谙此道,一方面,恒信独创的"学长制",以老带新的方式帮助新员工快速了解企业、融入文化。另一方面,恒信也越发重视年轻员工的成长与培养。

为此,恒信成立了专职机构——恒信成长学院,重金邀请相关业务领域的专家做有针对性的技能培训,以提升新员工的整体业务素质,开阔视野。此外,恒信内部还设有"典范人物分享"机制,企业高管会定期与新员工进行面对面的分享互动,畅聊人生与职场经验,并帮助每个人制订其个人发展目标。

这些"接地气"的举措与活动,使新员工在快速融入企业的同时,也减轻了他们初入职场的迷茫。

三、管理方式多样化

不可否认,工业时代的管理方式在相当长的时期内保障了组织的运行效率。但是在互联网时代,光靠制度创造不了更高的业绩,唯有开放心态,接纳、包容个性多样性、需求多样性,才能更好地激励员工的创造力。在这方面,恒信钻石也有新招。

首先,不拘一格用人才。在传统的观念里,专人专用是比较有效的用人方式,但恒信并不拘泥于此。李厚霖认为,跨界、复合型、发散型思维的人才更具创新和创意。恒信一方面把每一个人才放在最合适的岗位上,发挥人才的专业价值;另一方面通过项目小组的形式,激发人才潜能,发挥人才跨界价值。"人尽其才"的好处在于,员工的专业优势得到发挥的同时还能感到被重用的尊重。对个人才能的尊重,亦是吸引和留住人才的关键。

其次,去复杂层级,扁平化管理。"去传统的层级式管理,以任务小组模式,给员工更多自主经营权,更多支持"是恒信钻石打算陆续试点推广的管理模式。针对特殊事件特殊处理走"绿色通道",平时需要3小时甚至10小时才能得到反馈的信息,现在只需要10分钟。这种流程环节压缩、扁平化处理,对需要快速反应的特殊事件有极好的作用。比如,在信息同质化严重的微信朋友圈、微博圈,恒信钻石旗下I Do品牌、Ooh Dear品牌的自媒体传播就因此赢得了先机而获得更多曝光机会。

最后,全员参与制度制订,发扬民主精神。"90后"年轻人,个性强,常常还会把"民主平等"挂在嘴边。恒信钻石设有职代会,每年召开两次会议,员工代表可以针对公司各类事项发表建议、进言献策。在恒信,公司规章制度的制订,除了需要职工代表投票通过,还要在所有员工中展开广泛调研,包括董事长、总经理在内的公司高层管理人员都会召开员工座谈会,聆听反馈意见。仅在2015年下半年,恒信就多次召集"90后"员工开座谈会,听取年轻人的心声,梳理制订新的管理制度。例如,会根据员工的不同工作性质,灵活考勤管理。正如李厚霖所说:"有的人可能在咖啡馆、在晚上工作效率更高;有的人的工作需要走出去才能更好激发创造灵感……既然有诸如此类的需求存在,你的管理就应该是多元的、开放的。"

"年轻员工就是企业的未来,关心关爱年轻员工就是在夯实企业的根基。"李厚霖认为,对于"90后"新生代员工的管理,需要更多人性化,需要用共创、价值感来激发他们的工作热情。要留住并用好这些年轻人,就要进入他们的世界,为他们创造更多的空间与机会。

(资料来源:环球网)

参考文献

[1] 陈永奎.大学生创新创业基础教程[M].北京:经济管理出版社,2015.

[2] 李伟,张世辉.创新创业教程[M].北京:清华大学出版社,2015.

[3] 冯丽霞,王若洪.创新与创业能力培养[M].北京:清华大学出版社,2013.

[4] 丁欢,汤程桑.创新与创业教育指导[M].南京:南京大学出版社,2015.

[5] 陈尊厚,王宪明.创新与创业[M].北京:经济科学出版社,2014.

[6] 王延荣.创新与创业管理[M].北京:机械工业出版社,2015.

[7] 人力资源和社会保障部职业能力建设司,中国就业培训技术指导中心.创办你的企业:创业计划培训册[M].2 版.北京:中国劳动社会保障出版社,2017.

[8] 梅强.创业基础[M].2 版.北京:清华大学出版社,2016.

[9] 张志,乔辉.大学生创新创业入门教程[M].北京:人民邮电出版社,2016.